宏观经济学习题集

王莉姗　徐　磊　主编

天津大学出版社
TIANJIN UNIVERSITY PRESS

内容提要

本书以“马工程”《西方经济学(宏观部分)》(第二版)的知识脉络为主线来编写,将每部分知识重难点通过不同类型的练习题进行不同角度的复习,每章按照知识思维导图、典型例题解析、随堂同步自测、课程思政案例等板块来编排。本书可以作为普通高等学校宏观经济学的配套教材,也可供经济类考研学生总结复习。

图书在版编目(CIP)数据

宏观经济学习题集 / 王莉姗, 徐磊主编. -- 天津 : 天津大学出版社, 2022.8

ISBN 978-7-5618-7293-2

Ⅰ. ①宏… Ⅱ. ①王… ②徐… Ⅲ. ①宏观经济学－高等学校－习题集 Ⅳ. ①F015-44

中国版本图书馆CIP数据核字(2022)第148748号

出版发行　天津大学出版社
地　　址　天津市卫津路92号天津大学内(邮编:300072)
电　　话　发行部:022-27403647
网　　址　www.tjupress.com.cn
印　　刷　廊坊市海涛印刷有限公司
经　　销　全国各地新华书店
开　　本　210mm×297mm
印　　张　13.25
字　　数　396千
版　　次　2022年8月第1版
印　　次　2022年8月第1次
定　　价　36.00元

本书编委会

主　编　王莉姗　徐　磊

副主编　袁　婷　苏　娟　胡　蝶
　　　　　张晓莉　周红梅　黄小珊

前　言

本书是与马克思主义理论研究和建设工程重点教材——《西方经济学(第二版)》(下册)相配套的辅导书。本书以"马工程"《西方经济学(第二版)》(下册)的知识脉络为主线,将每部分知识重难、难点通过不同类型的练习题进行不同角度的复习。在习题组建中,以新商科相关专业要求为依据,对应"应用型"高校学生经济理论能力要求,提供相应难度的习题,帮助该类院校学生学习和巩固宏观经济学理论知识,并加入思政案例,用开放式的案例引导学生学习本章知识。本书是重庆工商大学派斯学院重庆市级"新商科课程思政虚拟教研室"项目的研究实践成果,也是重庆市教育综合改革研究课题金融科技驱动下的"金融－数据"人才产教协同培养机制研究(项目编号:19JGY54),重庆市教育科学"十三五"规划课题"互联网+"背景下产教深度融合的新商科人才培养模式构建与路径选择(项目编号:2018-GX-401),重庆市高等教育教学改革研究项目"信息技术诱因下立足现代智能服务的金融学专业改造升级探索与实践"(项目编号:2021152),"5G+高等教育融合与'教与学'场景应用的研究"(项目编号:203521),重庆市高等教育学会高等教育科学研究课题"信息技术诱因下的金融业变革与应用型本科院校金融学专业建设改革相关性研究"(项目编号:CQGJ15259C)、重庆工商大学派斯学院教育教学改革与研究项目"国际金融新秩序下财务管理专业金融类课程的改革与重构"(项目编号:JG201405)的研究成果。

全书立足于应用型本科院校,结合社会发展情况,将当前的新形式、新背景融入习题中,并通过习题分析揭示国家执行的政策内在的宏观经济学原理。本书以"马工程"《西方经济学(第二版)》(下册)的章节知识为脉络,每章按照知识思维导图、典型例题解析、随堂同步自测、课程思政案例的架构编写,旨在细化和巩固学生学习宏观经济学的知识重点,针对性地攻克宏观经济学知识难点,并将理论联系到实际经济案例中,引导学生从宏观经济视角认识我国经济实况,展示在新形势下我国坚持和发展中国特色社会主义,步入新时代的一些经济事件。

全书由王莉姗、徐磊共同调研本科院校新商科相关专业本科学生《西方经济学》理论知识的掌握要求及现实掌握情况,根据"马工程"《西方经济学(第二版)》(下册)的知识逻辑并结合调研情况确定编写思路和编写大纲。本书由王莉姗、徐磊担任主编,由袁婷、苏娟、胡蝶、张晓莉、周红梅和黄小珊担任副主编,具体分工为:王莉姗、袁婷编写第九章,王莉姗、张晓莉编写第十章,徐磊、胡蝶、黄小珊编写第十一章,徐磊、张晓莉编写第十二张,王莉姗、袁婷写第十三章,徐磊、苏娟编写第十四章,王莉姗、胡蝶、周红梅编写第十五章,徐磊、苏娟编写第十六章,最后由王莉姗、徐磊共同统稿和整理,由周红梅复校。

本习题集可以作为高校本科生、自考学生等学习《宏观经济学》的配套教材,是自学、自测、巩固提高、加深理解基本理论和基本知识的良师益友。书中借鉴了许多专家学者的成果,在此一并表示感谢。由于时间仓促,本书还有不够完善的地方,恳请专家和同行批评指正,以便我们今后进一步修订和完善!

编者

2022年5月

目　　录

第九章　宏观经济的基本指标及其衡量

一、知识思维导图

- 宏观经济的基本指标及衡量
  - 国内生产总值及其核算
    - GDP概念
      - 市场价值的概念
      - 最终产品的价值
      - 生产而非售卖的价值
      - 有计算期，是流量而非存量
      - 地域概念，GNP国民概念
      - 市场活动导致的价值
    - 核算方法
      - 支出法——$GDP=C+I+G+(X-M)$
      - 收入法——国民总收入=工资+利息+利润+租金+间接税和企业转移支付+折旧
  - 国民收入的其他衡量指标
    - 国内生产净值NDP——$NDP=GDP-$折旧
    - 国民收入NI——$NI=$工资+利润+利息+租金
    - 个人收入PI——$PI=NI-$公司未分配利润-公司所得税及社保税+政府给个人的转移支付
    - 个人可支配收入DPI——税后的PI
  - 国民收入的基本公式
    - 两部门的收入构成和储蓄-投资恒等式——$C+I=Y=C+S$；$I=S$
    - 三部门的收入构成和储蓄-投资恒等式——$C+I+G=Y=C+S+T$；$I+G=S+T$
    - 四部门的收入构成和储蓄-投资恒等式——$C+I+G+(X+M)=Y=C+S+T+K$；$I+G+(X-M)=S+T+K$
  - 本节其他概念
    - 名义GDP——当年价格计算
    - 实际GDP——基期价格计算
    - 失业的衡量——摩擦性失业、结构性失业、周期性失业
    - 物价水平的衡量
      - 消费价格指数CPI
      - 生产者价格指数PPI
      - 国内生产总值价格指数
      - 基期拉氏报告期帕氏
  - 本章评析

二、典型例题解析

1. 单选题

(1)在下列情况中,既对我国 CPI 有影响,又对我国 GDP 平减指数有影响的是( )。

A. ×× 咖啡提高了摩卡咖啡的价格

B. 东方红拖拉机厂提高了它在四川工厂生产的工业拖拉机的价格

C. ×× 公司提高了它出口中国市场的皮包价格

D. 以上情况都不对

【答案】A

【解析】A:×× 咖啡是国内生产的消费品,所以既会增加 CPI,又会增加 GDP 平减指数。

B:拖拉机属于资本品不是消费品,所以会增加 GDP 平减指数,但 CPI 不变。

C:×× 出口到中国的皮包是我国的进口消费品,所以影响 CPI,不影响 GDP 平减指数。

(2)在一个四部门经济中,GDP 等于( )。

A. 消费 + 净投资 + 政府购买 + 净进口　　B. 消费 + 总投资 + 政府购买 + 总出口

C. 消费 + 总投资 + 政府购买 + 净出口　　D. 工资 + 地租 + 利息 + 利润 + 政府购买

【答案】C

【解析】根据核算 GDP 的支出方法。

(3)政府支付给公务员的工资属于( )。

A. 消费　　B. 投资　　C. 政府购买　　D. 转移支付

【答案】C

【解析】政府购买的内容。

(4)下列项目中不属于消费支出的项目是( )。

A. 家庭购买的电视机　　B. 家庭购买的食品

C. 家庭支付的医疗费用　　D. 政府购买的电脑

【答案】D

【解析】根据消费支出的内容。

(5)失业率被定义为( )。

A. 失业人数在成年人中的比例　　B. 失业人数在劳动力中的比例

C. 失业人数在就业人数中的比例　　D. 失业人数在全体人口中的比例

【答案】B

【解析】失业率的定义。

(6)一般来说,某个大学生毕业后未能立即找到工作,属于( )。

A. 摩擦性失业　　B. 结构性失业　　C. 自愿性失业　　D. 周期性失业

【答案】A

【解析】摩擦性失业是指由于人们在不同的地区、职业和生命周期的不同阶段不停地变动工作而引起短期的、暂时的失业。

(7)垄断企业和寡头企业利用市场势力谋取高额利润所导致的通货膨胀,属于( )。

A. 成本推动的通货膨胀　　B. 结构性通货膨胀

C. 需求拉动的通货膨胀　　D. 混合型通货膨胀

【答案】A

【解析】在不完全竞争市场上,垄断企业为了高额利润从而操纵市场价格,通过削减产量导致价格上涨,属于利润推动的通货膨胀,是成本推动通货膨胀的一种。

（8）应付需求拉动的通货膨胀的做法是（　　）。

A. 人力政策　　B. 收入政策　　C. 财政政策　　D. 三种政策都可以

【答案】C

【解析】通货膨胀是由总需求过度膨胀引起的，那么紧缩需求就能取得明显效果。减少政府购买支出、增税都可以减少总需求，缓解通货膨胀。

（9）在下列项目中，（　　）不属于政府购买。

A. 地方政府办三所中学　　B. 政府给低收入者提供一笔住房补贴

C. 政府订购一批军火　　D. 政府给公务人员增加薪水

【答案】B

【解析】政府给低收入者提供一笔住房补贴属于社会保险福利津贴，是转移支付的一部分，并不属于政府购买。ACD 三项都是政府购买的内容。

（10）在统计中，社会保险税增加对（　　）项有影响。

A. 国内生产总值 GDP　　B. 国内生产净值 NDP

C. 国民收入 NI　　D. 个人收入 PI

【答案】D

【解析】个人收入指个人实际得到的收入。从国民收入中减去公司未分配利润、公司所得税和社会保险税，加政府转移支付，就得到个人收入。社会保险税增加将会减少个人收入。

（11）下列各项可被计入 GDP 的是（　　）。

A. 家庭主妇的家务劳动　　B. 拍卖毕加索画稿的收入

C. 晚上帮邻居照看孩子的收入　　D. 从政府那里获得的困难补助收入

【答案】C

【解析】GDP 计入的是一定时期内生产的最终产品和服务的市场价值，家庭主妇做家务没有市场交易，政府的一般转移支付及不是当期生产的产品（毕加索的画）都不能计入。

2. 多选题

（1）国内生产总值的含义包含（　　）。

A. 市场价值的概念　　B. 衡量的是最终产品的价值

C. 一定时期生产的最终产品的价值　　D. 一定时期销售的最终产品的价值

E. 流量而不是存量

【答案】ABDE

【解析】国内生产总值的含义。

（2）衡量经济体价格水平的主要指标是（　　）。

A.GDP 平减指数　　B. 一种特定产品的价格

C. CPI　　D. PPI

E. 恩格尔系数

【答案】ACD

【解析】价格水平的主要指标。

（3）一个经济体中的通货膨胀率可以用（　　）指标表示。

A. 基尼系数　　B.GDP 平减指数　　C. CPI　　D. PPI

E. 恩格尔系数

【答案】BCD

【解析】计算通货膨胀率的方法。

（4）在宏观经济学中，失业可以分为（　　）。

A. 摩擦性失业　　B. 结构性失业　　C. 周期性失业　　D. 季节性失业

E. 充分性失业

【答案】ABCD

【解析】失业的分类。

3. 判断题

（1）核算国民生产总值时已经扣除了资本折旧的因素。（　　）

【答案】错误

【解析】核算国民生产总值时没扣除资本折旧，核算国民生产净值时才是扣除了资本折旧的。

（2）在计算 CPI 时，应当考虑进口消费品价格的变化。（　　）

【答案】正确

【解析】计算 CPI 的价格是价格水平，进口商品也会影响价格水平。

（3）由于实际 GDP 等于名义 GDP 除以 GDP 平减指数，因此一国的名义 GDP 肯定小于实际 GDP。（　　）

【答案】错误

【解析】GDP 由两部分组成，即价格和数量。具体问题还是要看具体的情况。

（4）在计算 GDP 时，政府支付给退伍军人的退休金也应包括在内。（　　）

【答案】错误

【解析】一般转移支付不计入 GDP。

（5）一家公司生产的电脑，卖出去的越多，GDP 增加得越多。（　　）

【答案】错误

【解析】GDP 是生产的概念，不是销售的概念。

（6）今年名义 GDP 比去年高，说明今年产品和服务的产出数量一定比去年高。（　　）

【答案】错误

【解析】GDP 是价格乘以数量，所以不能确定到底是数量引起的增长还是价格引起的增长。

（7）总投资增加时，资本存量就会增加。（　　）

【答案】错误

【解析】总投资增加也可能是固定投资增加了。

（8）当我国居民购买进口皮包时，我国居民的消费增加了，我国的 GDP 就会增加。（　　）

【答案】错误

【解析】GDP 是国内生产总值，进口商品不计算在内。

（9）以收入法核算 GDP 时，国债利息不计入 GDP，而企业债券利息计入 GDP。（　　）

【答案】正确

【解析】GDP 的收入法计算公式。

（10）今年小王购买了一幅古画，成交价格 1 亿元人民币，中间商服务费 5 万元人民币，该交易为我国创造的 GDP 增量为 5 万元人民币。（　　）

【答案】正确

【解析】GDP 是流量，二手商品不重复核算。

4. 问答题

（1）下列各项是否计入 GDP？为什么？

①政府转移支付；②购买一辆旧车；③购买普通股票；④政府公债利息；⑤公司债券利息。

【答案要点】

①政府转移支付不计入 GDP,因为政府转移支付只是简单地通过税收(包括社会保障税)和社会保险及社会救济等把收入从一个人或一个组织转移到另一个人或另一个组织手中,并没有相应的货物或劳务发生。例如,政府给残疾人发放救济金,并不是残疾人创造了收入;相反,是因为他丧失了创造收入的能力从而失去生活来源才给予救济的。

②购买一辆旧车不计入 GDP,因为在生产时已经计入过了。

③购买普通股票不计入 GDP,因为经济学上所讲的投资是增加或替换资本资产的支出,即购买新厂房、设备和存货的行为,而人们购买股票和债券只是一种证券交易活动,并不是实际的生产经营活动。

④政府公债利息不计入 GDP,因为 GDP 是按最终产品的价值来说的,政府公债利息中间没有价值变动,属于转移支付类型,不能计入 GDP,它是一种财富再分配。

⑤公司债券利息计入 GDP,因为公司债券的利息是从公司当年的生产所得中分出来的一部分,是机构部门营业盈余的一部分,也就是 GDP 的一部分,所以记入 GDP。

(2)GDP 的核算是否应该加上所有产品的市场价值?为什么?

【答案要点】

不应该。GDP 衡量的是最终产品和服务的价值,中间产品和服务的价值不计入 GDP。所谓最终产品和服务是指直接出售给消费者的那些产品和服务;中间产品和服务是指由一家企业生产出来被另一家企业当作投入品的那些产品和服务。

(3)"充分就业状态即失业率为 0 的就业状态",这种说法是否正确?为什么?

【答案要点】

不正确。失业分为四种类型:摩擦性失业、结构性失业、季节性失业和周期性失业。充分就业状态指的是,当一个经济体中不存在周期性失业时,所有失业都是摩擦性的、结构性的和季节性的,则该经济体便达到了充分就业。进一步地说,充分就业情况下仍有失业现象,其失业率被称为自然失业率。

(4)简要说明核算 GDP 的支出法。

【答案要点】

用支出法衡量 GDP,就是衡量在一定时期内整个社会购买最终产品和服务的总支出。以支出法核算总产出主要包括以下内容:①居民的最终消费——消费支出(C),具体包括耐用品、非耐用品、购买劳务支出;②国内私人投资(I),具体包括厂房、设备、居民用房(新住宅建设)、企业存货净变动额;③政府购买(G),包括政府消费支出和总投资;④净出口($NX=X-M$)是出口(X)与进口(M)的差额。

(5)什么是消费价格指数(CPI)?CPI 有何优缺点?

【答案要点】

消费价格指数(CPI),是对城市消费者购买一组固定的消费产品与服务所支付平均价格的度量指标。利用 CPI 数据,可以将选定的消费品"篮子"产品的当期成本与其他时期的成本进行比较,进而反映其价格变动情况。

其优点是能及时反映消费品供给与需求的对比关系,资料容易搜集,能够迅速并直接地反映影响居民生活的价格趋势。

其局限性主要有两点。其一,CPI 并未衡量构成生活成本的所有因素。其二,即使那些被 CPI 衡量的构成生活成本的因素也往往未必能得到精确的衡量。CPI 的局限性意味着 CPI 在衡量生活成本时也可能是一个有偏差的指标。

(6)试说明 GDP 这一指标的缺陷。

【答案要点】

首先,GDP 及其他衡量经济总产出的指标不能反映经济中的收入分配状况。其次,由于 GDP 只涉及与市场活动有关的那些产品和服务的价值,因此它忽略了家庭劳动和地下经济因素。再次,GDP 不能反映社会为经济增长方式付出的代价。最后，GDP 不能反映人们的生活质量。

（7）如果甲、乙两个国家合并成一个国家，对 GDP 总和会有什么影响（假定两国产出不变）？

【答案要点】

如果甲、乙两国合并成一个国家，则两国贸易就变成了一国内两地区之间的贸易，从而影响 GDP 总和。因为两国未合并时，双方可能有贸易往来，这种贸易只会影响甲国或乙国的 GDP，对两国 GDP 总和不会发生影响。例如，甲国向乙国出口汽车，价值 50 万元，乙国向甲国出口粮食，价值 45 万元。从甲国看，计入 GDP 的有净出口正 5 万元，从乙国看，计入乙国的 GDP 有净出口负 5 万元。如从两国 GDP 总和看，两者合计为零。如果合并成一个国家，上述贸易就变成了一国内两地区之间的贸易，无论是从收入还是支出的角度看，计入 GDP 的价值都为 95 万元。

5. 计算题

（1）依据一组年份的名义 GDP 及相应的价格指数，计算实际 GDP。

年份	名义 GDP（10 亿美元）	GDP 折算指数	实际 GDP（10 亿美元）
1968	527.4	22.19	
1978	911.5	26.29	
1988	2 295.9	48.22	
1998	4 742.5	80.22	
2008	8 790.2	103.22	

【答案要点】

由公式：*GDP* 折算指数 = 名义 *GDP*/ 实际 *GDP*

计算可得：（保留两位小数）

1968 年实际 *GDP*=23.77

1978 年实际 *GDP*=34.67

1988 年实际 *GDP*=47.61

1998 年实际 *GDP*=59.12

2008 年实际 *GDP*=85.16

（2）下表给出某国经济的总计记录

某国经济的总计记录 单位：亿元

耐用消费品消费	497
非耐用消费品消费	1 301
服务消费	2 342
企业固定投资	566
住房固定投资	224
存货投资	7
中央政府购买	449
地方政府购买	683
出口	640
进口	670
超出 GDP 的 GNP	7

续表

折旧	658
间接企业税	551
公司利润（包括支付现款后的应付工资）	387
社会保险费	556
净利息	442
股息（包括企业转移支付）	162
政府对个人的转移支付	837
个人利息收入	694
个人税收和非税收支付	645

①根据 GDP 核算的支出方法，求出消费支出、投资支出、政府购买及净出口各项数据，并计算该国的 GDP；

②根据上表给出的数据，求出消费、投资和政府购买分别占 GDP 的比重。

【答案要点】

①消费支出 = 耐用消费品消费 + 非耐用消费品消费 + 服务消费

=497+1 301+2 342=4 140（亿元）

投资支出 = 企业固定净投资 + 住房净投资 + 存货投资 + 折旧

=566+224+7+658=1 455（亿元）

政府购买 = 中央政府购买 + 地方政府购买

=449+683=1 132（亿元）

净出口 = 出口 − 进口 =640−670=−30（亿元）

$GDP=C+I+G+NX$=4 140+1 455+1 132−30=6 697（亿元）

②消费占 GDP 的比重 =4 140/6 697=61.82%

投资占 GDP 的比重 =1 455/6 697=21.73%

政府购买占 GDP 的比重 =1 132/6 697=16.90%

（3）假定一国有下列国民收入统计资料。

单位：亿美元

国内生产总值	4 800
总投资	800
净投资	300
消费	3 000
政府购买	960
政府预算盈余	30

①请计算国内生产净值。

②请计算净出口。

③请计算政府税收减去转移支付后的收入。

④请计算个人可支配收入。

⑤请计算个人储蓄。

【答案要点】

①国内生产净值 = 国内生产总值 − 资本折旧，而资本折旧等于总投资减净投资后的余额，即 800−

300=500（亿美元）。因此，国内生产净值 =4 800−500=4 300（亿美元）。

②由 $GDP=C+I+G+NX$ 得到 $NX=GDP-C-I-G$。从而得出净出口 NX=4 800−3 000−800−960=40（亿美元）。

③用 BS 代表政府预算盈余，T 代表净税收即政府税收减去政府转移支付后的收入，则有 $BS=T-G$，从而有 $T=BS+G$=30+960=990（亿美元）。

④个人可支配收入 = 个人收入 − 个人所得税 + 政府转移支付。本题中没有说明间接税、公司利润、社会保险税等因素，因此，可从国民生产净值中直接得到个人可支配收入，即 $Y_d=NNP-T$=4 300−990=3 310（亿美元）。

⑤个人储蓄 = 个人可支配收入 − 消费，即 $S=Y_d-C$=3 310−3 000=310（亿美元）。

（4）设某经济体某一时期有 1.75 亿成年人，其中 1.2 亿人有工作，0.1 亿人在寻找工作，0.45 亿人没工作但也没在找工作。

试求：①劳动力人数。②劳动力参与率。③失业率。

【答案要点】

①劳动力人数 = 就业人数 + 失业人数 =1.2+0.1=1.3 亿人。

②劳动力参与率 =（劳动力人数 / 可工作年龄人口数）× 100%=（1.3/1.75）× 100%=74.3%。

③失业率 =（失业人数 / 劳动力人数）× 100%=（0.1/1.3）× 100%=7.69%。

6. 分析题

（1）围绕本章导言部分给出的数据，结合本章介绍的理论，回答如下问题。

① 2014 年人均 GNI 共 738 美元，这是总产出还是总收入？

【答案要点】

既是总产出，也是总收入。在宏观经济学理论体系里，总产出和总收入是指同一个对象，说法不同而已。换个角度理解，收入不能简单地理解为我们有多少钱，而是应该理解为我们的“收获”，我们可以支配使用的产品是多少，重点是多少钱所代表的产品。如果一定要理解差别，则差别是细微的，就是你看待它的角度是什么。从生产的结果看，是总产出；从这些产出要归谁所有所用来看，就是总收入。但是它们是同一个东西。

②就平均而言，中国人在 2014 年是否大致与中高收入国家的居民一样富有？（注意：GNI 或 GDP 是流量概念，不是存量概念）

【答案要点】

不能简单地这样认为。每年的收入是一个流量概念，富有则是存量概念。一个人 2017 年可能一分钱也没有挣到，可是此前他每年都挣上百万元，从而他名下有很多房产、汽车、债券、股票、外汇，这个人是富人。因此，如果其他中等收入国家在过去多年收入一直维持在这个水平没有太大变化的话，那么他们比中国人要富有，因为中国人均收入是每年以较高速度增长的，这意味着此前我们的人均收入较低。

③ 2015 年中国 GDP 总量为 67.67 万亿元，这里面是否有重复计算？是否包括往年的生产？

【答案要点】

有重复计算，例如折旧。但是国民收入核算的技术不会把以前的生产计算到该年。

④总产出是否与总支出相等？在什么意义上相等或可能不相等？

【答案要点】

总产出与总支出是否相等取决于总支出的定义是什么。如果是事后实现总支出，那必然是恒等的，这是国民收入核算里特有的处理方式。如果有些产品没有卖出去从而被企业收回放入库存，就被视作企业自己把自己的产品买了回来。如果总支出是指事先计划的总支出，那么它就不一定等于总产出。在后面的理论里提到的总需求、总支出就是指社会各阶层愿意做出的支出。

（2）《2015 年国民经济和社会发展统计公报》初步核算，全年国内生产总值 676 708 亿元，比上年增长 6.9%。其中，第一产业增加值 60 863 亿元，增长 3.9%；第二产业增加值 274 278 亿元，增长 6.0%；第三产业增加值 341 567 亿元，增长 8.3%。第一产业增加值占国内生产总值的比重为 9.0%，第二产业增加值占国内生产总值的比重为 40.5%，第三产业增加值占国内生产总值的比重为 50.5%，首次突破 50%。全年人均国内生产总值 49 351 元，比上年增长 6.3%。全年国民总收入（即国民生产总值 GNP）67 302 亿元。全年全国居民人均可支配收入 21 966 元，比上年增长 8.9%，扣除价格因素，实际增长 7.4%。

阅读这份统计公报，进一步理解国民收入核算中的技术细节。

①注意三类产业增加值之和正好等于国内生产总值，这是否是巧合？是否说明国内生产总值的核算中剔除了固定资产的折旧部分？

【答案要点】

在国家统计局的核算方式中，增加值是包含折旧的，因此各行业增加值之和就是 GDP。

②为什么人均 GDP 增长速度为 6.3%，低于全国 GDP 增长速度的 6.9%？

【答案要点】

GDP 在每年增长，人口也在增长。只要人口增长速度比 GDP 增长速度慢，人均 GDP 就会增长。根据案例中所说年份的人口增长率是多少，再把它从 GDP 增长率中减去，剩下的就是人均 GDP 增长率（近似）。

③人均 GDP 为 49 351 元，而居民人均可支配收入为 21 966 元，两者之间的差额是什么因素导致的？

【答案要点】

GDP 是一定时期如一年的总体的生产成果，但是在分配给个人之前要做出一些扣除。首先，折旧是重复计算，本来就无法分配，要扣除；其次，企业在进行分配之前就要缴纳各种税费，各个要素所有者拿到收入后还得再次缴纳所得税（在我国，一大部分是雇主提前代缴了）。因此，GDP 和可支配之收入之间有很大的差距。

三、随堂同步自测

1. 单选题

（1）宏观经济学的中心理论是（　　）。

A. 价格决定理论　　B. 工资决定理论　　C. 国民收入决定理论　　D. 汇率决定理论

（2）表示一国在一定时期内生产的所有最终产品和劳务的市场价值的总量指标是（　　）。

A. 国民生产总值　　B. 国内生产总值

C. 名义国民生产总值　　D. 实际国民生产总值

（3）（　　）不列入国内生产总值的核算。

A. 出口到国外的一批货物　　B. 政府给贫困家庭发放的一笔救济金

C. 经纪人为一座旧房买卖收取的一笔佣金　　D. 保险公司收到一笔家庭财产保险的保费

（4）一国的国内生产总值小于国民生产总值，说明该国公民从外国取得的收入（　　）外国公民从该国取得的收入。

A. 大于　　B. 小于　　C. 等于　　D. 可能大于也可能小于

（5）今年的名义国内生产总值大于去年的名义国内生产总值，说明了（　　）。

A. 今年物价水平一定比去年高

B. 今年生产的物品和劳务的总量一定比去年有所增加

C. 今年的物价水平和实物产量水平一定都比去年高

D. 以上三种说法都不一定正确

（6）国民生产总值减（　　）称为国民生产净值。

A. 折旧 B. 原材料支出 C. 直接税 D. 间接税

(7)“面包是最终产品,而面粉是中间产品”这一说法(　　)。

A. 一定是对的 B. 一定是不对的

C. 可能是对的,也可能是不对的 D. 在任何情况下都无法判断

(8)按百分比计算,如果名义国内生产总值上升(　　)价格上升的幅度,则实际国内生产总值将(　　)。

A. 小于,下降 B. 超过,不变 C. 小于,不变 D. 超过,下降

(9)在统计中,社会保险税增加对(　　)有影响。

A. 国内生产总值(GDP) B. 国内生产净值(NDP)

C. 国民收入(NI) D. 个人收入(PI)

(10)(　　)不属于要素收入,但被居民收到了。

A. 租金 B. 银行存款利息 C. 红利 D. 养老金

(11)按国民收入核算体系,在一个只有家庭、企业和政府构成的三部门经济中,一定有(　　)。

A. 家庭储蓄等于净投资 B. 家庭储蓄等于总投资

C. 家庭储蓄加折旧等于总投资加政府支出 D. 家庭储蓄加税收等于总投资加政府支出

(12)根据国民收入核算原则,家庭教育支出属于(　　)。

A. 消费支出 B. 政府购买支出 C. 投资支出 D. 不计入 GDP

(13)广州某公司购买了 10 亿元的原材料,生产了价值 20 亿元的汽车,这些汽车中的 50% 卖给了广州的消费者,10% 卖给了广东省政府,10% 出口到东南亚,剩下的 30% 暂时没有销售出去,请问该公司的生产行为对我国 GDP 的贡献是(　　)。

A.7 亿元 B.10 亿元 C.14 亿元 D.20 亿元

(14)如果 GDP 增加 5%,GDP 平减指数增加了 3%,那么实际 GDP(　　)个百分点。

A. 增加 2 B. 减少 2 C. 增加 8 D. 减少 8

(15)在国民经济核算中,计入 GDP 的政府支出是(　　)。

A. 政府购买产品的支出 B. 政府购买产品和服务的支出

C. 政府购买产品和服务的支出加上转移支付 D. 政府为公职人员支付的薪金和转移支付

(16)在国民生产总值和国民生产净值统计数据中,投资包括(　　)。

A. 通过政府部门投资生产的基础设施 B. 购买任何一种新发行的票

C. 年终和年初相比增加的存货量 D. 消费者购买了但年终没有消费掉的任何产品

(17)在国民生产总值和国民生产净值的统计数据中,一个负的总投资数据(　　)。

A. 绝不会出现

B. 如果厂房和设备的折旧额足够大就会出现

C. 如果那年没有生产任何厂房设备就会自然出现

D. 存货缩量足够大就会出现

(18)若消费为 60 亿元,投资为 10 亿元,间接税为 10 亿元,政府购买产品和服务的支出是 15 亿元,净出口是 2 亿元,那么(　　)。

A. NDP=87 亿元 B. GDP=87 亿元 C. NDP=50 亿元 D. GDP 不确定

(19)下列行为中,属于经济学上的投资是(　　)。

A. 消费支出 B. 政府购买支出 C. 投资支出 D. 不计入 GDP

(20)如果个人收入是 57 元,个人所得税是 9 元,消费是 43 元,利息支付是 1 元,个人储蓄是 4 元,个人可支配收入是(　　)。

A. 50 元 B. 48 元 C. 47 元 D. 40 元

（21）下列说法错误的是（　　）。

A. GDP 中包含了直接税　　B. NDP 中未包含间接税

C. NI 中包含了公司所得税　　D. PI 中包含了政府转移支付

（22）在有通货膨胀的年份里，名义 GDP 的增长（　　）实际 GDP 的增长。

A. 快于　　B. 等于

C. 慢于　　D. 有时快于，有时慢于，有时又等于

（23）下列选项中，（　　）不包括在 GDP 中。

A. 购买律师服务　　B. 购买生命周期短的商品（比如棉花糖）

C. 钢铁生产　　D. 地下经济的生产

（24）下列选项中，（　　）能够计入实际 GDP。

A. 到发廊美发　　B. 地下经济交易

C. 购买二手车　　D. 家庭生产

（25）如果实际 GDP 增加 1%，人口增加了 3%，那么（　　）。

A. 人均实际 GDP 将会增加　　B. 人均实际 GDP 保持不变

C. 人均实际 GDP 将会减少　　D. 不能确定

（26）2010 年底时的 CPI 等于 120，2011 年底时的 CPI 等于 132。则今年的通货膨胀率是（　　）。

A. 6%

B. 10%

C. 12%

D. 以上答案均不正确，因为若要计算通货膨胀率还需要更多信息。

（27）GDP 等于（　　）。

A. $C+I-S-T$　　B. $C+S-NX$　　C. $C+I+G+NX$　　D. $C+S+G$

（28）下列选项中，（　　）是流量。

A. GDP　　B. 财产

C. 储蓄账户的余额　　D. 以上选项都不正确

（29）下列选项中，（　　）不是用支出法衡量 GDP 时的投资。

A. 某汽车公司购买了一台新的汽车冲压机器　　B. 某汽车公司增加了 500 辆新汽车的存货

C. 某汽车公司购买了政府债券　　D. 某汽车公司替换了一部分已报废的冲压机器

（30）假如一套住宅于 2010 年上半年建造并以 8 000 元出售，下半年出租，租金为 800 元，同期折旧为 90 元，则该年度与此经济活动有关的总投资、消费和 GDP 分别为（　　）。

A. 800 0 元、800 元和 8 800 元　　B. 0 元、8 800 元和 8 800 元

C. 7 910 元、800 元和 8 710 元　　D. 8 000 元、1 600 元和 8 800 元

（31）如果名义 GDP 上升比例（　　）价格上升比例，则实际 GDP 将（　　）。

A. 小于，下降　　B. 大于，不变　　C. 小于，不变　　D. 大于，下降

2. 多选题

（1）关于国内生产总值，说法正确的有（　　）。

A. 家务劳动、自给自足生产活动不计入国内生产总值

B. 国内生产总值是一个存量概念而不是流量概念

C. 国内生产总值测度的是最终产品的价值

D. 国内生产总值测度的是产品的市场价值，不包括劳务

(2)用收入法核算的国内生总产值,应该包括(　　)。

A. 资本折旧　B. 工资　C. 企业间接税　D. 利息

(3)属于转移支付的有(　　)。

A. 支付给公务员的奖金　B. 退伍军人津贴

C. 贫困补助　D. 失业救济金

(4)下列经济问题中,属于实证经济学问题的有(　　)。

A. 国家应该制定和实施反垄断法　B. 政府宜通过收入再分配的形式救济贫穷的人

C. 失业与通货膨胀不可能并存　D. 由于理性预期的作用,菲利普斯曲线总是垂直的

E. 财政支出的扩张会导致挤出效应

(5)下列项目不计入 GDP 的有(　　)。

A. 政府转移支付　B. 购买一辆用过的卡车

C. 购买普通股票　D. 购买一块地产

3. 判断题

(1)用支出法衡量 GDP,就是把企业支付的工资、租金、利息和企业利润相加。(　　)

(2)转移支付是总支出中政府购买的组成部分之一。(　　)

(3)从理论上讲,支出法和收入法计算出的 GDP 一定是相等的,在实际中,二者确实也是相等的。(　　)

(4)在实际中,利用支出法和收入法分别计算出的 GDP 往往不相等。(　　)

(5)二手商品的买卖要计入实际 GDP 中。(　　)

(6)国内生产总值是流量。(　　)

(7)在短期内,政府购买的增加会带来实际 GDP 的增加。(　　)

(8)GDP 平减指数的计算就是用实际 GDP 除以名义 GDP,再乘以 100。(　　)

(9)总需求等于消费支出、投资、政府购买和净出口之和。(　　)

(10)对向家庭部门提供的劳动服务所支付的工资属于总收入的一部分。(　　)

(11)按照西方经济学的观点,居民购买住房属于个人消费支出。(　　)

(12)按照西方经济学的观点,居民购买股票不属于投资。(　　)

(13)GDP 与 GNP 是一回事。(　　)

(14)资本与投资都是流量。(　　)

(15)资本是存量,投资是流量。(　　)

(16)GDP 中不包括资本耗费(折旧)。(　　)

(17)用 GDP 平减指数衡量的通货膨胀率与用 CPI 衡量的通货膨胀率差别很大。(　　)

(18)在国内生产总值的计算中,只计算有形的物质产品的价值。(　　)

(19)总投资增加时,资本存量就会增加。(　　)

(20)国内生产总值等于各种最终产品和中间产品的价格总和。(　　)

(21)国内生产总值 GDP 减去间接税等于国内生产净值 NDP。(　　)

(22)运用收入法计算 GDP 时,公债利息不应计入利息收入中。(　　)

(23)储蓄－投资恒等式意味着人们事前计划的储蓄等于企业事前计划的投资。(　　)

(24)2003 年某国的名义 GDP 大于实际 GDP,这意味着在 2003 年该国的一般价格水平与基期相比上升了。(　　)

(25)一国国内生产总值高于另一国的国内生产总值,并不一定意味着前者的福利水平高于后者。(　　)

(26)折旧费用是国民生产总值的一部分。　(　　)

(27)已生产出来但未售出的产品也应计入投资。　(　　)

(28)今年建成并出售的房屋价值和去年建成而在今年出售的房屋价值都应计入今年的国内生产总值。　(　　)

(29)从理论上讲,按支出法、收入法和生产法所计算出来的国内生产总值是一致的。　(　　)

(30)甲、乙两国合并为一个国家,即使两国产出维持不变,其 GDP 也可能与原来两国 GDP 之和不相等。　(　　)

(31)既然折旧和间接税不是要素收入,按照收入法这两项不应计入 GDP。　(　　)

(32)不论是商品数量还是商品价格的变化都会引起实际国内生产总值的变化。　(　　)

(33)净投资不可能是负数。　(　　)

4. 问答题

(1)理解并区分存量与流量的概念,并从以下宏观经济概念中区分二者的不同。

①某国一年创造的 GDP;

②某国年终的资本总额;

③某国十年间的投资量;

④经济中一定时点上存在的货币数量;

⑤经济中一定时期内货币变动的数量。

(2)为什么人们购买股票从个人来说是投资,而在经济学中不算是投资?

(3)试述国民生产总值(GNP)、国内生产总值(GDP)、国民生产净值(NNP)、国民收入(NI)、个人收入(PI)和个人可支配收入(DPI)之间的关系。

(4)最终产品和中间产品能否根据产品的物质属性加以区别?

(5)能否说某公司生产的汽车多卖掉一些时比少卖掉一些时 GDP 增加得多一些?

(6)下列两项所发生的情况在国民收入核算中有什么区别?

①一个企业为经理买一辆小汽车或这个企业给这位经理发一笔额外报酬让他自己买一辆小汽车。

②你决定买本国产品消费而不是买进口产品消费。

(7)举例说明最终产品和中间产品的区别(不是在于产品的物质属性而是在于产品是否进入最终使用者手中)。

(8)举例说明经济中流量和存量的联系和区别,财富和收入是流量还是存量?

(9)为什么人们从公司债券中得到的利息应计入 GDP,而从政府公债中得到的利息不计入 GDP?

(10)为什么政府给公务员发的工资要计入 GDP,而给灾区或困难人群发的救济金不计入 GDP?

5. 计算题

（1）某经济社会在某时期发生了以下活动：一银矿公司支付 7.5 万美元工资给矿工，开采了 50 万磅银卖给一银器制造商，售价 10 万美元；银器制造商支付 5 万美元工资给工人造一批项链卖给消费者，售价 40 万美元。

①用最终产品生产法计算 GDP。

②每个生产阶段产生了多少价值？用增值法计算 GDP。

③在生产活动中赚得的工资、利润共计分别为多少？用收入法计算 GDP。

（2）若某国的国内生产总值为 8 800 单位，总投资为 1 150 单位，净投资为 292 单位，消费为 5 800 单位，政府购买的商品和劳务价值为 1 500 单位，间接税为 620 单位，政府财政盈余为 44 单位，求该国国内生产净值、进出口净额、个人可支配收入和个人储蓄各为多少单位？

（3）假定某国某年自然失业率为 5%，实际失业率为 7%。

①若该国潜在 GDP 每年以 2% 的速度增长，根据奥肯定律，要想使该国在 2 年内实现充分就业，该国经济每年应以多快的速度增长？

②若该国实际 GDP 每年以 4% 的速度增长，则要多少年才能实现充分就业？

(4)一经济社会生产三种产品:书本、面包和菜豆。它们在 1998 年和 1999 年的产量和价格如下表所示。

	1998 年		1999 年	
产品	数量	价格	数量	价格
书本(册)	100	10 美元	110	10 美元
面包(条)	200	1 美元	200	1.5 美元
菜豆(千克)	500	0.5 美元	450	1 美元

试求:

① 1998 年的名义 GDP;

② 1999 年的名义 GDP;

③以 1998 年作为基期,1998 年和 1999 年的实际 GDP 是多少? 这两年实际 GDP 变化多少百分比?

④以 1999 年作为基期,1998 年和 1999 年的实际 GDP 是多少? 这两年实际 GDP 变化多少百分比?

⑤"GDP 的变化取决于我们用哪一年的价格作为衡量实际 GDP 的基期价格。"这句话是否准确?

⑥用 1998 年作为基期,计算 1998 年和 1999 年的 GDP 折算指数。

(5)假定一国有下列国民收入统计资料。

单位:亿美元

国内生产总值	4 800
总投资	800
净投资	300
消费	3 000
政府购买	960
政府预算盈余	30

试计算:①国内生产净值;②净出口;③政府税收减去转移支付后的收入;④个人可支配收入;⑤个人储蓄。

6. **分析题**

(1)关于 GDP 的核算,人们颇有微词,乃至编出段子来嘲讽其缺陷。其中一个段子说:因为某国交警罢工,在高速公路上出现连串车祸,可是 GDP 因此而增加。建筑公司修理公路护栏,拖车公司拖走事故汽车,修车公司检修事故汽车,医院救治伤员,保险公司理赔——每一个涉及的机构都形成了服务,把它们的账单集中起来加总,就是新增的 GDP。在编这个段子的人看来, GDP 多么无聊,缺陷太多了。那么,你怎么看待这个问题呢?

①这个例子是否体现了 GDP 核算中存在的缺陷?

②如果车祸确实带来 GDP 增加,如何用本章的理论来解释?

③当车祸发生时,新增 GDP 是不是仅仅体现在医疗、道路维修和汽车修理三个产业?

④请问车祸是否在任何经济环境下都能增加 GDP(比如战争时期)?

⑤这个例子是否可以佐证凯恩斯主义的刺激需求政策主张的正确性?

(2)下列活动会不会影响 GDP? 如果会影响,则影响的是哪个部分?

①你家购买了一台新冰箱;

②你的同事买了一栋新建别墅;

③上海汽车集团从其存货中出售了一辆汽车;

④政府提高了失业救济金标准;

⑤你的父母买了一瓶红酒;

⑥某外国银行在中国开设了 10 家村镇银行。

(3)如果甲、乙两国合并成一个国家,对 GDP 总和会有什么影响(假定两国产出不变)?

（4）储蓄－投资恒等式为什么不意味着计划的储蓄恒等于计划的投资？

四、课程思政案例

2022 年 1 月 7 日，武汉市新洲区道观河风景区 2021 年度生态系统生产总值（GEP）为 6.776 亿元人民币。这是武汉城市圈发布的首个街镇级 GEP，由中国地质大学（武汉）与该风景区共同实施完成。生态系统生产总值（Gross Ecosystem Product，简称 GEP），是与国内生产总值（GDP）相对应的、衡量生态价值统计与核算的体系，俗称“绿色 GDP”。道观河风景区是武汉四大风景旅游区之一，森林覆盖率超 50%，是东部的生态屏障，为新洲 50 万人提供优质饮用水源。道观河水库发挥着重要的森林蓄积、固碳、土壤保持、物种多样性保护等生态功能。

2021 年 4 月，道观河风景区管委会委托中国地质大学（武汉）生态文明智库，在武汉城市圈率先开展 GEP 核算工作。据测算，道观河风景区 2021 年 GEP 中，调节服务价值 5.71 亿元，占比 84.3%，以水源涵养和洪水调蓄价值为主，还包括土壤保持、固碳释氧、大气净化、气候调节等指标；供给服务价值 0.717 亿元，占比 10.6%；文化服务价值 0.35 亿元，占比 5.1%。“将区域划分为农田、森林、草地、湿地和城市生态系统等板块，通过卫星遥感画出要素分布图、存量变动表，然后换算成分值逐一核算。”专家组介绍，全程历时 7 个多月。据统计，去年该风景区生态系统土壤保持功能减少的泥沙淤积为 91.94 万吨，减氮 0.37 万吨，减少磷面源污染 0.12 万吨。而同期新洲区另一个面积更小的湖泊仅治理费用就投入过亿元。此外，风景区森林碳汇交易市场价值约 900 万元，水源涵养、洪水调蓄等也都能折算成真金白银。“‘绿水青山’是我们最大的财富。”管委会负责人说。通过引入 GEP 统计，摸清生态家底，破解生态产品“难度量、难抵押、难交易、难变现”等问题，探索通过生态补偿、碳交易等方式，唤醒绿色引擎的经济价值。

据介绍，新洲区已选取 4 个乡镇作为生态产品特色考核试点，降低试点街镇经济指标权重，提高生态指标权重，充分发挥生态指挥棒作用。

“新洲模式值得借鉴。”武汉市生态环境局生态处处长傅为高表示，将推动更多街镇进行 GEP 统计与考核，建立“绿水青山”向“金山银山”转化的依据和参考。（来源：湖北日报）

问题：请结合所学知识分析案例中的经济现象对我国 GDP 的增长有何作用？

第十章　国民收入的决定:收入－支出模型

一、知识思维导图

- 国民收入的决定：收入-支出模型
  - 均衡国民收入的决定
    - 市场经济条件下均衡国民收入的决定原理：供求决定
    - 基本方向
      - 需求充分条件下的基本方向：均衡国民收入决定于供给
      - 供给充分条件下的基本方向：均衡国民收入决定于需求
      - 一般观点：均衡国民收入由总需求和总供给共同决定
    - 两部门经济：有效需求的原理和框架
  - 两部门经济
    - 企业部门
      - 消费函数和消费倾向
      - 储蓄函数和储蓄倾向
      - 消费函数和储蓄函数的关系
      - 家庭消费函数和社会消费函数
      - 影响消费的其他因素及其对相关政策效果的影响
      - 其他消费理论
    - 家庭部门
      - 投资和资本边际效率
      - 影响预期收益的因素
      - 投资和利率
      - 投资的Q理论
  - 三部门经济
    - 政府部门
      - 政府需求
      - 政府对社会总需求的影响
  - 四部门经济
    - 国外部门
      - 国外需求的决定因素
      - 净出口的决定
      - 几个主要的国外需求影响因素
  - 影响需求的重要机制
    - 乘数
      - 乘数原理
      - 与政府相关的乘数
  - 本章评析

二、典型例题解析

1. 单选题

（1）在收入和消费坐标图上，表示收入和消费关系的 45° 线上的所有点意味着（　　）。

A. 消费等于储蓄　B. 收入等于储蓄　C. 消费等于收入　D. 以上都不正确

【答案】C

【解析】45° 线表示与实际总收入与实际总支出相等的所有点的集合。计划支出线与 45° 线的交点表示计划总支出中能够实际达到均衡国民收入的支出水平。

（2）从短期来说，如果居民的可支配收入等于零，则消费支出（　　）。

A. 大于零　B. 小于零

C. 等于零　D. 以上几种情况都有可能

【答案】A

【解析】从短期来说，如果居民的可支配收入等于零，则消费支出大于零。可支配收入就是拿到手的收入，即工资收入中扣除掉基本养老保险、基本医疗保险、失业保险、公积金、个人所得税等剩下的那部分。扣除它们后所剩下的钱是可以随意支配的。

（3）直线型的消费函数表明平均消费倾向（　　）。

A. 大于边际消费倾向　B. 小于边际消费倾向

C. 等于边际消费倾向　D. 以上几种情况都有可能

【答案】A

【解析】如果消费函数为 $C=a+bY$（直线方程），其中 $a>0$，b 是边际消费倾向，则平均消费倾向 $=C/Y=a/Y+b>b$。

（4）如果其他情况不变，净税收和政府购买增加同一数额时，则（　　）。

A.（$C+I+G$）上移　B.（$C+I+G$）下移

C.（$C+I+G$）不变　D. 以上三种情况都有可能

【答案】A

【解析】运用乘数效应，G 增加则 $C+I+G$ 增加，净税收 = 税收 − 支付转移，$C+I+G+M$（进口）$=C+S$（储蓄）$+T$（税收）$+X$（出口），出口是外生变量，由国外需求控制，不考虑，进口是内生变量，$M=f$（最低进口）$+nY$。净税增加，进口减少，减少的这一部分就被支付转移了，所以实际上两边的值总和都不变，就只是 M 减少了，流到了 $C+I+G$ 中。然后不考虑 X 和 M 的话，那就是 $C+I+G$ 增加了。

（5）根据国民收入决定模型，引起国民收入减少原因是（　　）。

A. 消费减少　B. 消费增加　C. 储蓄减少　D. 储蓄增加

【答案】A

【解析】根据简单的国民收入决定模型，引起国民收入减少的原因是，消费减少。$AS=C+S$，消费（C）、储蓄（S）、实际的国民收入（AS），当消费减少时，储蓄不变情况下，国民收入减少，反之则增加。

（6）在以下几种情况中，投资乘数最大的是（　　）。

A. 边际消费倾向为 0.62　B. 边际消费倾向为 0.36

C. 边际消费倾向为 0.78　D. 边际消费倾向为 0.25

【答案】C

【解析】投资乘数在边际消费倾向越趋近于 1 时最大，投资乘数 $k=1/(1-\beta)$，β 为边际消费倾向，乘数作用与边际消费倾向密切相关，边际消费倾向越大，乘数也越大；边际消费倾向越小，乘数也越小。

(7)如果边际消费倾向为 0.8,在没有所得税的情况下,转移支付乘数是( )。

A. 4　　B. 5　　C. 6　　D. 8

【答案】A

【解析】转移支付乘数 $k=\beta/(1-\beta)$,故答案为 0.8/(1−0.8)=4。

(8)在两部门经济中,当投资增加 200 万元时,国民收入增加了 2 000 万元,那么此时的边际消费倾向为( )。

A. 100%　　B. 10%　　C. 90%　　D. 20%

【答案】C

【解析】两部门经济均衡条件为:$C+I=C+S$,边际消费倾向和边际储蓄倾向有如下关系:$MPC+CPS=1$ 所以当 $MPS=S/Y=I/Y=200/2\,000=10\%$,那么 $MPC=1-MPS=1-10\%=90\%$。

(9)( )预言消费将不会随着经济的繁荣与衰退作太大变化。

A. 凯恩斯绝对收入消费理论　　B. 相对收入消费理论

C. 永久收入的消费理论　　D. 生命周期的消费理论

【答案】B

【解析】相对收入消费理论认为消费不会随经济的繁荣和衰退作太大变化,这种理论认为消费者会受自己过去的消费水平的影响来决定消费,当期消费是相对地决定的。依照人们的习惯,增加消费容易,减少消费则难。因为一向过着相当高生活水平的人,即使收入降低,多半不会马上因此降低消费水平,而会继续维持相当高的消费水平,故消费固然会随收入的增加而增加,但不易随收入的减少而减少。因此从短期来看,在经济波动过程中,收入增加时低水平收入者的消费会增加,但收入减少时消费水平的降低相当有限。

(10)( )预言中储蓄将依赖于总人口中退休人员和年轻人的比例。

A. 凯恩斯绝对收入消费理论　　B. 相对收入消费理论

C. 永久收入的消费理论　　D. 生命周期的消费理论

【答案】D

【解析】生命周期的消费理论认为储蓄与人口的结构有关,如果社会上年轻人和老年人比例增大,则消费倾向会提高,如果社会上中年人比例增大,则消费倾向会下降。因此,总储蓄和总消费会部分地依赖于人口的年龄分布,当有更多人处于储蓄年龄时,净储蓄就会上升。

2. 多选题

(1)如果消费函数为 $C=100+0.8(Y-T)$,那么以下说法错误的是( )。

A. 政府支出乘数为 0.8　　B. 政府支出乘数为 1.25

C. 政府支出乘数为 4　　D. 政府支出乘数为 5

【答案】ABC

【解析】政府支出乘数 1/(1− 消费倾向)=5,故 ABC 错误。

(2)国民收入决定理论认为国民收入均衡水平不由( )决定。

A. 总收入　　B. 总投资　　C. 总需求　　D. 总供给

【答案】ABD

【解析】凯恩斯的模型假设前提是产能过剩,需求自动创造供给,所以不由收入、投资、供给决定。

(3)乘数原理发生作用的条件不包括( )。

A. 社会上的各种资源已得到充分利用　　B. 社会上的各种资源没有得到充分利用

C. 边际消费倾向小于 0　　D. 边际消费倾向大于 1

【答案】ACD

【解析】乘数原理发生作用应具备的条件有:①经济中存在生产力的闲置(失业、开工不足);②价格水平不变（工资不变、物价不变）；③在既定的价格水平上，总供给无限。

（4）当政府支出的增加量与政府税收的增加量相同时，收入水平不会（　　）。

A. 不变　　B. 增加　　C. 减少　　D. 不相关

【答案】ACD

【解析】设边际消费倾向为 a，政府购买支出乘数就为 $1/(1-a)$，税收乘数为 $-a/(1-a)$，若政府购买增加 X，税收也增加 X，那么国民收入增加 $1/(1-a)X+[-a/(1-a)]X=X$，即国民收入增加相等的量。收入增加 X，那么相应的消费就会增加 aX。

（5）收入增加，平均储蓄不会（　　）。

A. 递减　　B. 递增　　C. 不变　　D. 不能确定

【答案】ACD

【解析】收入增加，平均储蓄会递增。

3. 判断题

（1）在国民收入循环流动过程中，产品和要素收入总是流向居民，而销售收入和生产要素则流向厂商。（　　）

【答案】正确

【解析】一国经济正是在连续不断的产品与生产要素流动、货币流动过程中，形成了产品市场上的产品和劳务，要素市场上的收入从厂商流向居民家庭，要素市场上的要素、产品市场上的支出从居民家庭流向厂商的周而复始的资源与价值循环运动。

（2）根据消费函数，引起储蓄增加的主要原因是利率的上升。（　　）

【答案】错误

【解析】消费函数反映的是消费水平与国民收入（可支配收入）之间的变化关系，至于引起储蓄变化的主要原因是利率因素，不是消费函数所反映的内容。

（3）乘数理论反映的是国民收入变动所引起的实际支出的增加。（　　）

【答案】错误

【解析】乘数是意愿支出中的自发支出变动使均衡产出发生变动的倍数，反映的是意愿支出中的自发支出变动所引起的均衡产出的变化情况。

（4）边际消费倾向与边际储蓄倾向之和一定等于 1。（　　）

【答案】正确

【解析】边际消费倾向是指国民收入每增加一个单位所引起的消费水平变动的数量，而边际储蓄倾向是指国民收入每增加一个单位所引起的储蓄水平变动的数量。由于国民收入等于消费与储蓄之和，因此边际消费倾向与边际储蓄倾向之和一定等于 1。

（5）如果其他因素不变而边际消费倾向变小，国民收入将会增加。（　　）

【答案】错误

【解析】在其他条件不变的情况下，乘数的大小与边际消费倾向是呈正比的。因此，边际消费倾向变小，一般只会引起均衡国民收入的下降。

（6）根据乘数理论，边际消费倾向越大，乘数效应就越明显。（　　）

【答案】正确

【解析】根据乘数理论，乘数的大小取决于边际消费倾向，它们之间存在着正向变动关系：边际消费倾向越大，乘数效应就越明显。

（7）边际储蓄倾向越低，则政府购买支出对 GDP 的贡献就会越大。（　　）

【答案】正确

【解析】边际储蓄倾向越低,则边际消费倾向 β 越大。根据政府购买计算公式 $k_G=1/(1-\beta)$,β 越大,政府购买支出乘数 k_G 就越大,从而政府购买支出对 GDP 的贡献也会更大。

(8)四部门经济中的乘数值一般要大于三部门经济中的乘数值。　(　　)

【答案】错误

【解析】在四部门经济中,由于出现了对外贸易,有一部分需求会因为购买进口商品而“漏出”,因此四部门经济中的乘数值通常要小于三部门经济中的乘数值。

(9)在任何情况下,个人储蓄的增加都将导致均衡国民收入的减少。　(　　)

【答案】错误

【解析】个人储蓄的增加对均衡国民收入的影响表现在两个方面:一是储蓄增加意味着消费支出减少,其结果是导致均衡国民收入减少;二是储蓄增加又会使投资增加,进而使得均衡产出增加。所以,储蓄增加对均衡国民收入的影响是很难判断的。

(10)政府采购支出的增加一定会挤出私人投资并且导致通货膨胀。　(　　)

【答案】错误

【解析】不一定。①利用 *LM-IS* 模型解释。政府支出增加, *IS* 曲线右移,利率上升, *Y* 增加,这时有可能造成基础效应和通胀。②在流动性陷阱下,当 *LM* 曲线为水平线时,政府支出增加不会导致利率水平的提高,不会对私人部门投资产生挤出效应。从而政府支出增加对收入水平产生充分的乘数效应。③在古典情形下, *LM* 曲线为垂直线,政府支出会造成利率水平的提高,并对私人部门的投资产生完全的挤出效应。一单位政府支出增加会挤出一单位的私人投资,均衡收入不变,因此不会造成通货膨胀。

(11)在产品市场国民收入决定理论中的 $I=S$ 与国民收入核算中的 $I=S$ 的经济含义是一致的。　(　　)

【答案】错误

【解析】前者是指计划投资等于储蓄,后者是指实际投资等于储蓄。

4. 问答题

(1)什么是均衡产出? 写出其公式并加以解释。

【答案要点】

均衡产出(收入):经济社会的产量或者说国民收入就决定于总需求,和总需求相等的产出称为均衡产出或均衡收入。公式表示为:$Y=C+I$。

Y 代表剔除了价格变动的实际产出或收入、实际消费和投资。*C* 和 *I* 分别代表居民和企业实际想要的消费和投资。均衡产出是和总需求相一致的产出,也就是经济社会的收入正好等于全体居民和企业想要的支出。

(2)什么是乘数,如何理解乘数是一把“双刃剑”?

【答案要点】

乘数是指总需求的增加所引起的国民收入增加的倍数,或者说是国民收入增加量与引发这种增加量的总需求增加量之间的比率。乘数的作用具有两面性。比如投资乘数,当投资增加时,引起国民收入成倍增加;投资减少时,引起国民收入成倍减少,所以被称为“双刃剑”。一方面,投资本身就是一种消费行为,因为投资实际上是购买生产要素,这部分资金流入生产要素所有者手中,如原材料生产者、厂房出租者、劳动者、企业家。由于边际消费倾向的存在,生产要素所有者的收入提高必然导致对产品的消费增加,这导致投资者收入增加,进而继续加大投资,国民收入在这种循环中加速扩张。另一方面,国内生产总值达到一定水平后由于社会需求与资源的限制无法再增加,这时就会在加速原理的作用下使投资减少,投资的减少又会在乘数的作用下使国内生产总值继续减少。在这两者的共同作用下又使经济进入衰退。衰退持续一定时期后由于固定资产更新,即大规模的机器设备更新又使投资增加,国内生产总值再增加,从而经济进入另一次繁荣。正是由于乘数与加速原理的共同作用,经济中就形成了从繁荣到衰退,又从衰退到繁荣的周期性运动。

（3）在均衡产出水平上，是否计划存货投资和非计划存货投资都必然为0？

【答案要点】

当处于均衡产出水平时，计划存货投资一般不为0，而非计划存货投资必然为0。这是因为计划存货投资是计划投资的一部分，而均衡产出就是等于消费加计划投资的产出，因此计划存货不一定是0。计划存货增加时，存货投资就大于0；计划存货减少时，存货投资就小于0。需要指出的是，存货是存量，存货投资是流量，存货投资是指存货的变动。在均衡产出水平上，计划存货投资是计划投资的一部分，它不一定是0，但是非计划存货投资一定是0，如果非计划存货投资不是0，那就不是均衡产出了。比方说，企业错误估计了形势，超出市场需求而多生产了产品，就造成了非计划存货投资。

（4）能否说边际消费倾向和平均消费倾向都总是大于0而小于1呢？

【答案要点】

消费倾向就是消费支出和收入的关系，又称消费函数。消费支出和收入的关系可以从两个方面加以考察，一是考察消费支出变动量和收入变动量的关系，这就是边际消费倾向 *MPC*，二是考察一定收入水平上消费支出量和该收入量的关系，这就是平均消费倾向 *APC*。边际消费倾向总大于0而小于1，因为一般说来，消费者增加收入后，既不会不增加消费，也不会把增加的收入全用于增加消费，一般情况是一部分用于增加消费，另一部分用于增加储蓄，

即：$\Delta Y=\Delta C+\Delta S$，也就是 $\Delta C/\Delta Y+\Delta S/\Delta Y=1$，所以，$MPC=1-MPS$，只要 *MPS* 不等于1或者0，就有 $0<MPC<1$。所以，平均消费倾向就不一定总是大于零而小于1。

（5）税收、政府购买支出和政府转移支付对总支出的影响方式有何区别？

【答案要点】

税收虽然并不直接影响总支出，但它会影响人们的可支配收入，从而影响消费支出水平，进而对总支出产生影响。税收的影响通常是负面的，当税收增加（税率提高）时，人们的可支配收入会减少，从而消费支出减少，再由乘数效应使总支出以倍数关系减少。这个倍数就是税收乘数。

政府购买支出是总支出的构成部分，其数量的变化将直接影响总支出水平。当然，政府购买支出与总支出的变化是同方向的，政府购买支出的增加将直接提高总支出水平，而且还会呈现出乘数效应，即总支出变化幅度通常是政府购买支出增加量的数倍，这个倍数就是政府购买支出乘数。

政府转移支付对总支出的影响与税收类似，也是间接的：政府转移支付直接影响人们的可支配收入，进而再通过消费支出等因素的变化影响总支出。但与税收不同的是，政府转移支付的影响是正面的，政府转移支付增加将导致总支出也增加，它们之间的倍数关系即政府转移支付乘数。

5. 计算题

（1）若自发投资量从600亿元增加到700亿元，则均衡国民收入从8 000亿元增加到8 500亿元。求：投资乘数。

【答案要点】

投资乘数 $k=\Delta Y/\Delta I=(8\,500-8\,000)/(700-600)=5$

（2）政府增加转移支付200亿美元，若边际消费倾向为0.8，则国民收入将增加多少？

【答案要点】

从政府转移系数公式 $k_{TR}=\Delta Y/\Delta TR=\beta/(1-\beta)$，得国民收入的增加量：$\Delta Y=200\times0.8\div(1-0.8)=800$（亿美元）

（3）假设国内生产总值是6 000亿元，个人可支配收入是5 100亿元，政府预算赤字是400亿元，消费是4 800亿元，贸易赤字是300亿元。

试计算：①储蓄；②投资；③政府支出。

【答案要点】

①用 S 表示储蓄,用 DPI 代表个人可支配收入,则:$S=DPI-C=5\ 100-4\ 800=300$ 亿元;

②用 I 代表投资,用 S_P,S_G,S_R 分别代表私人部门、政府部门、国外部门的储蓄,则有:$S_G=T-G=BS$。式中 T 表示政府税收收入,G 表示政府支出,BS 表示预算盈余。在本题中,$S_G=BS=-400$ 亿元。由于 S_R 表示外国部门的储蓄,即外国的出口减去进口,也就是本国的进口减去出口,在题中 $S_R=300$ 亿元,因此,$I=S_P+S_G+S_R=300-400+300=200$ 亿元。

③由 $GDP=C+I+G+(X-M)$ 可得:$G=GDP-C-I-(X-M)$。

因此,政府支出 $G=6\ 000-4\ 800-200-(-300)=1\ 300$ 亿元

(4)假定某经济社会的消费函数 $C=30+0.8Y_d$,税收 =50,投资 =60,政府支出 $G=50$,净出口函数 $NX=50-0.05Y$,求:

①均衡收入;

②在均衡收入水平上的净出口余额;

③投资乘数;

④投资从 60 增加到 70 时的均衡收入和净出口余额;

⑤当净出口函数从 $NX=50-0.05Y$ 变为 $NX=40-0.05Y$ 时的均衡收入和净出口余额。

【答案要点】

① $Y=C+I+G+X-MY=30+0.8\times(Y-50)+60+50+50-0.05Y=600$

② $NX=50-0.05Y=50-0.05\times600=20$

③ $K=1/(1-0.8-0.05)=1/0.15=667$

④ $Y=C+I+G+X-MY=30+0.8\times(Y-50)+70+50+50-0.05Y=640$,

$NX=50-0.05Y=50-0.05\times640=18$

⑤ $Y=C+I+G+X-MY=30+0.8\times(Y-50)+60+50+40-0.05Y=560$,

$NX=40-0.05Y=40-0.05\times560=12$

(5)假设经济模型为 $C=1\ 800+0.8(Y-T)$,$I=1\ 900$,$G=2\ 500$,$T=1\ 500$。其中 C 表示消费,I 表示投资,G 表示政府支出,T 表示税收,Y 表示国民收入。试计算:

①消费曲线的斜率和纵轴截距;

②均衡国民收入水平;

③当 $Y=30\ 000$ 时的非计划的存货增加额。

【答案要点】

①由消费函数可得,$C=1\ 800+0.8(Y-T)=1\ 800+0.8Y-0.8\times1\ 500=600+0.8Y$,所以消费曲线的斜率为 0.8,纵截距为 600。

②均衡国民收入水平 $Y=\dfrac{\alpha+I+G+\beta T}{1-\beta}=\dfrac{1\ 800+1\ 900+2\ 500-0.8\times1\ 500}{1-0.8}=\dfrac{5\ 000}{0.2}=25\ 000$

③非计划存货的变化额为实际产出与均衡产出之差,所以,当 $Y=30\ 000$ 时,非计划存货的增加额为 5 000。

6. 分析题

(1)棘轮效应是什么?绘制长期消费函数曲线和短期消费函数曲线进行说明。

【答案要点】

杜生贝利认为,虽然在短期内,消费者即使没有收入,也会借贷消费,维持最低消费水平。但杜生贝利也认为,人们的消费存在着这样一种习惯,即增加消费容易,减少消费却很困难。因为一向过着相当高生活水平的人,即使收入降低,多半不会马上降低消费水平,而会继续维持相当高的消费水平。所以,消费固然

会随收入的增加而增加。但不易随着收入的减少而减少,即使减少,也是有限的逐渐减少过程。

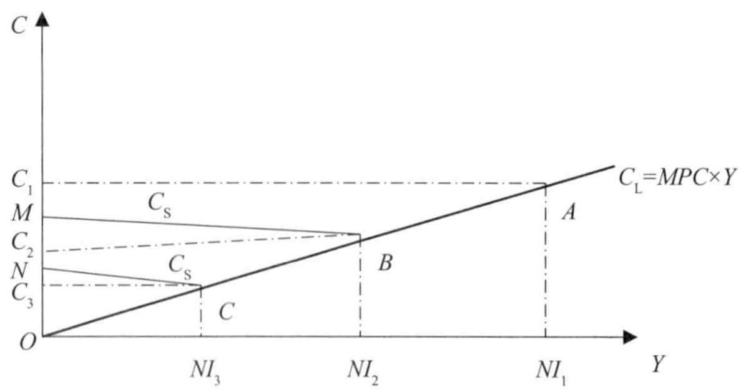

在上图中,$C_L=MPC\times Y$ 为长期消费函数曲线,C_S 为短期消费函数曲线。当消费者的收入从 NI_1 降低到 NI_2 时,消费水平也应该从 C_1 相应地降低到 C_2。但由于消费者的消费水平不容易随收入的降低而降低(棘轮效应),所以消费水平只从 C_1 降低到 M,从而形成短期消费函数曲线 C_S(BM)。同理,当收入进一步降低到 NI_3 时,消费水平也只降低到 N,而不是 C_3,从而形成短期消费函数曲线(CN)。

(2)为什么政府购买支出乘数的绝对值大于政府税收乘数和政府转移支付乘数的绝对值?

【答案要点】

政府支出(这里专指政府购买,因为政府支出另一项为转移支付,这已另有讨论)增加 1 元,一开始就会使总支出即总需求增加 1 元,但是减税 1 元,只会使可支配收入增加 1 元,这 1 元中的一部分(比如 60 分),用于增加消费,另一部分是用来增加储蓄的。因此,减税 1 元仅使总需求增加 60 分。由于总生产或者说是总收入由总支出即总需求决定,因此,减税 1 元对收入变化的影响没有增加政府购买支出 1 元对收入变化的影响大。

(3)储蓄-投资恒等式为什么不意味着计划的储蓄恒等于计划的投资?

【答案要点】

在国民收入核算体系中,存在的储蓄-投资恒等式完全是根据储蓄和投资的定义得出的。根据定义,国内生产总值等于消费加投资,国民总收入则等于消费加储蓄,国内生产总值又总等于国民总收入,这样才有了储蓄恒等于投资的关系。这种恒等关系就是两部门经济的总供给(CIS)和总需求(CHI)的恒等关系。只要遵守储蓄和投资的这些定义,储蓄和投资一定相等,而不管经济是否充分就业或通货膨胀,即是否均衡。但这一恒等式并不意味着人们意愿的或者说事前计划的储蓄总是企业想要有的投资。在实际经济生活中,储蓄和投资的主体及动机都不一样,这就会引起计划投资和计划储蓄的不一致,形成总需求和总供给的不平衡,引起经济扩张和收缩。分析宏观经济均衡时所讲的投资要等于储蓄,是指只有计划投资等于计划储蓄时,才能形成经济的均衡状态。这和国民收入核算中的实际发生的投资和储蓄恒等关系并不是一回事。

(4)在实行累进税制的国家,比例所得税为何能对经济起到自动稳定器的作用?

【答案要点】

①现实中经济体也许不需要政府通过税收政策的变动,而由于比例所得税机制的存在,也能够实现一定程度的自我稳定。

②经济周期性起伏的主要原因是自主需求的变动,特别是私人部门投资支出的变动。经济萧条时,投资者持悲观态度,私人部门的投资支出大幅减少;经济过热时,投资者持乐观态度,私人部门的投资支出大幅增加,私人部门的投资支出的这种变化将导致经济体产出水平的起伏。

③经济的周期变化导致经济体所得税率交替变化。当经济萧条时,居民收入水平降低甚至失去工作,在累进的比例所得税制下,原来上缴税率高的人,现在上缴税率低了,原来上缴税率低的现在更低了甚至不需缴税了。因此,当经济萧条时,整个经济体的所得税率水平降低了。

④经济体的所得税率交替变化将导致自主支出的乘数交替变化,从 $\alpha_G \frac{1}{1-c(1-T)}$ 可看出,经济萧条时自主支出乘数较大、经济过热时自主支出乘数较小。

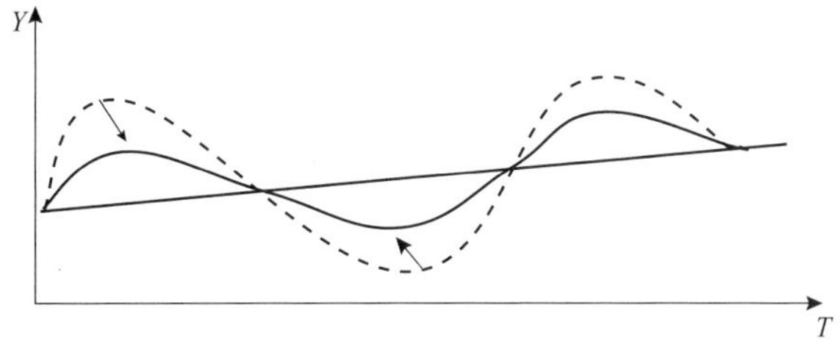

自动稳定器的作用机制

⑤上图中的虚线表示没有比例所得税自动稳定机制时的经济波动,实线表示存在比例所得税自动稳定机制时的经济波动。导致后者波动幅度降低的原因正是比例所得税率在经济萧条时和经济过热时的交替变化,以及由此所带来的自主支出乘数的交替变化。在经济过热时,私人部门的投资支出增加,但由于自主支出乘数减小,经济周期的波峰会被削低;在经济萧条时,私人部门的投资支出减少,但由于自主支出乘数较大,经济周期的波谷会被拉升。故而,经济周期性变化的波动幅度减小了。

(5)写出现代菲利普斯曲线方程,配以图形简述其如何解释经济中的滞胀现象?

【答案要点】

①现代菲利普斯曲线方程为 $\pi=\pi^e-\varepsilon(u-u^*)$。

②现代菲利普斯曲线的两条关键性质:预期通货膨胀一个接一个地成为实际通货膨胀;当实际通货膨胀等于预期通货膨胀时,失业率等于自然失业率。

③从方程可以看出,π 即为失业率等于自然失业率时的通货膨胀水平,因此 π 可视为现代菲利普斯曲线在坐标平面中的高度。由于预期通货膨胀率的变化,现代菲利普斯曲线会随之上下移动。

④预期通货膨胀的变化导致短期菲利普斯曲线动态调整的机制势必导致经济体总供给曲线的动态调整。我们可以据此解释经济运行中的滞胀现象。

⑤滞胀是指高失业率与高通货膨胀率并存的现象。一旦经济体处于高通货膨胀预期的短期菲利普斯曲线上,虽然衰退将实际通货膨胀推到低于预期通货膨胀的水平,但通货膨胀的绝对水平仍然较高。

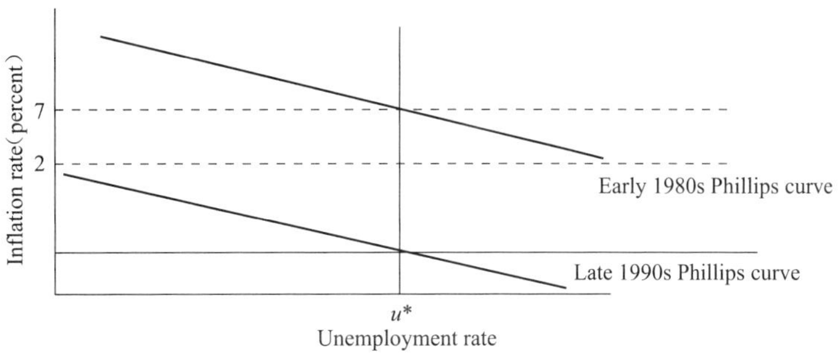

(6)用凯恩斯主义交叉图来解释均衡国民收入的公式 $Y=C+I=E$。

【答案要点】

Y、C、I 分别表示除去价格因素变动后的实际产出或国民收入、实际消费和实际投资。

①在现实中, C 和 I 代表意愿消费和投资的数量,而不是均衡国民收入构成公式中能达到的消费和投资。

②实际消费与意愿投资的分析导致非计划存货投资,这一存货投资在国民收入核算中是实际投资支出的一部分。因此,在国民收入核算中,实际国民收入(产出)= 计划支出(或计划需求)+ 非计划存货投资。

③均衡国民收入决定理论中,均衡国民收入(产出)指与计划需求相一致的产出,即在均衡产出水平上,

计划支出 = 实际产出，没有非计划存货投资。

均衡产出（均衡的国民收入）就是和总需求一致的产出，即经济社会的收入正好等于全体居民和企业想要有的支出。表示为 E（支出）$=Y$（收入）。

这一过程可以用凯恩斯主义交叉图表示。以 45° 线表示与实际总收入相等的所有实际总支出的点的集合。

两线之间的差距表示非计划的存货量。

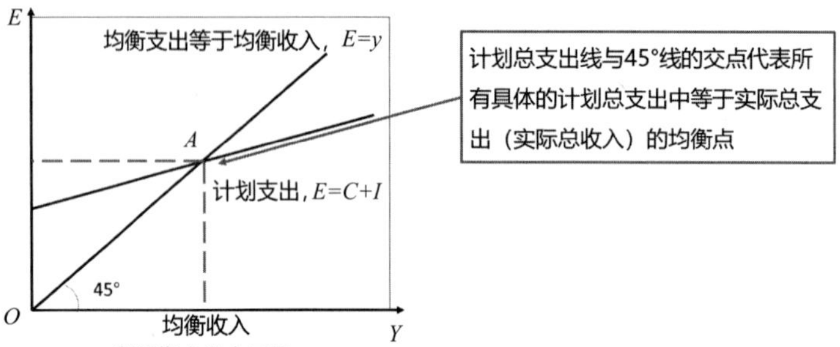

凯恩斯主义交叉图

（7）在一个经济经济体中，生产函数：$Y=F(K,L)=K^{0.3}L^{0.7}$，假设在 T_1 期，该经济储蓄率从原来的 S_1 调整到 S_2，$S_2>S_1$，并到 T_2 期经济恢复到新的均衡，请分析从原均衡向新均衡调整过程中人均资本存量和人均产出的变化过程，并用图形表示人均资本和人均产出增长率的调整路径。

【答案要点】

根据新古典增长模型的稳态条件，储蓄率提高，人均储蓄提高，人均资本水平提高，进而人均产出水平提高。从 T_1 到 T_2 期，经济从一个稳定状态调整到另一个稳定状态过程中，人均资本增长率逐步下降，直至为零；人均产出增长率在储蓄率调整的瞬间增加，以后逐渐下降，直至回到原来的增长率水平。人均资本调整路径如图（a）所示，人均产出增长率调整路径如图（b）所示。

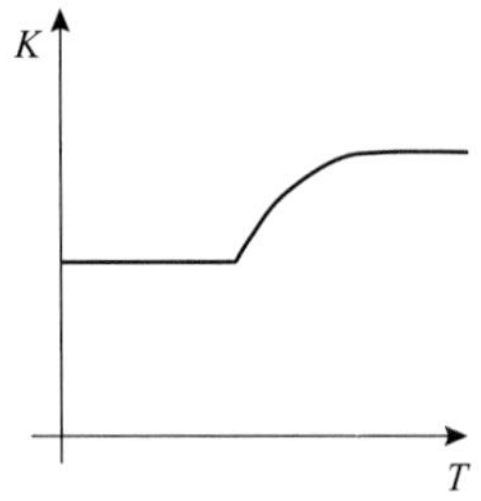

（a）人均资本调整路径

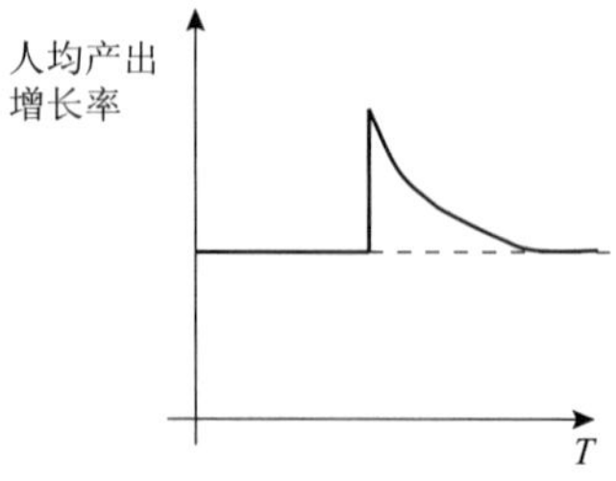

（b）人均产出增长率调整路径

三、随堂同步自测

1. 单选题

（1）若 $MPC=0.6$，则 I 增加 100 万，会使收入增加（　　）。

A. 40 万　　B. 60 万　　C. 150 万　　D. 250 万

（2）根据消费函数，决定消费的因素是（　　）。

A. 收入　　B. 价格　　C. 边际消费倾向　　D. 偏好

（3）若 $MPC=0.2$，则政府税收乘数值为（　　）。

A. 5　　B. −0.25　　C. −4　　D. 2

（4）政府购买乘数 k_G 和政府转移支付乘数 k_{TR} 之间的关系是（　　）。

A. $k_G<k_{TR}$　　B. $k_G=k_{TR}$　　C. $k_G>k_{TR}$　　D. 不确定

(5)在两部门经济中,乘数的大小(　　)。

A. 与边际消费倾向同方向变动　B. 与边际消费倾向反方向变动

C. 与边际储蓄倾向同方向变动　D. 与边际储蓄倾向没关系

(6)当消费函数为 $C=a+bY$ 时,则 APC(　　)。

A. 大于 MPC　B. 小于 MPC

C. 等于 MPC　D. 上述三种情况都有可能

(7)在两部门经济中,总支出等于总收入时,说明(　　)。

A. 计划存货投资一定等于零　B. 非计划存货投资一定等于零

C. 非计划存货投资不等于零　D. 事前投资等于事前储蓄

(8)政府预算平衡时,若 $MPC=4/5$,政府购买增加 100 万,则国民收入(　　)。

A. 不变　B. 增加 200 万　C. 增加 100 万　D. 减少 100 万

(9)在两部门经济中,均衡发生于(　　)之时。

A. 实际储蓄等于实际投资　B. 实际消费加实际投资等于产出值

C. 计划储蓄等于计划投资　D. 总支出等于企业部门的收入

(10)GDP 的均衡水平与充分就业的 GDP 水平的关系是(　　)。

A. 两者完全等同

B. 除了特殊的失衡状态,GDP 均衡水平通常就意味着充分就业时的 GDP 水平

C.GDP 的均衡水平完全不可能是充分就业的 GDP 的水平

D.GDP 的均衡水平可能是也可能不是充分就业的 GDP 水平

(11)根据凯恩斯消费理论,随着收入的增加,(　　)。

A. 消费增加、储蓄减少　B. 消费下降、储蓄增加

C. 消费增加、储蓄增加　D. 消费下降、储蓄下降

(12)如果消费函数为 $C=100+0.8(Y-T)$,那么政府支出乘数为(　　)。

A. 0.8　B. 1.25　C. 4　D. 5

(13)如果消费函数为 $C=100+0.8(Y-T)$,并且税收和政府支出同时增加 1 元,则均衡的收入水平将(　　)。

A. 保持不变　B. 增加 2 元　C. 增加 1 元　D. 下降 4 元

(14)当一个家庭的收入为零时,消费支出为 3 000 元,收入为 8 000 元时,消费支出为 6 000 元。如果消费和收入之间呈线性关系,则边际消费倾向为(　　)。

A. 1　B. 2/3　C. 3/4　D. 3/8

(15)边际消费倾向小于 1,意味着当前可支配收入的增加将使意愿消费支出(　　)。

A. 增加,但幅度小于可支配收入的增加幅度

B. 有所下降,这是由于收入的增加储蓄也会随之增加

C. 增加,但幅度等于可支配收入的增加幅度

D. 保持不变,这是由于边际储蓄倾向同样小于 1

(16)消费者储蓄增加而消费支出减少,则(　　)。

A. 储蓄和 GDP 都将下降　B. 储蓄保持不变,GDP 下降

C. 储蓄下降, GDP 不变　D. 储蓄上升,GDP 下降

(17)凯恩斯理论认为,有效需求不足是由三大基本心理规律引起的,以下(　　)不是这三大基本心理规律。

A. 边际消费倾向递减规律　B. 边际收益递减规律

C. 流动偏好规律　D. 资本边际效率递减规律

(18)从乘数公式中不能反映出的是(　　)。

A. 边际消费倾向越高,乘数就越小　　B. 边际消费倾向越低,乘数就越小

C. 边际消费倾向越低,乘数就越大　　D. 边际消费倾向为 0,没有乘数效应

(19)乘数发生作用的条件是(　　)。

A. 社会上的各种资源已经得到充分利用　　B. 社会上的各种资源没有得到充分利用

C. 边际消费倾向大于 0　　D. 边际消费倾向小于 1

(20)若自主支出增加 10 万元使均衡国民收入增加 100 万元,则边际消费倾向至少为(　　)。

A. 1　　B. 0.1　　C. 0.9　　D. 0.5

(21)根据凯恩斯理论中的储蓄函数,引起储蓄增加的因素是(　　)。

A. 收入增加　　B. 利率增加

C. 预期未来的价格上升　　D. 政府支出增加

(22)根据凯恩斯消费函数,引起消费增加的原因是(　　)。

A. 收入水平增加　　B. 价格水平提高　　C. 储蓄增加　　D. 利率增加

(23)引致消费取决于(　　)。

A. 自发消费　　B. 平均消费倾向　　C. 收入　　D. 收入和边际消费倾向

(24)平均消费倾向与平均储蓄倾向之和(　　)。

A. 大于 1　　B. 等于 2　　C. 等于 1　　D. 小于 1

2. 多选题

(1)*IS* 曲线表示(　　)。

A. 产品市场均衡时收入与利率的组合

B. 产品市场总需求等于总供给时,收入与利率的组合

C. 产品市场投资等于储蓄时收入与利率的组合

D. 货币市场均衡时收入与利率的组合

(2)以下关于 *IS* 曲线斜率的判断,不正确的是(　　)。

A. 投资需求对利率变化的反应程度敏感,*IS* 曲线较为平缓

B. 投资需求对利率变化的反应程度敏感,*IS* 曲线较为陡峭

C. 边际消费倾向越大,*IS* 曲线越平缓

D. 边际消费倾向越大,*IS* 曲线越陡峭

(3)引起 *IS* 曲线左移的因素有(　　)。

A. 投资需求增加　　B. 政府购买减少　　C. 政府税收增加　　D. 政府税收减少

(4)在其他条件不变的情况下,引起 *IS* 曲线向右移动的原因有(　　)。

A. 投资需求曲线右移　　B. 货币交易需求曲线右移

C. 货币投机需求曲线右移　　D. 货币供给量增加

(5)关于 *LM* 曲线以下判断正确的有(　　)。

A. 在凯恩斯区域,*LM* 曲线水平　　B. 中间区域,*LM* 曲线向右上方倾斜

C. 在中间区域,*LM* 曲线向右下方倾斜　　D. 在古典区域,*LM* 曲线垂直

(6)在自发消费为正的线性消费函数中,关于平均消费倾向说法错误的有(　　)。

A. 大于边际消费倾向　　B. 小于边际消费倾向

C. 等于边际消费倾向　　D. 以上说法都有可能

(7)根据两部门经济国民收入决定模型,引起均衡收入减少的原因不包括(　　)。

A. 消费减少　　B. 储蓄减少　　C. 消费增加　　D. 政府支出减少

(8)关于均衡国民收入(均衡产出)的描述错误的是(　　)。

A. 一国生产的最终产品的市场价值　　B. 计划支出大于实际支出时的国民收入

C. 计划支出小于实际支出时的国民收入　　D. 与总需求相等时的国民收入

(9)在国民收入决定模型中,对政府支出描述错误的有(　　)。

A. 政府购买各种产品和劳务的支出　　B. 政府购买各种产品的支出

C. 政府购买各种劳务的支出　　D. 政府购买各种产品的支出再加上转移支付

(10)某国 2006 年和 2011 年的名义 GDP 分别为 1 200 亿元和 2 000 亿元, GDP 折算指数分别为 120% 和 150%,则 2011 年与 2006 年相比,以下描述错误的是(　　)。

A. 实际 GDP 下降　　B. 实际 GDP 不变　　C. 实际 GDP 上升　　D. 物价水平下降

(11)名义 GDP 和实际 GDP 的比值无法反应(　　)水平。

A. 经济波动　　B. 失业　　C. 通货膨胀　　D. 经济增长

(12)在三部门经济中,对国民收入恒等关系表示错误的是(　　)。

A. $C+I+G+X=C+S+T+M$　　B. $I+S=G+T$

C. $C+I+G=C+S+T$　　D. $I+G+X=S+T+M$

3. **判断题**

(1)凯恩斯定律是指市场不能完全出清。　(　　)

(2)边际消费倾向大于 0 小于 1。　(　　)

(3)从根本上说,储蓄就是未来的消费。　(　　)

(4)在简单国民收入决定理论中,均衡产出是指与总需求相等的产出。　(　　)

(5)边际消费倾向越大,投资乘数越小。　(　　)

(6)消费曲线具有正斜率,但斜率的绝对值越来越小。　(　　)

(7)在两部门经济中,均衡产出公式为 $Y=C+I$,其中 C 和 I 是指实际消费和实际投资。　(　　)

(8)随着收入的增加,边际消费倾向 MPC 递减,而平均消费倾向 APC 递增,且 $APC>MPC$。　(　　)

(9)消费增量有可能大于收入增量。　(　　)

(10)在两部门经济中,均衡产出条件为 FS,它是指经济要达到均衡,计划投资必须等于计划储蓄。　(　　)

(11)消费函数是指随着收入的增加,消费也会增加,但消费的增加不如收入增加得多。　(　　)

(12)均衡国民收入就是充分就业的国民收入。　(　　)

(13)改变政府购买支出水平对宏观经济活动的效果要大于改变税收和转移支付的效果。　(　　)

(14)定量税时,三部门经济中均衡收入为 $Y=(\alpha+I+G-\beta T)/(1-\beta)$。　(　　)

(15)如果政府支出和政府税收同时增加同样多的数量,那么,均衡国民收入没有发生变化。　(　　)

(16)消费函数是指随着收入的增加,消费也会增加,但消费的增加不如收入增加得多。　(　　)

(17)利率越高,投资量越少;利率越低,投资量越多。　(　　)

(18)减税对国民收入的影响要小于投资。　(　　)

(19)税收乘数是大于 1 的正数。　(　　)

(20)投资乘数是大于 1 的正数。　(　　)

(21)若消费函数为 $C=0.85Y$,则边际消费倾向是新增加 1 元时收入中用于消费的部分是 0.85 元。　(　　)

(22)边际储蓄倾向越大,政府购买变动对国民收入的影响就越大。　(　　)

(23)在两部门经济中,如果投资大于储蓄,那么,总需求将小于总供给。　(　　)

(24)三部门经济中的投资储蓄恒等式为 $I=S+(T-G)$。　(　　)

(25)若资本的边际效率高于市场利息率,则表示现有投资规模偏小。 ( )

(26)在资源没有充分利用时,增加储蓄会使国民收入减少,减少储蓄会使国民收入增加。 ( )

(27)在物品市场上,利率与国民收入呈反方向变动是因为利率与投资成方向变动。 ( )

(28)引致消费取决于收入和边际消费倾向。 ( )

(29)若投资对利息率的反应提高,则在利息率下降相同时产出的增量减少。 ( )

(30)投资乘数等于投资变化除以收入变化。 ( )

4. 问答题

(1)写出两部门经济体国民收入的基本公式,并说明其含义。

(2)简述投资对国民收入的乘数效应(可给出乘数效应案例,要求结合实际对乘数效应加以分析)。

(3)乘数作用的发挥在现实生活中会受到哪些限制?

(4)假定有两个老人都有购房行为,其中一个老人说:“我积累了一辈子钱,昨天总算买了一套房,住了一夜就来到天堂。”另一位老人说:“我也很辛苦,住了一辈子的房,直到昨天才还清买房的贷款,今天就来到天堂。”如果真有这样两位老人,你认为哪位老人聪明些?为什么?

(5)所得税降低对产出和利率有何影响?

(6)凯恩斯投资理论的主要内容是什么?

(7)LC-PIH 消费理论在解释消费行为时为何失效?

(8)什么是资本边际效率,影响资本边际效率的因素有哪些?

(9)什么是投资,影响投资的因素有哪些?

(10)为什么资本边际效率是递减的?

5. 计算题

(1)假定某经济社会的消费函数为 $C=100+0.8Y_D$(Y_D 是可支配收入),投资支出为 $I=50$,政府支出 $G=200$,政府转移支付 $TR=62.5$,税收 $T=250$(单位均为亿元),试求:

①均衡的国民收入;

②投资乘数、政府购买乘数、税收乘数、转移支付乘数分别是多少?

（2）在两部门经济中，消费函数为 $C=100+0.8Y$，投资为 50。求：均衡收入、消费和储蓄。

（3）设消费函数为 $C=120+0.75Y$。试求：

①消费水平达到 1 120 时，收入应为多少？

②边际消费倾向及边际储蓄倾向各为多少？

③收入为 3 000 时，消费水平为多少？

（4）假定某经济社会的消费函数 $C=80+0.75Y$，投资 $I=100+0.15Y$，政府支出 $G=50$ 亿元，试求：

①均衡的国民收入为多少？均衡国民收入下的消费和投资分别为多少？

②政府支出乘数为多少？如果政府支出增加 50 亿元，国民收入增加多少？

（5）假设经济模型为 $C=200+0.75(Y-T)$，$I=3\ 800$，$G=4\ 000$，$T=0.2Y$。其中 C 表示消费，I 表示投资，G 表示政府支出，T 表示税收，Y 表示国民收入。试计算：

①边际消费倾向；

②给出消费函数，标明其斜率及纵轴截距；

③均衡国民收入水平；

④在均衡的收入水平下，政府预算盈余为多少？

⑤计算政府支出乘数，并解释它不等于 $1/(1-\beta)$ 的原因（β 为边际消费倾向）。

(6)两部门经济中,如果在初始年份是均衡的,国民收入为 1 500 亿元。

①每期投资增加 100 亿元,国民边际消费倾向为 0.9,试问国民收入要达到多少亿元才能使国民经济恢复平衡?

②如果不是每期投资都增加 100 亿元,而是每期消费增加 100 亿元,上述答案是否会变?如果每期消费增加 150 亿元时又有什么不同?

6. **分析题**

(1)试述两部门经济中国民收入决定的主要内容。

(2)消费需求量究竟是由什么决定的呢?

(3)试述乘数的作用过程与边际消费倾向之间的关系,作图表示。

(4)用简单的国民收入决定模型来分析“节俭的悖论”。

(5)影响消费的非收入因素有哪些?

(6)为什么一些西方经济学家认为,将一部分国民收入从富者转移给贫者将提高总收入水平?

(7)投资者在对投资的多少进行决策时,主要考虑什么因素呢? 或者说,什么因素影响投资者的投资决策呢?

(8)什么是投资的“Q”理论? 托宾的“Q”理论实际上要阐明的结论是什么?

(9)面对通货紧缩和亚洲等地区金融危机的负面影响,我国采取了扩大内需的应对政策。然而,尽管政策力度很大,其带动作用却非常有限。统计资料显示, 1998 年的非国有部门的投资呈负增长。这是怎么回事呢?

四、课程思政案例

中央经济工作会议提出,适度超前开展基础设施投资。在需求收缩、供给冲击、预期转弱的三重压力下,中央重提适度超前开展基础设施投资,既是基于有效应对新冠肺炎疫情冲击、托底经济增长的重要考量,也是强化既有经济优势、壮大未来发展动能的内在要求。

基础设施建设是稳定经济增长的重要抓手之一。有测算显示,基础设施建设会产生明显的“乘数效应”,一份基础设施投资往往可带来数倍于投资额的社会总需求及国民收入。事实上,固定资产投资持续多年的高位运行,已经让人们尝到了适度超前基础设施建设带来的甜头,也有力支撑和拉动了我国经济的快速增长。

问题:请分析投资乘数的含义和作用,并从短期和中长期进行分析基础设施建设的战略意义。

第十一章　短期经济波动模型：产品市场和货币市场的共同均衡

一、知识思维导图

- 国民收入决定：IS-LM模型
  - 产品市场的均衡：*IS*曲线
    - *IS*曲线前提条件：产品市场均衡重点是储蓄与投资的均衡
    - *IS*曲线的含义和推导
      - 含义：*IS*曲线是产品市场达到均衡时的一条曲线。*I*代表投资，*S*代表储蓄，*IS*代表储蓄和投资的均衡，也就是产品市场的均衡
      - 推导
        - 方法一：使用投资函数曲线和凯恩斯主义交叉图
        - 方法二：使用投资函数曲线和储蓄函数曲线图
    - *IS*曲线的斜率及其变动
      - 斜率=$(1-\beta)/d$
        β表示消费对Y变动的敏感程度;d表示投资对r变动的敏感程度
      - 变动
        - ①投资变化引起的*IS*曲线变动
        - ②储蓄变化引起的*IS*曲线变动
        - ③消费变化引起的*IS*曲线变动
        - ④政府支出变化引起的*IS*曲线变动
        - ⑤税收变动引起的*IS*曲线变动
        - ⑥政府转移支付变化引起的*IS*曲线变动
        - ⑦国外需求变化引起的*IS*曲线变动
  - 货币市场的均衡：*LM*曲线
    - 货币市场均衡的含义和利率的决定
      - 古典经济学的利率决定观点
      - 凯恩斯经济学的利率决定观点
      - 交易动机的货币需求
    - 货币需求的决定
      - 预防动机的货币需求
      - 投机动机的货币需求
      - “流动性陷阱”（凯恩斯陷阱）
      - 货币需求函数
    - *LM*曲线的含义——*LM*曲线代表货币市场均衡，即货币供给与货币需求相等
    - *LM*曲线的斜率和变动
      - 斜率：K/h
        ①当K为定值时，h越大，表示货币需求对利率的敏感度越高，则K/h就越小，*LM*曲线越平缓
        ②当h一定时，K越大，表示货币需求对实际收入变动的敏感度越高，则K/h就越大，*LM*曲线就越陡峭
      - 变动
        - 投机需求：方向相同的移动
        - 交易需求：相反方向的移动
        - 实际货币供给量相同方向的移动
  - 产品市场和货币市场的共同均衡：IS-LM模型
    - 产品市场和货币市场共同均衡的含义
    - 产品市场和货币市场的共同均衡
    - 产品市场和货币市场共同均衡的调整和变动
  - 本章评析

二、典型例题解析

1. 单选题

(1)当利率降得很低时,人们购买债券的风险(　　)。

A. 将变得很小　　B. 将变得很大

C. 可能变大,也可能变小　　D. 不变

【答案】B

【解析】本题从一个较新的角度考察了考生对"流动性陷阱"的理解。根据凯恩斯的理论,当利率降到很低时,人们普遍预期利率已降至谷底,以后只会反弹而不会继续降低,这时中央银行增加的货币供给将全部被公众吸收,不会再使利率下降。由于预期利率将上升,人们将卖出全部债券,并不再持有债券,有多少货币就持有多少货币。因此,购买债券的风险将会非常高,要承担将来利率提高而带来的损失。因此,本题的正确选项为B。

(2)如果其他因素既定不变,利率降低,将引起货币的(　　)。

A. 交易需求量增加　　B. 投机需求量增加　　C. 投机需求量减少　　D. 交易需求量减少

【答案】B

【解析】本题考察的是利率对货币需求的影响。在凯恩斯的货币需求决定理论中,特别强调人们需求货币的动机。凯恩斯认为,人们持有货币或者说需要货币是出于交易动机、预防动机和投机动机。其中,投机动机是与利率相关的动机,投机动机指人们根据市场利率变化的预测,需要持有货币以满足从中获利的愿望,对货币的投机需求取决于利率,在其他因素不变时,若利率降低,有价证券价格过高,投资者预期利率会上升,将会增加对货币的需求,若利率过高,有价证券价格过低,投资者预期利率会下降,将增加对证券的购买而减少对货币的持有量。因此,如果其他因素既定不变,利率降低,将引起货币的投机需求增加。因此,本题正确选项为B。

(3)假定其他因素既定不变,在非凯恩斯陷阱中,货币供给增加时,(　　)。

A. 利率将上升　　B. 利率将下降

C. 利率不变　　D. 利率可能下降也可能上升

【答案】B

【解析】本题考察的是产品市场和货币市场共同均衡的调整和变动,即IS-LM模型的均衡国民收入和均衡利率的变动。在其他因素既定不变的情况下,在非凯恩斯陷阱中,货币需求和供给仍会对利率造成影响,当货币供给增加时,*LM*曲线会向右下方移动,引起均衡国民收入增加和均衡利率的下降。因此,假定其他因素既定不变,在非凯恩斯陷阱中,货币供给增加时,均衡利率将下降。因此,本题的正确选项为B。

(4)假定其他因素既定不变,在凯恩斯陷阱中,货币供给增加时,(　　)。

A. 利率将上升　　B. 利率将下降

C. 利率不变　　D. 利率可能下降也可能上升

【答案】C

【解析】本题考察的是凯恩斯陷阱的含义和运用。凯恩斯陷阱指的是当利率极低时,人们认为有价证券市场价格已经不太可能再上升而只会下跌,此时,人们有了货币也绝不愿意再去购买有价证券,以避免有价证券价格下跌遭受损失,不管此时有多少货币增加,人们也都愿意将其留在手中。此时的*LM*曲线将会是一条平行于横轴的线,即使这时银行增加货币供给,也不会再使利率有所变化。因此,假定其他因素既定不变,在凯恩斯陷阱中,货币供给增加时,利率不变。因此,本题的正确选项为C。

(5)假定其他因素既定不变,投资对利率变动的反应程度提高时,*IS*曲线将(　　)。

A. 平行向右移动　　B. 平行向左移动　　C. 变得更加陡峭　　D. 变得较为平缓

【答案】D

【解析】本题考察的是 *IS* 曲线的斜率及其变动。在两部门经济中，根据 *IS* 曲线的代数表达式：$r=(\alpha+e)/[d-(1-\beta)/d]Y$，可知，投资对利率变动的反应程度即 d 对 *IS* 曲线的斜率有影响，如果 d 的值比较大，即投资对利率变化比较敏感，那么利率的较小变动就会引起投资的较大变动，进而引起收入的较大变动，这反映在 *IS* 曲线上就是：利率的较小变动要求有收入的较大变动与之相配合，才能使产品市场均衡，也就是说 *IS* 曲线的斜率就要较小，即 *IS* 曲线较为平缓。因此，本题的正确选项为 D。

（6）假定其他因素既定不变，自发投资增加时，*IS* 曲线将（　　）。

A. 平行向右移动　　B. 平行向左移动　　C. 变得更加陡峭　　D. 变得更加平坦

【答案】A

【解析】本题考察的是 *IS* 曲线的斜率及其变动。从 *IS* 曲线的推导图中可知，在其他情况不变的情况下，如果投资函数变动，则 *IS* 曲线将会移动。在同等利率水平上，自发投资 E 增加，投资需求增加，投资需求曲线向右上移动，于是，*IS* 曲线就会向右上移动，*IS* 曲线的截距增大，但是斜率不变。因此，假定其他因素既定不变，自发投资增加时，*IS* 曲线将平行向右移动。因此，本题的正确选项为 A。

（7）在古典经济学派的观点中，利率是由（　　）。

A. 金融市场上的可贷资金供给与可贷资金需求共同决定的

B. 国民收入决定的

C. 货币供给量决定的

D. 货币需求量决定的

【答案】A

【解析】本题考察的是古典经济学的利率决定观点。古典经济学派认为，利率是由金融市场上的可贷资金供给与可贷资金需求共同决定的。投资是可贷资金的需求，储蓄是可贷资金的供给。投资是利率的减函数，即利率越低，同样情况下，人们就越愿意投资；相反，利率越高，人们就会减少投资。储蓄是利率的增函数，即利率越高，人们越愿意储蓄，从而储蓄越多；相反，利率越低，人们就越不愿意储蓄，从而储蓄越少。另一方面，当可贷资金的供求相等，即投资与储蓄相等时，均衡利率就被决定了。因此，在古典经济学派的观点中，利率是由金融市场上的可贷资金供给与可贷资金需求共同决定的。因此，本题的正确选项为 A。

（8）人们为了预防经济生活中预料之外的支出，而需要持有的一定数量的货币指的是（　　）。

A. 交易动机的货币需求　　B. 预防动机的货币需求

C. 投机动机的货币需求　　D. 货币总需求

【答案】B

【解析】本题考察的是货币需求的决定。在凯恩斯的货币需求理论中，它强调人们需求货币的动机，将货币需求分为交易动机的货币需求、预防动机的货币需求和投机动机的货币需求。其中，预防动机的货币需求指的是人们需要货币是为了预防经济生活中预料之外的支出，如个人和企业为了应付事故、失业、疾病等意外事件而需要事先持有一定的货币数量。此外，交易动机的货币需求指的是个人和企业需要货币是为了进行正常的交易活动。投机动机的货币需求是指人们持有货币是为了在金融市场上抓住购买有价证券的有利机会。因此，本题的正确选项为 B。

（9）当其他因素不变时，货币需求对利率的敏感程度越高，*LM* 曲线（　　）。

A. 平行向右移动　　B. 平行向左移动　　C. 变得更加陡峭　　D. 变得更加平缓

【答案】D

【解析】本题考察的是 *LM* 曲线的斜率和变动。根据 *LM* 曲线的代数表达式：$r=KY/h-M/h$，可知，当其他因素不变时，货币需求对利率的敏感程度即 h 越高，则 *LM* 曲线的斜率 K/h 就越小，因而，*LM* 曲线就越平缓。因此，本题的正确选项为 D。

（10）当其他因素不变时，货币需求对收入变动的敏感程度越高，*LM* 曲线（　　）。

A. 平行向右移动　B. 平行向左移动　C. 变得更加陡峭　D. 变得更加平缓

【答案】C

【解析】本题考察的是 *LM* 曲线的斜率和变动。根据 *LM* 曲线的代数表达式：$r=KY/h-M/h$，可知，当其他因素不变时，货币需求对收入变动的敏感程度即 K 越高，则 *LM* 曲线的斜率 K/h，就越大，因而，*LM* 曲线就越陡峭。因此，本题的正确选项为 C。

2. 多选题

（1）（　　）将导致 *LM* 曲线向右移动。

A. 货币供给的增加　B. 货币供给的减少

C. 交易和预防需求的增加　D. 交易和预防需求的减少

【答案】BD

【解析】本题考察的是 *LM* 曲线的变动，从 *LM* 曲线推导图以及 *LM* 曲线的三个区域可以看出，货币交易需求移动，会使 *LM* 曲线也发生移动，当货币的交易性需求和预防性需求减少，*LM* 曲线就会向右移动，原因是，原来完成同样交易量所需要的货币减少了，即原来的一笔货币现在能完成更多的国民收入了。货币的预防需求同理，而当货币供给增加时，根据图形推导可知，这会使 *LM* 曲线向右移动。因此，本题的正确选项是 BD。

（2）若经济处于 *IS* 曲线的右上方和 *LM* 曲线的右下方，则（　　）。

A. 投资大于储蓄　B. 投资小于储蓄

C. 货币供给大于货币需求　D. 货币供给小于货币需求，收入将减少，利率将上升

【答案】BD

【解析】本题考察的是产品市场和货币市场的非均衡，若经济处于 *IS* 曲线右上方，则意味着 $I<S$，即投资小于储蓄，若经济处于 *LM* 曲线右下方，则意味着 $L>M$，即货币供给小于货币需求。此时产品市场存在着过度供给，货币市场都存在着过度需求，国民收入有减少的趋势，利率有上升的趋势。因此，本题的正确选项为 BD。

（3）若经济处于 *IS* 曲线的左下方和 *LM* 曲线的左上方，则（　　）。

A. 投资大于储蓄　B. 投资小于储蓄

C. 货币供给大于货币需求　D. 货币供给小于货币需求

【答案】AC

【解析】本题考察的是产品市场和货币市场的非均衡，若经济处于 *IS* 曲线左下方，则意味着 $I>S$，即投资大于储蓄，若经济处于 *LM* 曲线左上方，则意味着 $L<M$，即货币供给大于货币需求。此时，产品市场存在过度需求，货币市场存在着过度供给，国民收入有增加趋势，利率有下降趋势。因此，本题的正确选项为 AC。

（4）根据 IS-LM 模型，以下表述正确的有（　　）。

A. 自发总需求增加，使国民收入减少，利率上升　B. 自发总需求增加，使国民收入增加，利率上升

C. 货币量增加，使国民收入增加，利率下降　D. 货币量增加，使国民收入减少，利率下降

【答案】BC

【解析】本题考察的是 IS-LM 模型的变动，当自发总需求增加时，*IS* 曲线向右上移动，均衡国民收入增加，均衡利率上升；反之，当自发总需求减少时，*IS* 曲线向左下移动，均衡国民收入减少，均衡利率下降。而当货币量增加时，*LM* 曲线向右下方移动，会使均衡国民收入增加，均衡利率下降；反之，当货币量减少时，*LM* 曲线向左上方移动，会使均衡国民收入减少，均衡利率上升。因此，本题的正确选项为 BC。

（5）按照凯恩斯的观点，人们需求货币，是出于（　　）。

A. 交易动机　B. 预防动机　C. 不想获得利息　D. 投机动机

【答案】ABD

【解析】本题考察的是凯恩斯的货币需求理论。在凯恩斯的货币需求理论中，它强调人们需求货币的动机，将货币需求分为交易动机的货币需求、预防动机的货币需求和投机动机的货币需求。因此，本题的正确选项为 ABD。

3. 判断题

（1）产品市场的均衡指的是产品在市场上的供给和需求都相等时的情况。（ ）

【答案】正确。

【解析】本题考察的是产品市场均衡的概念。产品市场均衡体现的是产品市场供给和需求相等的关系，因此本题的判断结果为正确。

（2）IS-LM 模型可以考察价格水平变化下影响国民收入水平变化的因素。（ ）

【答案】错误。

【解析】本题考察的是 IS-LM 模型的前提条件。IS-LM 模型要说明的问题是在短期内，任何一种既定不变的物价水平上，究竟是什么因素决定了均衡国民收入及其变动，因此本题的判断结果为错误。

（3）*IS* 曲线指的是投资和储蓄变动时，形成的不同的收入水平和利率水平的组合点构成的曲线。（ ）

【答案】错误。

【解析】本题考察的是 *IS* 曲线的概念。*IS* 曲线指的是产品和服务市场达到均衡状态时的一条曲线，代表投资与储蓄相等时所有代表均衡利率水平和均衡收入水平的组合点的集合，因此本题的判断结果为错误。

（4）在 *IS* 曲线上一定有 $I=S$。（ ）

【答案】正确。

【解析】本题考察的是 *IS* 曲线的概念。*IS* 曲线代表投资与储蓄相等时所有代表均衡利率水平和均衡收入水平的组合点的集合，所以在这样的组合下投资和储蓄均相等，即 $I=S$，因此本题的判断结果为正确。

（5）*IS* 曲线的斜率是正值。（ ）

【答案】错误。

【解析】本题考察的是 *IS* 曲线的斜率，在 *IS* 曲线的推导中可以发现，利率下降时，意味着有着一个较高的投资水平，从而也意味着一个较高的储蓄和收入水平，即收入和利率呈反方向变动，即 *IS* 曲线的斜率是负值。因此本题的判断结果为错误。

（6）古典经济学认为利率是由收入水平决定的。（ ）

【答案】错误。

【解析】本题考察的是古典经济学的利率决定观点。古典经济学派认为，利率是由金融市场上的可贷资金供给与可贷资金需求共同决定的。投资是可贷资金的需求，储蓄是可贷资金的供给，当可贷资金的供求相等，即投资与储蓄相等时，均衡利率就被决定了。因此本题的判断结果为错误。

（7）凯恩斯经济学认为利率是由货币的供给量和需求量所决定的。（ ）

【答案】正确。

【解析】本题考察的是凯恩斯经济学的利率决定观点。凯恩斯否定了古典经济学利率决定的观点。他认为利率不是由储蓄和投资共同决定的，而是由货币的供应量和需求量共同决定的，即取决于货币市场的均衡。因此本题的判断结果为正确。

（8）按照凯恩斯的观点，出于交易动机的货币需求量主要取决于未来收入会让支出变得不确定。（ ）

【答案】错误。

【解析】本题考察的是凯恩斯的货币需求理论中的交易动机货币需求的决定。凯恩斯货币需求理论中的交易动机货币需求指的是个人或企业需要货币是为了进行正常的交易活动。主要原因是人们取得收入和消费支出之间在时间上是不同步的,而出于交易动机的货币需求量主要取决于收入水平,收入越高,交易数量越大。因此,本题的判断结果为错误。

(9)凯恩斯陷阱指的是当利率低到一定水平时,人们都愿意将货币持有在自己手中,不愿意购买证券。( )

【答案】正确。

【解析】本题考察的是"凯恩斯陷阱"的含义。"凯恩斯陷阱"也叫"流动性陷阱",指的是在利率极低时,由于证券价格已经不太可能上升只会下跌,人们此时只愿意持有货币,而不会再去购买证券。因此本题的判断结果为正确。

(10)根据 IS-LM 模型,当经济处于 *IS* 曲线的右上方,*LM* 曲线左上方时,产品市场存在过度需求,而货币市场处于过度供给。( )

【答案】错误。

【解析】本题考察的是产品市场和货币市场的非均衡,若经济处于 *IS* 曲线右上方,则意味着 $I<S$,即投资小于储蓄,即产品市场过度供给,若经济处于 *LM* 曲线左上方,则意味着 $L<M$,即货币供给大于货币需求,货币市场过度供给。此时,产品市场和货币市场都存在着过度供给,国民收入有减少趋势,利率有下降趋势。因此本题的判断结果为错误。

4. 问答题

(1)投机货币需求对利率变动的反应程度的提高为什么会使 *LM* 曲线的斜率的绝对值变小?

【答案要点】

投机货币需求对利率变动的反应程度的提高,意味着一定量的利率提高所减少的投机货币需求量越多,在货币供给量既定且货币市场始终保持均衡的条件下,所能增加的交易货币需求量将越多。根据既定的交易货币需求函数,交易货币需求量增加得越多,收入也就增加得越多。一定量的利率上升对应着更多的收入增加,意味着 *LM* 曲线更加平坦,即 *LM* 曲线斜率的绝对值更小。

(2)怎样理解 IS-LM 模型是凯恩斯主义宏观经济学的核心?

【答案要点】

凯恩斯理论的核心是有效需求原理,它认为国民收入决定于有效需求,而有效需求又受边际消费倾向递减、资本边际效率递减以及心理偏好这三个心理规律的影响。这三个心理规律涉及四个变量:边际消费倾向、资本边际效率、货币需求和货币供给。凯恩斯通过利率把货币经济和实物经济联系起来,打破了新古典经济学派把实物经济和货币经济分开的两分法,认为货币不是中性的,货币市场上的均衡利率要影响投资和收入,而产品市场上的均衡收入又会影响货币需求和利率,这就是产品市场和货币市场的相互联系和作用。但是凯恩斯本身没有把上述四个变量联系在一起。汉森、希克斯这两位经济学家则用 IS-LM 模型把这四个变量放在一起,构成一个产品市场和货币市场之间相互作用共同决定国民收入与利率的理论框架,从而使凯恩斯的有效需求理论得到较为完整的表述。不仅如此,凯恩斯主义的经济政策和货币政策的分析,也是围绕 IS-LM 模型而展开的,因此可以说,IS-LM 模型是凯恩斯主义宏观经济学的核心。

(3)产品市场和货币市场的均衡收入是否就是充分就业收入?为什么?

【答案要点】

IS 曲线和 *LM* 曲线的交点对应的收入表示产品市场和货币市场同时均衡时的收入。这种收入不一定就是充分就业收入。因为在 IS-LM 模型中没有考虑劳动市场是否均衡,所以不知道这种收入是否就是充分就业收入。由于种种原因,劳动市场既可以均衡,也可以不均衡,即实际就业量既可以是充分就业量,也可以是低于充分就业量,从而实际收入既可以是充分就业收入,也可以是低于充分就业收入。

（4）什么是“流动偏好陷阱”？

【答案要点】

当利率降到很低水平时，一方面人们持有货币成本极低，另一方面证券的价格极高，人们预期利率只升不跌，有价证券价格只跌不升，因而会将所有的有价证券全部换成货币，即对货币投机需求无穷大，这种情况被称作“流动偏好陷阱”。此时，如果政府使用扩张性财政政策来刺激总需求，将十分有效。此时，*LM* 曲线呈水平状，不存在挤出效应，扩张性财政政策完全有效。

（5）根据凯恩斯的观点决定货币需求的三种动机分别是什么？

【答案要点】

凯恩斯认为，人们持有或者说需要货币是出于以下三类不同的动机。①交易动机，是由于个人和企业为了进行正常的交易活动而持有货币。由于收入和支出在时间上是不同步的，因此个人和企业必须有足够的货币资金来支付日常开支。②预防动机，是指人们需要货币是为了预防经济生活中预料之外的支出，如个人为应付事故、失业、疾病等意外事件而需要事先持有一定数量的货币，货币的预防性需要产生于未来收入和支出的不确定性。③投机动机，是指人们持有货币是为了在金融市场抓住购买有价证券的有利机会。预计证券价格将下跌而需要把货币留在手中的动机就是投机性动机，即有价证券价格的未来不确定性是投机动机的必要前提。

4. 计算题

（1）在两部门经济中，若社会投资函数 $I=150-2r$，储蓄函数 $S=-50+0.2Y$。

求：*IS* 曲线的方程。

【答案要点】

根据国民收入均衡条件 $I=S$，得：$150-2r=-50+0.2Y$，即 $2r=200-0.2Y$。故 *IS* 曲线的方程为：$r=100-0.1Y$。

（2）假定货币需求函数 $L=0.2Y-4r$，货币供给量 $M=200$。求：*LM* 曲线的方程。

【答案要点】

根据利率的均衡条件 $M=L$，得：$200=0.2Y-4r$，即 $4r=0.2Y-200$。故 *LM* 曲线的方程为：$r=0.05Y-50$。

（3）假定某经济体中收入恒等式为 $Y=C+I+G+NX$，且消费函数为 $C=100+0.9(1-t)Y$，投资函数为 $I=200-500r$，净出口函数为 $NX=100-0.12Y-500r$，货币需求为 $L=0.8Y-2\,000r$，政府支出 $G=200$，税率 $t=0.2$，名义货币供给 $M=800$，价格水平不变为 $P=1$，求：

① *IS* 曲线；

② *LM* 曲线；

③产品市场和货币市场同时均衡时的利率和收入。

【答案要点】

①根据四部门经济模型。由 $Y=C+I+G+NX$，得

$Y=100+0.9(1-t)Y+200-500r+200+100-0.12Y-500r=600+0.6Y-1\,000r$，整理简化得 *IS* 曲线为 $Y=1\,500-2\,500r$。

②由名义货币供给为 800，及价格水平 $P=1$，可知实际货币供给为 800，由货币供给与货币需求相等，

得 *LM* 曲线为 $800=0.8Y-2\,000r$，化简得 $Y=1\,000+2\,500r$。

③由 *IS* 和 *LM* 曲线联立得，$1\,500-2\,500r=1\,000+2\,500r$，可得 $r=0.1$，$Y=1\,250$，即为产品市场和货币市场同时均衡时的均衡利率和均衡收入。

5. 分析题

（1）请利用图示分析货币市场均衡的自动均衡机制。

【答案要点】

在货币市场上，利率的变动会引起货币需求的变动。货币需求的变动则会引起货币市场的自动调整，并使其趋向均衡。如果货币供给超过货币需求，人们就会感到持有的货币过多，就会用多余的货币买进债券。这样，债券价格上涨，利率下降，从而引起货币需求增加，直到与货币供给相等为止。

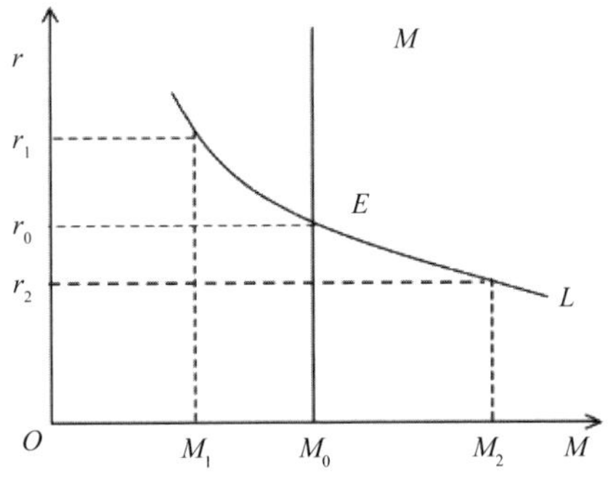

如图所示，当利率为 1 时，货币供给量为 M_0，货币需求量为 M_1。货币供给超过货币的需求，促使人们削减货币持有量，增加债券持有量，结果使利率不断下降。只要利率高于 r_0，调整过程就自动进行下去，直至调整到均衡利率 r_0 为止。这时，货币需求量将由 M_1 增加到 M_0，货币需求量等于货币供给量，实现了货币市场的均衡。反之，如果货币需求超过货币供给，人们就会感到持有的货币过少，就会卖出债券换回货币。这样，证券价格下降，利率上升，从而引起货币需求的减少，直到与货币供给相等为止。如图所示，当利率为 r_2 时，货币供给量为 M_0，货币需求量为 M_2。货币需求超过货币供给，促使人们放弃债券增加货币持有量，结果使利率不断上升。只要利率低于 r_0，调整过程就会自动地进行下去，直到与均衡利率 r_0 相等为止。这时货币需求量将由 M_2 减少到 M_0，货币需求量等于货币供给量，实现了货币市场的均衡。

（2）请利用图示解释产品市场和货币市场的一般均衡。

【答案要点】

产品市场与货币市场同时均衡可以用下图说明。图中 *IS* 曲线与 *LM* 曲线相交于 *E* 点，在 *IS* 曲线与 *LM* 曲线所表示的国民收入与利率的一切组合中，只有 *E* 点所对应的国民收入与利率的组合，才是既满足产品市场均衡又满足货币市场均衡的组合。交点 *E* 是两个市场同时均衡的均衡点。均衡国民收入和均衡利率分别为 Y_0 和 r_0。

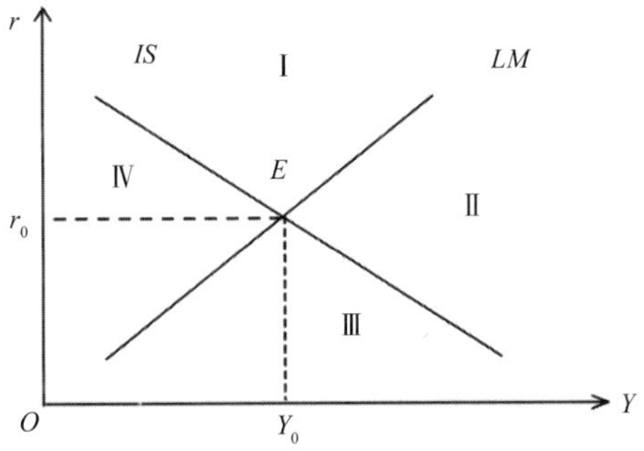

（3）请利用图示解释产品市场与货币市场的非均衡。

【答案要点】

从下图可以看出，*IS* 曲线和 *LM* 曲线将平面分成了四个区域。这四个区域的点既不在 *IS* 曲线上，也不在 *LM* 曲线上，是一些非均衡的点。

对于产品市场，区域Ⅰ、Ⅱ位于 *S* 曲线的右方。因此区域Ⅰ、Ⅱ中任意一点的利率均高于产品市场均衡时的利率，相应的投资均小于产品市场均衡时的投资，所以区域Ⅰ、Ⅱ中任意一点均有 $I<S$。同理，区域Ⅲ、Ⅳ位于 *IS* 曲线的左方，区域中任意相点均有 $I>S$。

对于货币市场，区域Ⅱ、Ⅲ位于 *LM* 曲线的右方。因此区域Ⅱ、Ⅲ中任意一点的利率均低于货币市场均衡时的利率，相应的货币需求大于货币供给，所以区域Ⅱ、Ⅲ中任意一点均有 $L>M$。同理，区域Ⅰ、Ⅳ位于 *LM* 曲线的左方，区域中任意点均有 $L<M$。

综合以上情况，可得出产品市场与货币市场失衡的不同的组合，即产品市场与货币市场的非均衡。

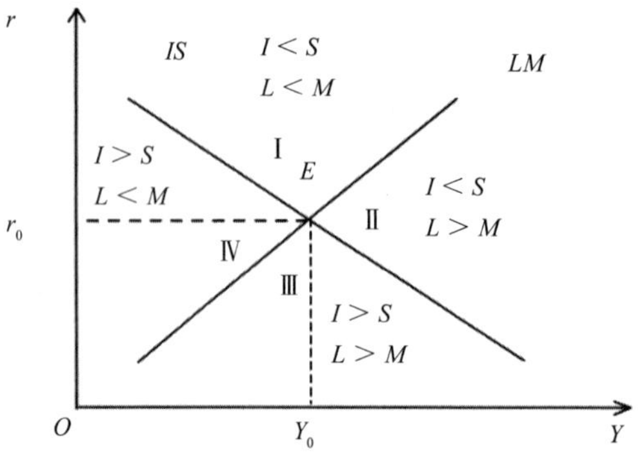

（4）请利用图示分析产品市场与货币市场从失衡到均衡的调整过程。

【答案要点】

在产品市场和货币市场失衡的情况下，由于市场本身的力量，产品市场失衡会导致国民收入的变动，货币市场失衡会导致利率的变动，产品市场与货币市场的相互作用会使国民收入和利率不断调整，最终会使市场失衡调整至市场均衡，其调整过程如下图。

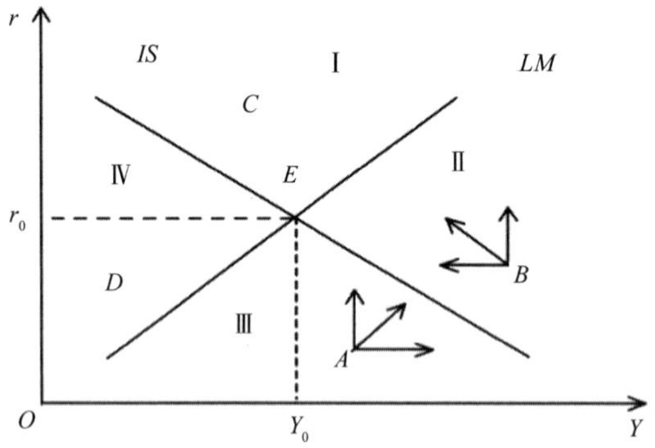

假定经济社会处于 *A* 点所表示的国民收入和利率组合的失衡状态。*A* 点所处的区域Ⅲ中，对于产品市场，投资大于储蓄，即 $I>S$，存在超额产品需求；对于货币市场，货币需求大于货币供给，即 $L>M$，存在超额货币需求。产品市场超额产品需求的存在，引起国民收入增加，结果促使 *A* 点向右水平移动、货币市场超额货币需求的存在，引起利率上升，结果促使 *A* 点向上垂直运动。在以上两股力量的共同作用下，*A* 点将沿对角线方向向右上方移动。假定 *A* 点逐渐移动到区域Ⅱ中的 *B* 点。在 *B* 点，对于产品市场，投资小于储蓄，即 $I<S$，存在超额产品供给。对于货币市场，货币需求大于货币供给，即 $L>M$，存在超额货币需求。产品市场超额产品供给的存在，引起国民收入减少，结果促使 *B* 点向左水平移动；货币市场超额货币需求的存在，引起利率上升，结果继续促使 *B* 点向上垂直运动。在以上两股力量的共同作用下，*B* 点将沿对角线方向向左上方移动。假定 *B* 点继续移动到区域Ⅰ中的 *C* 点。在 *C* 点，对于产品市场投资小于储蓄，即 $I<S$，存在超额产品供给；对于货币市场，货币需求小于货币供给，即 $L<M$，存在超额货币供给。产品市场超额产品供给的存在，引起国民收入减少，结果促使 *C* 点向左水平移动：货币市场超额货币供给的存在，引起利率下降，结果促使 *C* 点向下垂直运动。在以上两股力量的共同作用下，*C* 点将沿对角线方向向左下方移动。假定 *C* 点继续移动到区域Ⅳ中的 *D* 点。在 *D* 点，对于产品市场投资大于储蓄，即 $I>S$，存在超额产品需求；对于货币市场，货币需求小于货币供给，即 $L<M$，存在超额货币供给。产品市场超额产品需求的存在，引起国民收入增加，结果促使 *D* 点向右水平移动。货币市场超额货币供给的存在，引起利率下降，结果继续促使 *D* 点向下

垂直运动。在以上两股力量的共同作用下，*D* 点将沿对角线方向向右下方移动。这种过程将继续下去,最后国民收入和利率都将趋向于 *IS* 曲线和 *LM* 曲线的交点 *E*,从而实现产品市场和货币市场的同时均衡。

三、随堂同步自测

1. 单选题

(1)假定其他因素既定不变,货币的投机需求对利率变动的反应程度变高时,LM 曲线将(　　)。
A. 平行向右移动　B. 平行向左移动　C. 变得更加陡峭　D. 变得更加平坦

(2)假定其他因素既定不变,货币供给增加时,*LM* 曲线将(　　)。
A. 平行向右移动　B. 平行向左移动　C. 变得更加陡峭　D. 变得更加平坦

(3)如果资本边际效率等其他因素不变,利率的上升将使投资量(　　)。
A. 增加　B. 减少　C. 不变　D. 可能增加也可能减少

(4)利率和收入的组合点出现在 *IS* 曲线右上方,*LM* 曲线的左上方的区域中,则表示(　　)。
A. $I>S,L<M$　B. $I>S,L>M$　C. $I<S,L<M$　D. $I<S,L>M$

(5)利率和收入的组合点出现在 *IS* 曲线右上方,*LM* 曲线的右下方的区域中,则表示(　　)。
A. $I>S,L<M$　B. $I>S,L>M$　C. $I<S,L<M$　D. $I<S,L>M$

(6)在 IS-LM 模型中,如果经济处于中间区域,投资增加将(　　)。
A. 增加收入,提高利率　B. 减少收入,提高利率
C. 增加收入,降低利率　D. 减少收入,降低利率

(7)在 IS-LM 模型中,如果经济处于中间区域,货币供给增加将(　　)。
A. 增加收入,提高利率　B. 减少收入,提高利率
C. 增加收入,降低利率　D. 减少收入,降低利率

(8)在 IS-LM 模型中,如果经济处于凯恩斯区域,投资增加将(　　)。
A. 增加收入,提高利率　B. 减少收入,提高利率
C. 增加收入,降低利率　D. 增加收入,利率不变

(9)*LM* 曲线最终将变得完全垂直,是因为(　　)。
A. 投资不足以进一步增加收入
B. 货币需求在所有利率水平上都非常有弹性
C. 所有货币供给用于交易目的,因而进一步提高收入是不可能的
D. 全部货币供给都被要求用于投资目的,没有进一步用于提高收入的货币

(10)(　　)不能使 *LM* 曲线产生位移。
A. 公开市场业务　B. 降低法律准备金　C. 通货膨胀　D. 扩大政府购买

(11)利率的增加会(　　)。
A. 降低现有投资项目的贴现价值,使更多的项目有利可图
B. 降低现有投资项目的贴现价值,使更少的项目有利可图
C. 增加现有投资项目的贴现价值,使更多的项目有利可图
D. 增加现有投资项目的贴现价值,使更少的项目有利可图

(12)*IS* 曲线上的每一点都表示(　　)。
A. 产品市场投资等于储蓄时收入与利率的组合
B. 使投资等于储蓄的均衡货币额
C. 货币市场上货币需求等于货币供给时的均衡货币额
D. 产品市场与货币市场都均衡时的收入与利率组合

(13)一般来说,*IS* 曲线的斜率(　　)。

A. 为负　　B. 为正　　C. 为零　　D. 等于 1

(14)在其他条件不变的情况下,政府购买增加会使 *IS* 曲线(　　)。

A. 向左移动　　B. 向右移动　　C. 保持不变　　D. 发生转动

(15)投资需求增加会引起 *IS* 曲线(　　)。

A. 向右移动投资需求曲线的移动量　　B. 向左移动投资需求曲线的移动量

C. 向右移动投资需求曲线的移动量乘以乘数　　D. 向左移动投资需求曲线的移动量乘以乘数

(16)按照凯恩斯的观点,人们持有货币是由于(　　)。

A. 交易动机　　B. 预防动机　　C. 投机动机　　D. 以上都正确

(17)按照凯恩斯的货币需求理论,利率上升,货币需求量将(　　)。

A. 增加　　B. 减少　　C. 不变　　D. 可能增加,也可能减少

(18)在凯恩斯区域,*LM* 曲线(　　)。

A. 水平　　B. 垂直　　C. 向右上方倾斜　　D. 不一定

(19)若货币需求函数为 $L=KY-hr$,实际货币供给增加 M 亿元,在其他条件不变的情况下, *LM* 曲线会(　　)。

A. 右移 M 亿元　　B. 右移 MK 亿元　　C. 右移 M/K 亿元　　D. 右移 K/M 亿元

(20)货币供给增加会使 *LM* 曲线右移,若要使均衡收入变动接近 *LM* 曲线的移动量,则需要(　　)。

A. *IS* 曲线陡峭,*LM* 曲线平缓　　B. *IS* 曲线与 *LM* 曲线一样平缓

C. *IS* 曲线平缓,*LM* 曲线陡峭　　D. *IS* 曲线与 *LM* 曲线一样陡峭

(21)引起 *LM* 曲线变得平缓的原因可能是(　　)。

A. 货币需求对收入变动的反应程度和货币需求对利率变动的反应程度同比例增强

B. 货币需求对收入变动的反应程度和货币需求对利率变动的反应程度同比例减弱

C. 货币需求对收入变动的反应程度增强,货币需对利率变动的反应程度减弱

D. 货币需求对收入变动的反应程度减弱,货币需求对利率变动的反应程度增强

(22)*IS* 曲线与 *LM* 曲线相交时表示(　　)。

A. 产品市场处于均衡状态,而货币市场处于非均衡状态

B. 产品市场处于非均衡状态,而货币市场处于均衡状态

C. 产品市场与货币市场都处于均衡状态

D. 产品市场与货币市场都处于非均衡状态

2. 多选题

(1)根据凯恩斯的货币理论,如果利率上升,货币需求和投资将(　　)。

A. 货币需求不变　　B. 货币需求下降　　C. 投资增加　　D. 投资减少

(2)利率既定时,货币的(　　)是收入的增函数。

A. 投机需求　　B. 需求量　　C. 交易需求　　D. 预防需求

(3)收入既定时,货币的(　　)是利率的减函数。

A. 投机需求　　B. 需求　　C. 交易需求　　D. 预防需求

(4)(　　)将导致 *IS* 曲线向左移动。

A. 政府支出的增加　　B. 政府支出的减少　　C. 政府税收的增加　　D. 政府税收的减少

(5)(　　)将导致 *IS* 曲线向右移动。

A. 自发投资的增加　　B. 自发投资的减少　　C. 政府税收的增加　　D. 政府税收的减少

(6)(　　)将导致 *LM* 曲线向左移动。

A. 货币供给的增加　　B. 货币供给的减少
C. 货币投机需求的增加　　D. 货币投机需求的减少
(7)投资边际效率递减的原因是(　　)。
A. 投资品的价格上升　　B. 产品的价格下降
C. 销售产品的边际收益递减　　D. 产品的边际效用递减
(8)一般来说,位于 *IS* 曲线右方的收入与利率的组合,都是(　　)。
A. 产品市场投资小于储蓄的非均衡组合　　B. 产品市场投资大于储蓄的非均衡组合
C. 产品市场需求小于供给的非均衡组合　　D. 产品市场需求大于供给的非均衡组合
(9)*IS* 曲线的斜率(　　)。
A. 取决于边际消费倾向　　B. 取决于投资需求对利率变动的反应程度
C. 货币需求对利率变动的反应程度　　D. 货币需求对收入变动的敏感程度
(10)以下关于 *IS* 曲线斜率的判断,正确的是(　　)。
A. 投资需求对利率变化的反应程度敏感,*IS* 曲线较为平缓
B. 投资需求对利率变化的反应程度敏感,*IS* 曲线较为陡峭
C. 边际消费倾向越大,*IS* 曲线越平缓
D. 边际消费倾向越大,*IS* 曲线越陡峭
(11)引起 *IS* 曲线左移动的因素是(　　)。
A. 投资需求增加　　B. 政府购买减少　　C. 政府税收增加　　D. 政府税收减少
(12)*LM* 曲线的斜率(　　)。
A. 取决于边际消费倾向　　B. 投资需求对利率变动的反应程度
C. 货币需求对收入变动的反应程度　　D. 货币需求对利率变动的反应程度
(13)在其他条件不变的情况下,引起 *LM* 曲线向右移动的原因可以是(　　)。
A. 投资需求曲线右移　　B. 货币交易需求曲线右移
C. 货币投机需求曲线右移　　D. 货币供给量增加
(14)关于 *LM* 曲线以下判断正确的是(　　)。
A. 在凯恩斯区域,*LM* 曲线水平　　B. 在中间区域,*LM* 曲线向右上方倾斜
C. 在中间区域,*LM* 曲线向右下方倾斜　　D. 在古典区域,*LM* 曲线垂直

3. 判断题

(1)个人由于对未来利率的不确定而要持有用于投机目的的货币余额。(　　)
(2)凯恩斯认为,人们对货币的需求量出于以下三个动机:交易动机、预防动机和谨慎动机。(　　)
(3)如果物价水平上升了,名义货币需求就会增加。(　　)
(4)当利率变得很低时,人们购买债券的风险将会变得很大。(　　)
(5)货币需求也可称为流动性偏好。(　　)
(6)当收入增加时,人们用于满足交易需求的货币需求不变。(　　)
(7)凯恩斯认为交易需求是收入和利率的函数。(　　)
(8)货币供给大量增加将使利率水平趋于零。(　　)
(9)利率越高,用于投机的货币则越少。(　　)
(10)实际货币供给增加可以通过价格水平提高或者名义货币供给增加来实现。(　　)
(11)所谓投机需求是人们为了低价买进高价卖出债券而保持一部分货币的需求。(　　)
(12)当人们预期利率要上升的时候,他们将出售债券。(　　)
(13)同时位于 *LM* 曲线和 *IS* 曲线上方的所有点,表明货币需求小于货币供给,但投资大于储蓄。

（ ）

(14)产品市场和货币市场同时均衡的国民收入,即充分就业的国民收入。 （ ）

(15)只有货币才能作为价值储藏。 （ ）

(16)在物价水平不变时,中央银行提高法定存款准备会率金使 *LM* 曲线向右移动。 （ ）

(17)假设货币供给量不变,货币交易需求和预防需求的增加将导致货币的投机需求下降。 （ ）

(18)投资取决于实际资本存量与意愿资本存量之间的关系,而与利率无关。 （ ）

(19)在 *LM* 曲线上的任何一点,利率与实际国内生产总值的结合都实现了货币需求等于货币供给。 （ ）

(20)利率和收入的组合点位于 *IS* 曲线右上方时,反映了产品市场上供不应求的情况。 （ ）

(21)若名义货币供给量不变时,物价水平上升使 *LM* 曲线向右方移动。 （ ）

(22)若货币供给减少或利率上升,则 *LM* 曲线向右移动。 （ ）

4. 问答题

(1)资本边际效率为什么递减?

(2)人们对货币需求的动机有哪些?

(3)投资需求对利率变动的反应程度的提高为什么会使 *IS* 曲线的斜率的绝对值变小?

(4)影响 *IS* 曲线移动的因素有哪些?

(5)*IS* 曲线的含义是什么,它与资本市场有何联系?

（6）*LM*曲线的含义是什么，它与货币市场有何联系？

（7）请解释 IS-LM 模型。

（8）为什么政府支出增加会使利率和收入均上升，而中央银行增加货币供给会使收入增加而利率下降？

（9）消费函数中的自发消费支出和边际消费倾向变动时，*IS* 曲线会有什么变动？

（10）如果经济中的收入和利率的组合不在 *IS* 曲线和 *LM* 曲线的交点上，市场能否使产品市场和货币市场的这种非均衡走向均衡？

5. 计算题

（1）在两部门经济中，消费函数 $C=100+0.7Y$，投资函数 $I=200-3r$，货币供给 $M=100$，货币需求函数 $L=0.2Y-2r$。

求：① *IS* 曲线的方程与 *LM* 曲线的方程；

②商品市场和货币市场同时均衡时的收入和利率。

（2）若交易性货币需求为 $L=0.25Y$，投机性需求为 $L=200-800r$。

求：①货币总需求函数；

②当利率 $r=0.1$，$Y=1\ 000$ 时的货币需求量；

③若货币供给 $M=500$，收入 $Y=1\ 200$，可用于投机的货币是多少？

（3）某经济体中消费函数为 $C=600+0.8Y$，投资函数为 $I=400-50r$，政府支出为 200；货币需求函数为 $L=250+0.5Y-125r$，名义货币供应量为 1 250，价格水平为 1。

求：① *IS* 曲线的方程和 *LM* 曲线的方程；

②均衡收入和均衡利率。

（4）假定货币需求 $L=0.2Y$，货币供给 $M=100$，消费函数 $C=40+0.8Y_D$，税收 $T=50$，投资 $I=140-10r$，政府支出 $G=50$。

求：① *IS*、*LM* 曲线的方程和均衡收入、利率和投资；

②当政府支出从 50 增加到 80 时的均衡收入、利率和投资。

(5)假定货币需求为 $L=0.2Y-10r$,实际货币供给为 $M_s/P=200$,消费函数 $C=60+0.8Y_D$,税收 $T=100$,投资 $I=150$,政府支出 $G=100$。

求:①导出 IS 曲线的和 LM 曲线的方程,求均衡收入、利率和投资;

②若其他情况不变,政府支出 G 从 100 增加到 120 时的收入、利率和投资;

③是否存在“挤出效应”? 为什么?

(6)假定 *LM* 曲线方程为 $Y=500+25r$,(货币需求 $L=0.2Y-0.5r$,实际货币供给 $M=100$),*IS* 曲线方程为 $Y=950-50r$,(消费 $C=40+0.08Y_D$,税收 $T=50$,投资 $I=140-10r$)。

求:①均衡收入、利率、消费和投资;

②当政府支出从 50 加到 80 时的收入、利率、消费和投资水平;

③为什么均衡收入时收入的增加量小于 *IS* 曲线的右移量?

5. 分析题

(1)试用凯恩斯理论解释西方国家 20 世纪 30 年代经济大萧条的原因。

(2)*LM* 曲线上的三个区域分别是什么?,在哪个区域财政政策无效? 为什么?

(3)当一个社会变得更加节约时,若边际消费倾向变小时,此时均衡国民收入会减少,这种情况我们称之为"节约悖论"。请解释为什么会存在"节约悖论"?

四、课程思政案例

2022年5月25日,国务院召开全国稳住经济大盘电视电话会议。会议指出:当前正处于决定全年经济走势的关键节点,必须抢抓时间窗口,努力推动经济重回正常轨道。会议还主要提出了"各主要金融机构要切实承担主体责任,调动行内各方面力量,高效对接有效信贷需求,强化政策传导"和"与金融机构共同担负起金融支持稳住宏观经济大盘的重任"两大要求。同时也对中国金融的问题进行了分析:①中国经济体量越发庞大,必然要求金融拥有"更大的粥锅和更多的粥"(以此来保证能够满足大体量经济的运行);②要做好这锅粥,必须同时加米又加水,而绝不能只加水、不加米(经济不能是虚的泡沫,必须有支撑);③货币发行权必须收归国家,这样才能有效地迫使金融回归服务于实体经济的道路,中国才有实现共同富裕的金融基础。(来自中国经济周刊 2022年第11期)

问题:请结合所学知识分析我国金融存在的问题以及对应的解决办法。

第十二章　国民收入的决定:AD-AS 模型

一、知识思维导图

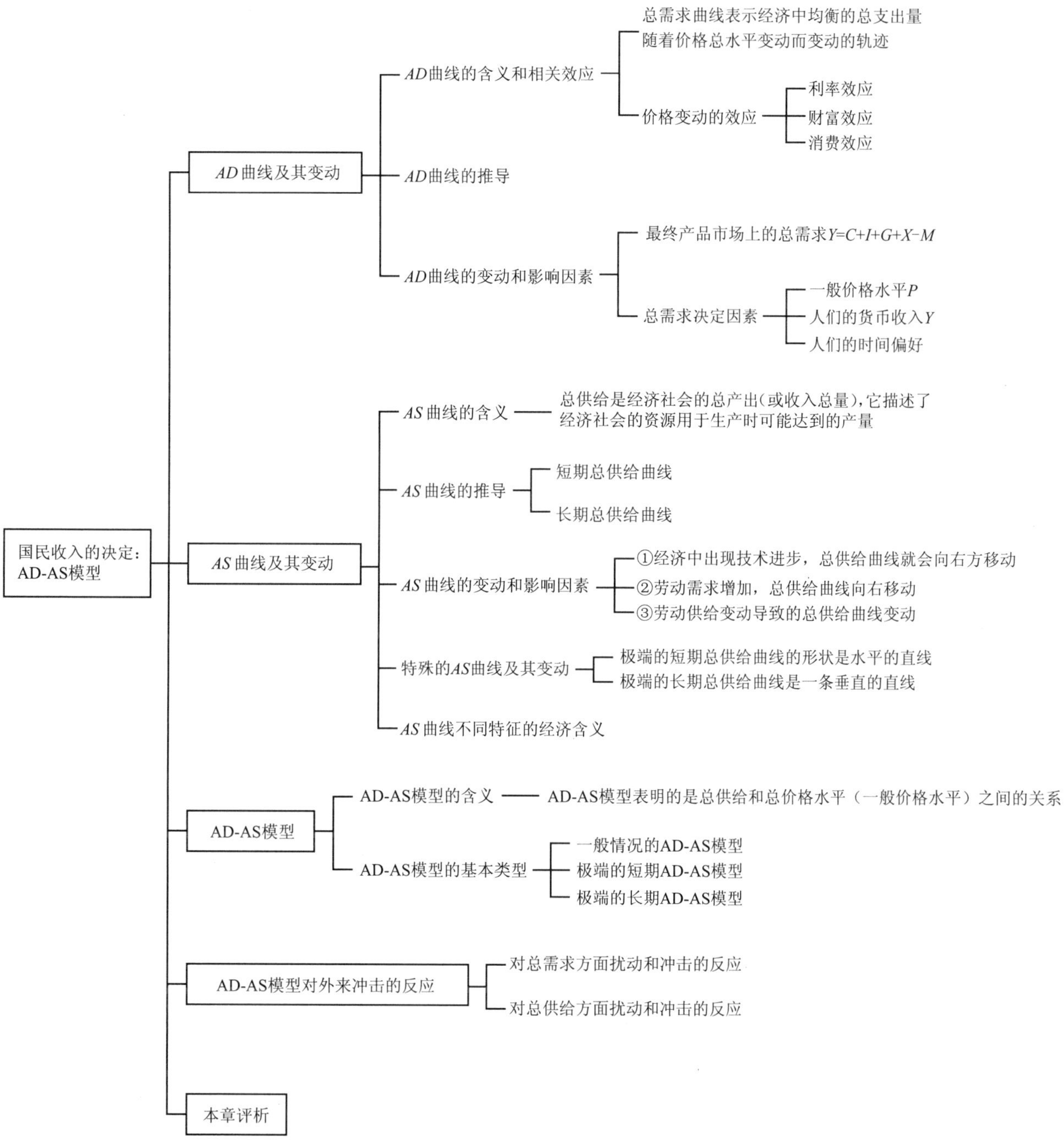

二、典型例题解析

1. 单选题

（1）当(　　)时，总需求曲线更平缓。

A. 投资支出对利率变化较敏感　　B. 支出乘数较小

C. 货币需求对利率变化较敏感　　D. 货币供给量较大

【答案】A

【解析】首先来说明总需求曲线的由来，总需求曲线是通过 IS-LM 模型分析去掉价格不变的假设得来的 IS：$r=(\alpha-E)/d-(1-\beta)Y/d$，其中 α 为自主消费，即没有收入也要消费的那部分，β 为边际消费倾向，E 为自主投资，d 为投资对利率的敏感系数，即投资 $I=E-dr$，r 为利息率。LM：$r=KY/h-M/hP$，其中，K 为货币需求对收入的敏感系数，h 为货币需求对利率的敏感系数，M 为名义货币供给量，P 为价格水平。

在产品市场和货币市场同时达到均衡时，$(\alpha-E)/d-(1-\beta)Y/d=KY/h-M/hP$，这就是总需求曲线。分析总需求曲线的平缓程度可以通过上述方程来分析，也可以通过 IS 曲线和 LM 曲线来分析，IS 曲线越平坦或者 LM 曲线越陡峭，则总需求曲线就越平坦，这主要是由于当价格水平发生变化时 LM 曲线将会发生移动，IS 曲线越平坦或 LM 曲线越陡峭，LM 曲线移动所引起的产出变动越大，在价格变化一定的情况下，产出变动越大说明总需求曲线越平缓。因此，d 越大（投资支出对利率变换越敏感），$(1-\beta)$ 越小（支出乘数越大），IS 曲线越平坦，h 越小（货币需求对利率越敏感），K 越大（货币需求对产出越敏感），LM 曲线越陡峭，这样总需求曲线越平缓。

（2）松货币紧财政的政策搭配能够使总需求曲线(　　)。

A. 向左移动　　B. 向右移动　　C. 不变　　D. 难以确定

【答案】D

【解析】总需求曲线是通过 IS-LM 模型共同推导出来的，IS 曲线和 LM 曲线的移动都会影响总需求曲线，宽松货币政策时 LM 曲线右移、紧缩财政政策时 IS 曲线左移，但是移动幅度不知道，所以最终总趋势难以确定。

（3）AD-AS 模型是在 IS-LM 模型的基础上推导出来的，它改变的一个基本假设是(　　)。

A. 投资由利率决定　　B. 货币需求受利率和收入的影响

C. 价格不变　　D. 充分就业

【答案】C

【解析】在 IS-LM 模型中，假定价格不变，在 AD-AS 模型中反应的是物价变化对国民收入（产出）的影响。

（4）总需求曲线向右方移动的原因是(　　)。

A. 政府支出减少　　B. 货币供给量减少　　C. 货币供给量增加　　D. 私人投资减少

【答案】C

【解析】宽松的货币政策和财政政策会使得总需求曲线右移，政府支出减少、货币供应量减少、投资减少都是紧缩的政策，会导致曲线左移。

（5）总需求曲线(　　)。

A. 当其他条件不变时，政府支出减少时会右移　　B. 当其他条件不变时，价格水平下降时会左移

C. 当其他条件不变时，税收减少会右移　　D. 当其他条件不变时，名义货币供给增加曲线不变

【答案】C

【解析】A 选项错误，其他条件不变，政府支出减少总需求减少，总需求曲线左移。B 选项错误，价格因素引起的是曲线上点的移动，价格水平上升时，总需求曲线上的点向左上方移动。C 选项正确，其他条件不

变,税收减少总需求增加,总需求曲线右移。D选项错误,其他条件不变,名义货币供给增加导致名义货币需求增加,总需求增加,总需求曲线右移。

(6)增加税收会使总需求曲线(　　)平移。

A. 向右　　B. 向左　　C. 不变　　D. 无法确定

【答案】B

【解析】增加税收以后,实行的是紧缩性的财政政策,将会导致总需求减少,故总需求曲线会向左平移。

(7)总需求曲线反映的是在(　　)均衡时利率和国民收入之间的关系。

A. 产品市场　　B. 货币市场　　C. 劳动市场　　D. 产品市场和货币市场

【答案】D

【解析】总需求曲线不仅反映了产品市场还反映了货币市场,表示的是在两个市场上同时实现均衡时价格和国民收入的关系。反映在产品市场均衡时利率和国民收入之间的关系的是*IS*曲线。反映在货币市场均衡时利率和国民收入之间的关系的是*LM*曲线。总需求曲线是*IS*和*LM*曲线推导得出,所以反映了两个市场的共同均衡。

(8)当价格水平下降时,总需求曲线(　　)。

A. 向左移动　　B. 向右移动　　C. 不变　　D. 难以确定

【答案】C

【解析】价格水平变化引起的是曲线上点的移动,曲线本身不变。

(9)凯恩斯认为,有效需求的不足是三大基本心理规律起作用的结果,这三大心理规律不包括(　　)。

A. 边际消费倾向递减规律　　B. 边际收益递减规律

C. 流动偏好规律　　D. 资本边际效率递减规律

【答案】B

【解析】凯恩斯认为,有效需求的不足是三大基本心理规律起作用的结果,这三大心理规律是边际消费倾向递减规律、流动偏好规律和资本边际效率递减规律。

(10)水平的总供给曲线表明(　　)。

A. 价格水平低　　B. 资源极端闲置　　C. 边际产量不变　　D. 上述答案都正确

【答案】D

【解析】水平的总供给曲线通常意味着资源存在大量的闲置,总需求严重不足,所以均衡的价格水平很低,此时总需求的增加引起产出的增加不会引起价格的变化,通常表明经济处于大衰退或大萧条。在完全竞争市场上,厂商雇佣劳动是按照劳动者的实际工资等于劳动的边际产量,水平的总供给曲线表明货币工资和价格水平都是刚性的,即实际工资不变,所以厂商雇佣的劳动和边际产量是一样的。

(11)向上倾斜的总供给曲线表明(　　)。

A. 资源有闲置　　B. 边际产量递减　　C. 上述答案都正确

【答案】A

【解析】向上倾斜的供给曲线表明总需求增加时,产出也能相应地增加,所以资源必然有闲置。另外,向上倾斜的总供给曲线只需要总产出是就业的增函数就可以了,不在乎边际产量是递减还是递增。

(12)假定某经济体未实现充分就业,总供给曲线为正斜率,增加政府支出会提高(　　)。

A. 均衡产出和价格水平　　B. 均衡产出和实际工资

C. 均衡产出和实际利率　　D. 以上都可能

【答案】D

【解析】政府支出的增加会增加总需求,因为未实现充分就业,所以供给也会增加。因为总供给曲线为正斜率,所以供给的增加会引起生产资料的成本增加进而价格水平的上升。当总需求增加时会增加对劳动的需求,引起劳动需求曲线右移,从而导致均衡的实际工资和就业量都增加。另外,政府支出的增加引起国民收入的增加，进而引起货币需求和实际利率的增加。

(13)充分就业以后，劳动供给曲线陡峭则表明(　　)。

A. 名义工资提高　　B. 实际工资提高　　C.A 和 B　　D. 无法确定

【答案】C

【解析】劳动供给是实际工资的增函数，劳动供给曲线陡峭表明当劳动增加时，实际工资随之提高，由于是充分就业，所以劳动量的增加一定伴随着货币工资的增加，因为工人通常是依靠加班加点来增加劳动量的。

(14)使总供给曲线上移的原因是(　　)。

A. 工资提高　　B. 价格提高　　C. 需求增加　　D. 技术进步

【答案】A

【解析】当某些因素在价格不变时导致总供给的减少或在总供给不变时导致价格的上升，都会引起总供给曲线的上移。价格的提高只是引起总供给曲线上点的移动，不会引起总供给曲线的移动。需求的增加和技术进步都会导致总供给曲线右移，只有工资提高增加了厂商的生产成本，在商品价格不变的情况下减少了厂商的利润，所以厂商会相应地减少供给，这会导致总供给曲线左移或上移。

(15)如果现行产出水平为 7 000 亿元，总需求为 6 900 亿元，若经济体中不是充分就业的，可以断定(　　)。

A. 就业水平将下降　　B. 收入水平将上升

C. 就业量将上升　　D. 就业水平将上升，收入将下降

【答案】A

【解析】依题意可知，目前经济体中存在的状况是总供给大于总需求，存在产品过剩，所以厂商会减少产量，当然就会解雇一部分工人，导致就业量的下降。

2. 多选题

(1)技术进步不会导致(　　)。

A. 短期总供给曲线和长期总供给曲线都向右移　　B. 短期总供给曲线和长期总供给曲线都向左移

C. 短期总供给曲线右移，长期总供给曲线不变　　D. 短期总供给曲线不变，长期总供给曲线右移

【答案】BCD

【解析】技术进步可以在劳动和资本不变的情况下导致更高的生产效率，使实际产出和潜在产出都有较大增长，所有会导致短期总供给曲线和长期总供给曲线右移。

(2)在总需求理论中，以下说法错误的是(　　)。

A. 如果政府支出的增加由增税来弥补，那么利率和收入水平均不会变

B. 如果政府支出的增加由增税来弥补，那么利率和实际收入上升

C. 如果政府支出的增加由增发货币来弥补，那么利率下降，实际收入上升

D. 如果政府支出的增加由出售债券来弥补，那么利率上升而实际收入下降

【答案】ACD

【解析】政府支出不特指时都是指政府购买支出，因为政府购买支出乘数大于税收乘数，所以当政府支出的增加等于税收的增加时，国民收入是净增加的，同时会引起货币需求和利率的上升。

(3)根据庇古效应，总需求将随着价格水平的下降而增加，以下说法错误的是(　　)。

A. 投资是利率的函数，而利率将下降

B. 那些持有土地和耐用消费品的人们的净资产价值的增加，从而使他们增加消费

C. 那些持有通货和政府债券的人们的净资产价值增加，从而使他们增加消费支出

D. 政府支出将自动增加

【答案】ABD

【解析】庇古效应是说明价格变化时通过影响实际货币余额或财富价值进而影响消费和总需求的一种传导途径,所以 C 是正确的。

(4)假设长期存在“货币中性”,即货币存量的增加只会造成价格同比例增长,而不影响实际产出,那么总供给曲线的形态将与(　　)形态存在较大差异。

A. 古典情形　　B. 凯恩斯情形　　C. 向右上倾斜　　D. 向右下倾斜

【答案】BCD

【解析】古典的总供给曲线是垂直的,它表明在长期中存在“货币中性”,所以 BCD 与描述的曲线差异较大。

(5)若商品价格提高,以下说法错误的是(　　)。

A. 总供给增加　　B. 总供给减少　　C. 总供给不变　　D. 不确定

【答案】ABC

【解析】如果总供给曲线是线上倾斜,则商品价格提高会引起总供给的增加,如果总供给曲线是垂直的,则商品价格提高不会引起总供给的增加。

3. 判断题

(1)总需求曲线是一条向右下方倾斜的曲线。(　　)

【答案】正确

【解析】总需求曲线表示社会的需求总量和价格水平之间的相反方向的关系,总需求曲线是向右下方倾斜的。

(2)总需求曲线是反映总需求和利率之间关系的曲线。(　　)

【答案】错误

【解析】总需求曲线表示社会的需求总量和价格水平之间的相反方向的关系。

(3)使 *IS* 曲线或 *LM* 曲线发生移动的任何因素都将改变总需求。(　　)

【答案】正确

【解析】*IS* 曲线和 *LM* 曲线移动的距离就是总需求或国民收入的变化量。因此,引起 *IS* 曲线和 *LM* 曲线移动的因素(通过方程可以看到,如自发消费、自发投资、转移支付、政府购买、自发税收、出口、货币供给等都会引起 *IS* 曲线或 *LM* 曲线的平移。税率、边际消费倾向、边际进口倾向、投资需求利率弹性、货币需求利率弹性等都会引起 *IS* 曲线或 *LM* 曲线的移动)都会影响总需求。

(4)在封闭条件下,社会总需求必须包括消费需求、投资需求、政府需求和国外净需求。(　　)

【答案】错误

【解析】开放条件下,社会总需求包括消费需求、投资需求、政府需求和国外净需求。封闭条件下,则没有国外净需求。

(5)总供给曲线的形状取决于当实际产出增加时总需求的变化。(　　)

【答案】错误

【解析】总供给曲线的形状取决于当实际产出增加时价格的变化。

(6)短期总供给曲线表明总供给和价格水平同方向变动。(　　)

【答案】正确

【解析】由于价格刚性等原因,在短期内总供给随着价格上升还有进一步增加的空间,所以短期总供给曲线是一条向右上方的倾斜的曲线。

(7)在新凯恩斯情形下,短期总供给可能超过潜在产出量。(　　)

【答案】正确

【解析】由于价格刚性等原因，短期的凯恩斯情形下的总供给可能会超过潜在产出量。

(8)在新古典情形下，短期总供给可能超过潜在产出量。（ ）

【答案】正确

【解析】在理性预期等条件下，短期的产出可能小于、等于或大于潜在产出水平。

(9)凯恩斯认为，工人更容易接受由于价格水平上涨而引起的实际工资的减少，不易于接受由于名义工资的下降而引起的实际工资的减少。（ ）

【答案】正确

【解析】古典学派(马歇尔、庇古等)认为劳动需求是实际工资的函数，凯恩斯认为劳动需求是货币工资的函数，因为工人存在货币幻觉。而新古典学派在分析劳动市场均衡时接受的是古典学派的观点，放弃了凯恩斯的观点。那么凯恩斯认为，由于存在货币幻觉，所以工人更关心的是货币工资的变化而不是价格水平的变化，当货币工资上涨时，工人就愿意增加劳动，反之，当货币工资下降时，工人就会减少劳动。

(10)当需求不变时，短期总供给的增加会引起国民收入增加，价格水平下降。（ ）

【答案】正确。

【解析】总需求与价格反方向变化，所以，当总供给增加时会引起产出增加、价格下降。

(11)由于股票市场价格上升而导致财富的增加会引起经济沿着现存的总需求曲线移动。（ ）

【答案】错误

【解析】股票市场价格上升而导致财富的增加会引起总需求曲线向右移动。

(12)如果政府增税，人们将减少他们的消费支出，如果政府花费了新增的税收收入，总需求保持不变，因此 *IS* 曲线不会移动。（ ）

【答案】错误

【解析】如果政府增税，人们的可支配收入会减少，所以消费支出将减少。如果政府花费了新增的税收收入，这里有三种情况：一是政府将新增的税收全部用于政府购买，因为政府购买的乘数大于税收乘数，所以总需求和国民收入是净增加的，*IS* 曲线向右移动；二是一部分用于政府购买，一部分用于转移支付，转移支付那一部分和税收抵消，但购买支出增加的部分和税收相比是净增加的，效果和第一种情况一样，只是增的数额小了一些；三是纯粹的劫富济贫，即全部用于增加转移支付，这样由于乘数相同，二者相抵消，总需求不变，*IS* 曲线不会移动。但第三种情况比较少见，所以不做考虑。

(13)当价格水平固定时，扩张的货币和财政政策将减少失业，但它们对利率的效应刚好相反。（ ）

【答案】正确

【解析】当价格水平固定时，扩张的货币和财政政策都会扩大总需求，增加就业(减少失业)，增加国民收入。但扩张的货币政策会导致利率的下降，扩张的财政政策会导致利率的上升。

(14)在古典模型中，产出是由供给决定的，需求只在于适应产出的变化。（ ）

【答案】正确

【解析】在古典模型中，价格水平和货币工资都是可以灵活变动的，总供给曲线是一条垂直线，无论经济最初在什么位置，都会在价格和货币工资的灵活调整下很快达到充分就业的状态，需求的任何改变(无论来自自发的还是政策的推力)都只能使经济短暂地偏离充分就业的均衡状态，最终还是要恢复到充分就业的水平，需求只能通过改变价格水平或名义变量(以使实际变量不变)来适应产出的变化。所以，对产出起决定性作用的是供给，总供给曲线的位置决定了经济的产出水平。

(15)如果经济处在持续的上升时期，那么短期供给曲线将由于工资的上涨而向上移动。（ ）

【答案】正确

【解析】工资的上涨引起厂商的生产成本增加，在产品价格不变的情况下，会导致厂商利润的下降，所以厂商会减少供给，这使得短期总供给曲线向上移动。

(16)在总需求与总供给的长期均衡中，总需求增加会引起国民收入增加，价格水平上升。（ ）

【答案】错误

【解析】总供给曲线是一条垂直的直线,所以,总需求的增加只会引起价格上升,而产出水平保持不变。

(17)总供求模型是微观供求模型的简单放大。　(　　)

【答案】错误

【解析】总供给曲线的形状可由单个产品供给曲线的形状直接推得,但总需求曲线的形状与单个产品需求曲线的形状则无必然联系。单个产品的需求量与其价格会反向变化,因为边际效用递减;而总需求量与价格水平反向变化,则是由于利率效应、实际余额效应等方面的原因造成的。另外,微观供求模型中价格与总供求模型中的价格也有不同,后者是前者的加权平均。

(18)由于对劳动市场的不同理解,使得古典经济学与凯恩斯主义对总供给曲线的形状出现了不同的看法。　(　　)

【答案】正确

【解析】古典宏观经济理论以萨伊定律和完全竞争的市场假设为前提,其必然结论就是经济总能实现劳动力的充分就业,货币的作用是中性的,政府的财政或货币政策只能改变价格水平,而不可能使产量、就业等实际变量发生变化。因此,总供给曲线是垂直的。凯恩斯主义则认为,劳动市场是不完全的,货币工资的变化具有"刚性"或"粘性"的特征,从而劳动市场常常是非出清的,存在非自愿失业,产出也低于潜在水平。此时,扩张的财政政策或货币政策在使价格水平上升的同时,也促进了产出的增加。因此,凯恩斯主义则认为,短期内总供给曲线是向右上倾斜的或存在向右上倾斜的部分。但在长期看,凯恩斯主义者也倾向于同意总供给曲线垂直的说法,因为在长期内,一切价格都能自由涨落,这就使经济具有达到充分就业的趋势。

(19)单个产品的价格变化对其供给量的长期影响要比短期的大。宏观供求模型中,价格水平对总供给的影响亦如此。　(　　)

【答案】错误

【解析】就单个产品的供给曲线而言,由于弹性的完全释放需要一定的时间,时间越长,弹性释放越充分,价格对供给量的长期影响就比短期的大。宏观的总供给曲线恰相反,它在短期向右上方倾斜,在长期却变得垂直,也就是说,在短期看,价格水平的变化可以改变总供给的水平,但在长期看却不能。

(20)完全竞争的一般均衡是一种十分理想的状态,总供给与总需求均衡亦如此。　(　　)

【答案】错误

【解析】在完全竞争的一般均衡状态,消费者实现了效用的最大化,厂商实现了利润的最大化,资源配置的效率达到最高,经济处于充分就业状态。因此,完全竞争的一般均衡是一种十分理想的状态,此时政府的干预也被认为是不必要的甚至是有害的。但在总供给曲线与总需求曲线的交叉点上,虽然经济实现了总供求的均衡,但国民收入可能要低于充分就业的水平,并且存在非自愿失业。根据凯恩斯主义的说法,这种情况可以由劳动市场的不完全所导致。因此,要求政府积极地进行经济干预来熨平经济波动,实现充分就业的均衡。

4. 问答题

(1)为什么说总需求曲线是向右下方倾斜的?

【答案要点】

总需求曲线向右下方倾斜的原因有四个。

①利率效应。价格水平上升时,实际货币供给下降,货币供给小于货币需求,导致利率上升,投资下降,总需求量减少。

②实际余额效应。价格总水平上升时,资产的实际价值下降,人们实际拥有的财富减少,人们的消费水平下降。

③税收效应。价格总水平上升时,人们的名义收入水平增加,会使人们进入更高的纳税等级,从而增加

人们的税收负担，减少可支配收入，进而减少消费。

④净出口效应。国内物价水平上升时，在汇率不变条件下，使进口商品的价格相对下降，出口商品的价格相对上升，导致本国居民增加对国外的商品购买，外国居民购买本国商品减少。因此，净出口减少。

（2）导致总需求曲线和总供给曲线变动的因素主要有哪些？

【答案要点】

导致总需求曲线变动的因素主要有：在给定的价格水平，任何使总支出曲线向上或向下移动的因素，都会使总需求曲线移动。①家庭消费需求的变化；②企业投资需求的变化；③政府购买和税收的变化；④净出口的变化；⑤货币供给的变化。例如，扩张性财政政策，政府支出增加或税收减少会使总需求曲线右移；自主性消费、自主性私人投资和政府购买的变动，其增加会使 *IS* 曲线右移，从而也使总需求曲线右移，其减少将使总需求曲线左移；名义货币供给的变动，其增加将使 *LM* 曲线右移，从而使总需求曲线右移，其减少将使总需求曲线左移。

导致总供给曲线变动的因素主要有：①可得到劳动数量的变化；②物质资本或人力资本的变动；③自然资源可获得性的变动；④技术知识的变化，例如技术进步会使既定的资源生产出更多的产量，从而使总供给曲线右移；⑤对价格水平的预期；⑥进口商品价格的变化，如进口价格上升，则厂商生产成本上升，从而使厂商在原有产品价格水平上生产减少，进而使总供给曲线左移；⑦工资水平的变化；⑧企业风险承担意愿的变化；⑨自然灾害和战争。

（3）总供给曲线的理论来源是什么？

【答案要点】

总供给曲线描述国民收入与一般价格水平之间的依存关系。根据生产函数和劳动力市场的均衡可推导出总供给曲线。资本存量一定时，国民收入水平随着就业量的增加而增加，就业量取决于劳动力市场的均衡。所以总供给曲线的理论来源于生产函数和劳动市场均衡的理论。

（4）简单推导总需求和总供给均衡时的实现条件。

【答案要点】

产品市场均衡条件为：$Y=C(Y-T)+I(r)+G$。

货币市场均衡条件为：$M/P=L_1(Y)+L_2(r)$。

劳动市场均衡条件为：$f_D(N)=W/P$，$f_S(N)=W/P$。

短期总量生产函数为：$Y=Y(N,K)$。

在上述四个方程中，前两个方程联立可得总需求函数，后两个方程联立可得总供给函数，把总需求函数和总供给函数联立在一起可得供求均衡时候的均衡产出和均衡价格。

（5）物价水平持续上升的原因是什么？

【答案要点】

物价水平的上升可能是由于总需求的增加也可能是由于总供给的减少。这两种因素都使总需求大于总供给，从而导致物价水平的上升。但是引起物价水平稳定而持久地上升的原因是总需求稳定而持久地增加。因为总供给不可能稳定而持久地减少，而总需求稳定持久地增加的原因是货币供给量持久地增加。通常情况下持久的通货膨胀本质上是一种货币现象。

（6）总需求曲线和单个商品需求曲线有何不同？

【答案要点】

总需求曲线属宏观经济范畴，而单个商品需求曲线属微观经济范畴；总需求受价格总水平的影响，而单个商品需求曲线受相对价格的影响；总需求是指支出，单个商品需求是指商品数量；总需求曲线和单个商品需求曲线都受价格影响，但对前者的解释必须从利息率的变化入手，而对后者的解释则是从替代效应和收入效应入手。

（7）凯恩斯学派关于劳动市场理论的主要观点是什么？

【答案要点】

①工资刚性是从供给方面对失业的一个基本解释。当价格水平较低时,实际工资较高,这样会形成劳动供给大于劳动需求。由于工资能上不能下,这种状况将持续下去,因此会产生失业。②在名义工资下降的情况下,价格提高可以使实际工资下降,从而刺激企业增加劳动需求。由于工人存在"货币幻觉",实际工资下降可以被工人接受。因此,政府可采取提高价格的政策,解决失业问题。

(8)货币需求减少对总产出和价格有何影响?

【答案要点】

货币需求减少会导致利率降低,从而导致投资需求增加。通过乘数的作用,总需求就会进一步增加。总需求增加对总产出和价格的影响,取决于经济处于总供给曲线的哪一个区域。如果经济处于总供给曲线的水平区域,则总需求增加会使产出增加,价格不会提高;如果经济处于总供给曲线的垂直区域,则结论刚好与此相反;如果经济处于总供给曲线向上倾斜的区域,则总需求增加一方面会导致总产出增加,另一方面会使价格水平提高。

4. 计算题

(1)设经济的总供给函数为 Y=2 350+400P,总需求函数为 Y=2 000+750/P,求总供给和总需求均衡时的收入和价格。

【答案要点】

解方程组 $\begin{cases} Y = 2\ 350 + 400P \\ Y = 2\ 000 + 750 / P \end{cases}$

易得均衡时的价格和收入分别为 P=1 和 Y=2 750。

(2)设总供给函数为 Y_S=2 000+P 总需求函数为 Y_D=2 400−P。求:

①求供求均衡点;

②如果总需求曲线向左(平行)移动 10%,求新的供求均衡点;

③如果总供给曲线相左(平行)移动 10%,求新的供求均衡点。

【答案要点】

①由题意可得方程组

$$\begin{cases} Y_S = 2\ 000 + P \\ Y_D = 2\ 400 - P \end{cases}$$

解方程可得供求均得点为:Y=2 200,P=200

②由题意可得方程组

$$\begin{cases} Y_S = 2\ 000 + P \\ Y_D = 2\ 400 \times (1 - 10\%) - P \end{cases}$$

解方程可得供求均得点为:Y=2 080,P=80

③由题意可得方程组

$$\begin{cases} Y_S = 2\ 000(1 - 10\%) + P \\ Y_D = 2\ 400 - P \end{cases}$$

由题意可得方程组 Y=2 100,P=300

(3)假设总需求函数为 Y_D=120+(200/P),总供给函数为 Y_S=10P。求:

①假设均衡状态为充分就业,求总产出和价格;

②假设由于工资提高,总供给函数变为 Y=8P,求总产出和价格的变化。

【答案要点】

①由题意可知:Y_D=120+(200/P)——①;Y_S=10P——②

解方程组①②得：P=13.5，Y=135

即在此经济水平下，经济达到均衡状态的充分就业水平时，总产出为135，价格为13.5。

②由题意可知：$Y_D=120+(200/P)$——③；$Y_s=8P$——④

解方程组③④得：P=16.5，Y=132，即在此经济水平下，经济均衡状态时的总产出为132，价格为16.5。

可见，在此经济水平下，工资提高导致价格提高了3个单位，总产出减少了3个单位。

（4）在一个三部门的经济中，消费函数为$C=200+0.75Y$，投资函数为$I=200-25r$，货币需求函数为$L=Y-100r$，名义货币供给为1 000，政府购买为$G=50$，求该经济的总需求函数。

【答案要点】

收入恒等式为$Y=C+I+G$，将消费函数、投资函数和政府购买代入其中，得$Y=200+0.75Y+200-25r+50$，化简后，得：

$Y=1\,800-100r$——①

式①即为该经济的IS曲线方程。

货币市场均衡条件为$M/P=L$，将货币需求关系式和货币供给数量代入其中，有：$1\,000/P=Y-100r$，化简为：

$Y=100r+1\,000/P$——②

式②即为该经济的LM曲线方程。

为求该经济的总需求曲线方程，将式①、式②联立，并消去变量r，得到该经济的总需求曲线：$Y=900+500/P$

（5）假定经济的短期生产函数是$Y=14N-0.04N^2$，劳动力需求函数是$H_D=175-12.5(W/P)$，劳动力供给函数是$N_S=70+5(W/P)$。求：

①在P=1和P=1.25的水平下，劳动力市场均衡的就业量；

②求在P=1和P=1.25水平下，经济的短期产出水平。

【答案要点】

①当价格水平P=1时，劳动力市场上劳动力的需求与供给函数分别为：

$N_D=175-12.5W$，$N_S=70+5W$

联立求解方程组，可得均衡就业量：N=100

当P=1.25时，劳动力的需求和供给函数分别为：

$N_D=175-10W$ $N_S=70+4W$

联立求解方程组，可得均衡就业量为：N=100

②从①中可以看出，劳动力市场的均衡不受价格水平变化的影响，在P=1和P=1.25的水平下，均衡就业都为100单位。由$Y=14N-0.04N^2$，得此时的短期产出为Y=1 000单位。

5. 分析题

（1）假定经济起初处于充分就业状态，现在政府要改变总需求构成，增加私人投资而减少消费支出，但不改变总需求水平，试问应当施行什么样的混合政策？并用IS-LM模型表示这一政策建议。

【答案要点】

如果社会已是充分就业，为了保持已达充分就业水平的国民收入不变，增加私人部门的投资，可采用扩大货币供给和增加税收的货币政策和财政政策的组合。前者可使LM曲线向右移动，导致利率r下降以增加私人部门对利率具有敏感性的投资支出和国民收入，为了抵消国民收入增加超过潜在国民收入的状况，政府应配合以增加税收的紧缩性的财政政策，因为当增加税收时，人们可支配收入会减少，从而消费支出相应减少，这使IS曲线左移，使总需求下降，从而使国民收入水平下降。政府税收增加的幅度以国民收入正好回到潜在的国民收入为限，如图所示。

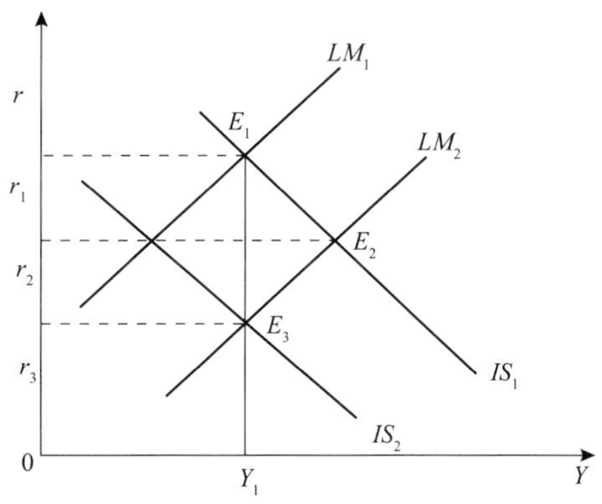

(2)对微观经济学的供求模型和宏观经济中的 AD–AS 模型加以比较，并说明两者的异同。

【答案要点】

二者在“形式”上有一定的相似之处。微观经济学的供求模型主要说明单个商品的价格和数量的决定。宏观经济中的 AD–AS 模型主要说明总体经济的价格水平和国民收入的决定。二者在图形上都用两条曲线来表示，在价格为纵坐标，数量为横坐标的坐标系中，向右下方倾斜的为需求曲线，向右上方延伸的为供给曲线。

但二者在内容上有很大的不同。其一，两模型涉及的对象不同。微观经济学的供求模型是微观领域的事物，而宏观经济中的 AD–AS 模型是宏观领域的事物。其二，各自的理论基础不同。微观经济学中的供求模型中的需求曲线的理论基础是消费者行为理论，而供给曲线的理论基础主要是成本理论和市场理论，它们均属于微观经济学的内容。宏观经济学中的总需求曲线的理论基础主要是产品市场均衡和货币市场均衡理论，而供给曲线的理论基础主要是劳动市场理论和总最生产函数，它们均属于宏观经济学的内容。其三，各自的功能不同。微观经济学中的供求模型在说明商品的价格和数量的决定的同时，还可以用来说明需求曲线和供给曲线移动对价格和商品数量的影响，充其量这一模型只解释微观市场的一些现象和结果。宏观经济中的 AD–AS 模型在说明价格和产出决定的同时，可以用来解释宏观经济的波动现象，还可以用来说明政府运用宏观经济政策干预经济的结果。

(3)为什么进行宏观调控的财政政策和货币政策一般被称为需求管理的政策？

【答案要点】

财政政策是政府变动税收和支出，以便影响总需求，进而影响就业和国民收入的政策。货币政策是指货币当局即中央银行通过银行体系变动货币供应量来调节总需求的政策。无论财政政策还是货币政策，都是通过影响利率、消费和投资进而影响总需求，使就业和国民收入得到调节，通过对总需求的调节来调控宏观经济，所以称为需求管理政策。

(4)在长期中价格是有伸缩性的，总供给曲线是垂直的。在短期中，价格是刚性的，总供给曲线是平坦的，请解释经济如何从短期转向长期？

【答案要点】

假设经济处于下图所示的长期均衡中。在这个图上有三条曲线：总需求曲线、长期总供给曲线以及短期总供给曲线。长期均衡是在总需求与长期总供给曲线的交点上。价格调整实现了均衡，因此，当经济处于长期均衡时，短期总供给曲线也在这一点相交。现在假设货币供给减少，总需求曲线向下移动，如图所示。在短期中，价格是黏性的，因此经济从 A 点移动到 B 点。产出与就业低于其自然水平，这意味着经济处于衰退中。随着时间的推移，由于需求低，工资和价格下降。价格水平逐渐下降使经济向下沿着新的总需求曲线移动到 C 点，这就是新的长期均衡。在新的长期均衡时，产出和就业又回到其自然水平，但价格比原来的长期均衡时低了。因此，总需求曲线移动在短期中影响产出，但随着时间推移，由于企业调整价格，这种影响会逐渐消失。

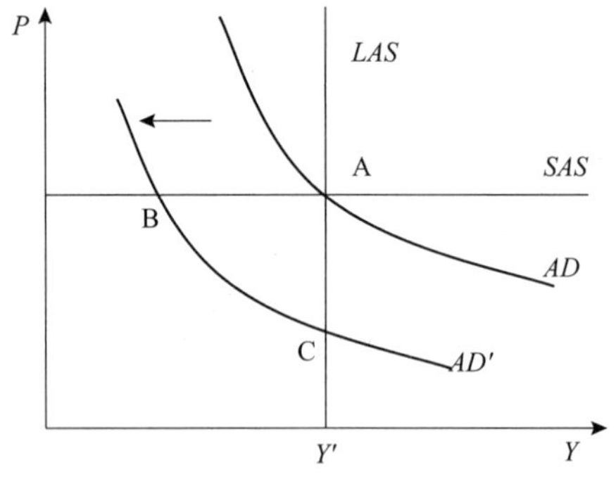

（5）简述凯恩斯主义对长期经济波动的解释。

【答案要点】

①在长期内，一切价格都能够自由地涨落，经济具有达到充分就业的趋势，因而总供给曲线垂直。具体见下图。

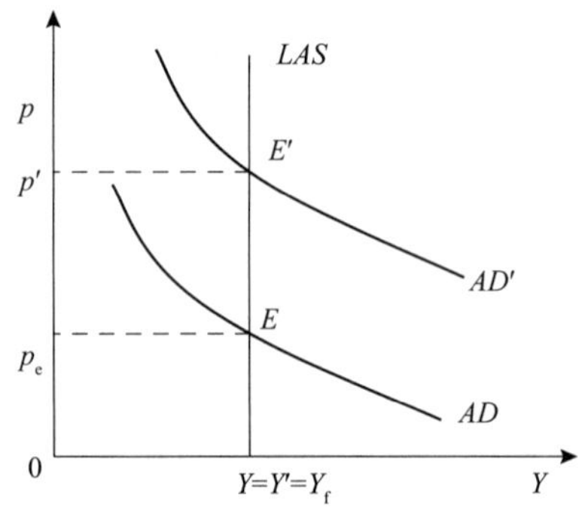

②图中的 *LAS* 是长期总供给曲线，它和潜在产量线完全重合，总需求曲线 *AD* 和长期总供给曲线 *LAS* 的交点 *E* 决定的产量为 *Y*，价格水平为 P_e；当总需求增加使总需求曲线 *AD* 向右移动到 *AD′* 的位置时，总需求曲线 *AD′* 和长期总供给曲线 *LAS* 的交点 *E′* 决定的产量为 *Y′*，价格水平为 *P′*。由于 $Y=Y'=Y_f$，所以在长期中，总需求的增加只是提高了价格水平，而不会改变产量或收入。

三、随堂同步自测

1. 单选题

（1）物价水平上升时，会（　　）。

A. 增加实际货币供给，并使曲线右移　　B. 增加实际货币供给，并使曲线左移

C. 减少实际货币供给，并使曲线右移　　D. 减少实际货币供给，并使曲线左移

（2）其他条件不变的情况下，（　　）会引起总需求曲线向右移动。

A. 物价水平不变时利率上升　　B. 货币供给量增加

C. 税收增加　　D. 物价水平下降

（3）假定经济处于低于充分就业均衡水平，总需求增加就会引起（　　）。

A. 物价水平上升和实际国民生产总值增加　　B. 物价水平上升和实际国民生产总值减少

C. 物价水平下降和实际国民生产总值增加　　D. 物价水平下降和实际国民生产总值减少

（4）以下关于财政政策和货币政策的效果，表述正确的是（　　）。

A. 在凯恩斯的极端情况下，政府扩张性财政政策能够有效提高产量、就业和价格水平

B. 在古典的极端情况系，政府扩张性财政政策能够有效提高产量、就业和价格水平

C. 在凯恩斯的极端情况下，政府扩张性货币政策不起作用

D. 在古典的极端情况下,政府扩张性货币政策不起作用

(5)关于总需求 - 总供给模型的表述正确的是(　　)。

A. 凯恩斯总需求 - 总供给模型的供给曲线呈水平形状

B. 凯恩斯总需求 - 总供给模型中,总产量的水平主要由总需求决定

C. 古典总需求 - 总供给模型的总供给曲线呈垂直形状

D. 以上三种表述均正确

(6)总供给曲线右移可能是因为(　　)。

A. 其他情况不变而企业对劳动力的需求增加　　B. 其他情况不变而原材料价格上涨

C. 其他情况不变而劳动生产率下降　　D. 其他情况不变而所得税增加

(7)总供给曲线斜率为正,单位原材料的实际成本增加时,总供给曲线会(　　)。

A. 向左移,价格水平下降,实际产出增加　　B. 向左移,价格水平上升,实际产出减少

C. 向右移,价格水平下降,实际产出增加　　D. 向右移,价格水平上升,实际产出减少

(8)假定经济实现充分就业,总供给曲线斜率为正,那么减税会使(　　)。

A. 价格水平上升,实际产出增加　　B. 价格水平上升但不影响实际产出

C. 实际产出增加但不影响价格水平　　D. 名义工资和实际工资都上升

(9)假定经济实现充分就业,总需求曲线向右移动会增加(　　)。

A. 实际工资、就业量和实际产出　　B. 名义工资、就业量和实际产出

C. 劳动力需求、就业量和实际工资　　D. 劳动生产率和实际产出

(10)假定经济处于低于充分就业均衡水平,总需求增加就会引起(　　)。

A. 物价水平上升和实际国民生产总值增加　　B. 物价水平上升和实际国民生产总值减少

C. 物价水平下降和实际国民生产总值增加　　D. 物价水平下降和实际国民生产总值减少

(11)总需求曲线是表明(　　)。

A. 产品市场达到均衡时,总需求与价格水平之间的关系

B. 货币市场达到均衡时,总需求与价格水平之间的关系

C. 产品市场和货币市场达到均衡时,收入与利率之间的关系

D. 产品市场和货币市场达到均衡时,总需求与价格水平之间的关系

(12)总需求曲线是一条(　　)。

A. 向右下方倾斜的曲线　　B. 向右上方倾斜的曲线

C. 水平的直线　　D. 垂直的直线

(13)总需求曲线向右下方倾斜的原因是(　　)。

A. 较高的价格通过减少劳动力的参与而减少潜在 GDP

B. 较高的价格引起利率下降,因而抑制投资

C. 较高的价格引起利率上升,因而抑制投资

D. 较高的价格刺激劳动力的参与,因此增加消费支出

(14)总需求曲线向右下方倾斜是由于(　　)。

A. 价格水平上升时,投资会减少　　B. 价格水平上升时,消费会减少

C. 价格水平上升时,净出口会减少　　D. 以上几个因素都是

(15)若价格水平下降,则总需求(　　)。

A. 增加　　B. 减少　　C. 不变　　D. 难以确定

(16)当价格水平上升时,总需求曲线(　　)。

A. 向左移动　　B. 向右移动　　C. 不变　　D. 难以确定

(17)有关总需求曲线说法正确的是(　　)。

A. 在充分就业时为垂直的直线

B. 如果经济中存在较高的失业,则为水平的直线

C. 由于实际余额效应、实际替代效应和开放替代效应的作用而具有负斜率

D. 由于生产成本随着实际总产出的增加而递减,所以具有负斜率

(18)下列表述正确的是(　　)。

A. 总需求曲线是反映总需求与利率之间关系的曲线

B. 总需求曲线上的点表明劳动力市场达到均衡

C. 总需求曲线是表明总需求与价格水平之间关系的曲线

D. 在以利率为纵坐标、收入为横坐标的坐标系内,总需求曲线是向右上方倾斜的

(19)实际替代效应表明(　　)。

A. 货币供给减少会使利息率上升并使消费和投资支出下降

B. 价格水平上升将增加货币需求,从而提高利息率,使消费和投资支出下降

C. 价格水平上升将增加货币需求,从而降低利息率,使消费和投资支出下降

D. 价格水平上升将减少货币需求,从而降低利息率,使消费和投资支出增加

(20)实际余额效应表明(　　)。

A. 价格水平上升将增加货币需求,从而提高利息率,使消费和投资支出下降

B. 价格水平下降将使许多金融资产的实际价值下降,从而减少支出

C. 价格水平上升将使许多金融资产的实际价值上升,从而增加支出

D. 价格水平上升将使许多金融资产的实际价值下降,从而减少支出

(21)开放替代效应表明,如果一国价格水平相对于外国而言下降了,在其他条件不变的情况下将使该国的(　　)。

A. 总需求曲线向左移　　B. 总供给曲线向左移

C. 出口下降,进口增加　　D. 出口增加,进口下降

(22)实际余额效应、实际替代效应和开放替代效应都可用来解释(　　)。

A. 为什么总需求曲线具有负斜率　　B. 为什么总供给曲线具有正斜率

C. 总需求曲线的平行移动　　D. 总供给曲线的平行移动

(23)总需求的影响因素用(　　)。

A. 用来解释为什么总需求曲线具有负斜率

B. 用来说明整条总需求曲线的移动

C. 用来表明实际产出与价格水平之间的反方向变动关系

D. 用来表明投入品的价格和资源生产力之间的关系

(24)当(　　)时,总需求曲线会更平缓。

A. 投资支出对利率变化较敏感　　B. 支出乘数较小

C. 货币需求对利率变化较敏感　　D. 货币供给量较大

(25)因价格水平下降而导致的总支出增加就相当于(　　)。

A. 沿着某一条固定的总需求曲线向下移动　　B. 总供给下降

C. 总需求曲线向右移动　　D. 总需求曲线向左移动

2. 多选题

(1)总供给的决定因素包括(　　)。

A. 利率的变化　　B. 汇率的变化

C. 生产率的变化　　D. 资本存量的变化

E. 劳动供给的变化

(2)关于总供给曲线表述正确的是(　　)。

A. 总供给曲线表示总产量与一般价格水平之间的关系

B. 短期总供给曲线的斜率为正值

C. 长期总供给曲线区域垂直

D. 萧条区域的总供给曲线呈现出两段式的特征

E. 萧条情况下的总供给曲线是一条水平线

(3)总需求的决定因素包括(　　)。

A. 国内资源价格的变化　　B. 消费者预期的变化

C. 政府支出的变化　　D. 利率的变化

E. 税率的变化

(4)假定经济中实现充分就业,总供给曲线是垂直线的,减税不会(　　)。

A. 提高价格水平和实际产出　　B. 提高价格水平但不影响实际产出

C. 提高实际产出但不影响价格水平　　D. 对价格水平和实际产出均不产生影响

(5)价格水平上升时,以下说法错误的是(　　)。

A. 增加实际货币供给并使 *LM* 曲线右移　　B. 增加实际货币供给并使 *LM* 曲线左移

C. 减少实际货币供给并使 *LM* 曲线右移　　D. 减少实际货币供给并使 *LM* 曲线左移

(6)预期(　　)会使总需求曲线向右移动。

A. 政府支出增加　　B. 净出口减少

C. 劳动力参与减少　　D. 税收增加

(7)在下列情况中,预期(　　)不会使总需求曲线向左移动。

A. 政府支出增加出　　B. 净出口减少

C. 就业减少　　D. 生产技术的改进

(8)对水平形状的总供给曲线的叫法错误的是(　　)。

A. 凯恩斯总供给曲线　　B. 古典总供给曲线

C. 常规总供给曲线　　D. 长期总供给曲线

(9)总供给曲线的水平部分(　　)。

A. 表明经济资源价格不变　　B. 表明即使不提高价格水平仍可以增加产出

C. 表明经济中存在闲置的经济资源　　D. 不包括以上全部因素

(10)关于短期总供给曲线说法错误的是(　　)。

A. 总需求与价格水平同方向变动　　B. 总需求与价格水平反方向变动

C. 总供给与价格水平同方向变动　　D. 总供给与价格水平反方向变动

(11)在以价格为纵轴、收入为横轴的坐标系中,关于长期供给曲线的说法错误的是(　　)。

A. 与横轴平行的线　　B. 向右上方倾斜的曲线

C. 向右下方倾斜的曲线　　D. 与横轴垂直的线

(12)对长期总供给曲线表示错误的是(　　)。

A. 经济中的资源还没有得到充分利用　　B. 经济中的资源已得到充分利用

C. 在价格不变时,总供给可以无限增加　　D. 经济中存在着严重的失业

(13)不可以使总供给曲线向右移动的是(　　)。

A. 政府支出增加　　B. 净出口减少

C. 投入的劳动力减少　　D. 应用先进的生产技术

(14)在下述因素中,(　　)会引起总供给曲线移动。

A. 劳动生产率提高　　B. 进口原油价格下降

C. 降低企业税　　D. 价格水平上升

(15)短期总供给曲线向右上方倾斜,以下因素无法将该曲线变为一条垂线的有(　　)。

A. 经济中实现了充分就业　　B. 通货膨胀率为零

C. 物价水平保持稳定　　D. 总供给受到了资源和其他因素的制约

3. 判断题

(1)价格水平下降时,总需求曲线向右移动。(　　)

(2)扩张总需求政策的价格效应最大,表明总供给曲线是长期总供给曲线。(　　)

(3)根据财产效应,实际财产量越少,实际 GDP 需求量就越大。(　　)

(4)在短期总供给曲线上,物价水平的上涨会导致物品与劳动的总供给量增加。(　　)

(5)时际替代效应是影响总需求的唯一因素。(　　)

(6)实际余额效应表明通货膨胀使公众感觉变得更富有了,因而他们会把当前收入中更多的部分用于消费支出。(　　)

(7)凯恩斯情形下的短期总供给可能超过潜在产出量。(　　)

(8)长期总供给曲线垂直于横轴。(　　)

(9)生产可能性曲线向外移动会使总供给曲线向右移动。(　　)

(10)需求的变动一般使得总供给曲线向右移动。(　　)

(11)国外净需求是总需求的一个组成部分,但不是总支出的一个部分。(　　)

(12)总供给曲线的垂直部分称为非充分就业部分。(　　)

(13)凯恩斯主义一般强调低于充分就业的均衡。(　　)

(14)一般而言,上升段的总供给曲线上的某一点隐含着充分就业均衡,然而长期总供给曲线不经过该点。(　　)

(15)总供给曲线的水平部分称为生产能力充分使用阶段。(　　)

(16)货币中性意味着货币存量变动不对实际产量与就业量的变动产生任何影响。(　　)

(17)1929 年经济大危机时,美国经济是在其供给曲线的水平部分运行的。(　　)

(18)根据实际货币余额效应,实际货币量越少,则实际国内生产总需求量就越大。(　　)

(19)如果一国物价水平不变,其他国家物价水平下降,则对该国生产的物品和劳务的需求量将减少。(　　)

(20)如果工资下降,长期总供给曲线与短期总供给曲线都会向右方移动。(　　)

(21)物价水平上升和总财产减少都会使总需求曲线向左上方移动。(　　)

(22)任何一种使短期总供给曲线向右移动的因素都会使长期总供给曲线向右方移动。(　　)

(23)如果宏观经济均衡处于其长期总供给曲线上,那么经济中的失业率就是自然失业率。(　　)

(24)劳动力市场的均衡决定了短期产出的水平。(　　)

(25)根据凯恩斯的观点,非自愿失业应归因于工人自身。(　　)

(26)如果某人产生"货币幻觉",那么他关心的是他工资(或财产)的实物价值,而不关心其货币形式的变动。(　　)

(27)在长期总供给曲线上,物价水平和资源价格的上涨都会导致物品和劳务的总供给量增加。(　　)

(28)如果经济处在持续的上升时期,那么短期供给曲线将由于工资的上涨而向上移动。(　　)

(29)若其他情况不变且 *AS* 曲线为向上倾斜,则政府开支的增加最终将导致公众储蓄量的上升。(　　)

(30)若扩张总需求的产出效应最大,则表明总供给曲线是水平的。(　　)

4. 问答题

(1)简述导致总需求曲线变动的主要因素。

(2)简述导致总供给曲线变动的主要因素。

(3)在古典经济学的总供给 - 总需求模型中,当政府支出增加时价格水平、总产出、利率和就业量如何变化?

(4)为什么古典模型中存在"货币中性"性质?

(5)简述国民收入决定模型、IS-LM 模型与 AD-AS 模型之间的联系和区别是什么?

(6)降低工资对总需求和总供给有何影响?价格降低对劳动需求和劳动供给有何影响?它们之间的相互作用对经济调整有什么意义?

(7)为什么古典理论总认为总供给曲线是垂直的?

（8）在简单的凯恩斯模型中，总需求曲线向上倾斜，而在 AS-AD 模型中，总需求曲线向右下方倾斜，这是否矛盾？

（9）根据“黏性理论”，就业曲线在什么情况下会移动？其经济学意义是什么？

（10）为什么短期总供给曲线向右上方倾斜？

5. 计算题

（1）已知：总供给函数 $Y_S=2\,300+400P$，总需求函数 $Y_D=2\,000+4\,500/P$。试求均衡的收入和均衡价格。

（2）设 *IS* 曲线的方程为 $r=0.415-0.000\,018\,5Y+0.000\,05G$，*LM* 曲线的方程为 $r=0.000\,016\,25Y-0.000\,1M/P$。式中，$r$ 为利率，Y 为收入，G 为政府支出，P 为价格水平，M 为名义货币量。试导出总需求曲线，并说明名义货币量和政府支出对总需求曲线的影响。

（3）如果总供给曲线为 $Y_S=500$，总需求曲线为 $Y_D=600-50P$，求：

①供求均衡点；

②如果总需求水平上升 10%，求新的供求均衡点。

（4）假定某经济社会为不含政府和国外的两部门经济，且存在以下经济关系：$Y=C+I$，$L=(0.9Y-900r)P$，$C=90+0.9Y$，$M=900$，$I=900-900r$，$P=1$。

其中，Y、C、I、r、M、P 分别代表产量、消费、投资、利率、货币供给和价格水平。求：

①均衡利率和收入；

②若货币供给增加，超过 900 时，收入和利率的变化；

③写出总需求曲线的表达式。

（5）某两部门经济由下述关系式描述：消费函数 $C=100+0.8Y$，投资函数为 $I=150-6r$，货币需求函数为 $L=Y-20r$，设 P 为价格水平，货币供给为 $M=750$。求：

①总需求函数；

②若该经济的总供给函数为 $Y_S=800+150P$，求均衡的收入和价格水平。

6. 分析题

（1）总需求曲线的理论来源是什么？为什么在 IS-LM 模型中，由 P（价格）自由变动，即可得到总需求曲线？

（2）作图分析在 AD-AS 模型中，为什么经济增长和物价上涨是同方向变动的。

（3）在西方经济学中，总需求是短期中影响国民总产出最重要的因素。请回答以下问题。
①总需求主要包括哪些内容？
②减税政策会怎样影响总需求，为什么？
③政府在公开市场上买进债券又会怎样影响总需求，为什么？

（4）推导长期总供给曲线并说明为什么长期总供给曲线是一条垂直的线。

（5）凯恩斯理论是如何解释西方国家 20 世纪 30 年代经济大萧条原因的?

（6）降低工资对总需求和总供给有何影响?价格降低对劳动需求和劳动供给有何影响?它们之间的相互作用对经济调整有什么意义?

（7）微观经济中的需求曲线与宏观经济中的总需求曲线有什么不同?

（8）在何种情况下,*AS* 曲线是水平的、垂直的、向上斜的?在什么情况下,产量与总需求无关?

（9）如果货币工资率上升而潜在 GDP 保持不变,总供给会发生什么变动?是沿着长期总供给曲线变动还是移动?

（10）如何将总供给曲线与厂商的供给曲线联系在一起？总供给曲线的形状有什么特征？

四、课程思政案例

新冠肺炎疫情（简称“疫情”）会对需求端产生冲击，也会对供应端产生冲击。疫情全球大流行情形之下，中国如果能实现 3%~4% 的经济增长就非常了不起了，这既取决于我国的政策反应，这取决于美国、欧洲的疫情什么时候能得到控制，以及拉美、非洲和南亚等地区是否可以避免大面积的疫情暴发。

中国经济增长的最重要的推动力是投资，而出口市场和私营投资紧密相关。疫情使出口市场受到重创，私营企业短期内就会无法增加投资。政府也需要帮助中小企业渡过难关，这既是为了保住就业，这是在全球产业链中保住自己的市场份额的关键。

疫情从爆发开始，我国果断采取了积极的防疫措施，到 2020 年 3 月局势就逐渐可控，政策重点转向了复工复产。但在初期，复工复产的速度较慢，据当时的调查数据显示，虽然 90% 的上市企业都已经复工，但由于担心第二波疫情，一些地方还是采取了严防死守的措施。

同时，到了 2020 年 3 月，欧美发达国家疫情暴发，许多出口产业订单骤减，除了和防疫有关的物资和设备生产以外，制造业的实际复工率预计只有 30%。餐饮、娱乐、和人员聚集有关的行业复工会更慢。

2020 年 3 月底，由于这次疫情以及国际石油价格的崩盘等的影响，全球股市都受到了重创。虽然很多国家和地区都推出了许多刺激政策，但国际贸易还是受到了很大程度的冲击。然而我国是世界第二大经济体，也是最大的出口国，所以疫情对中国国内经济影响很大，对全球经济影响也很大。

问题：①请从需求和供给的角度，分析疫情全球大流行对我国经济的影响。②应对疫情，我国政府使用了哪些政策工具？为什么要使用这些政策工具？③中国能否像美国那样直接给民众发钱，并向中小企业提供财政支持？为什么？中国应该采取什么样的方法来支持家庭和中小企业？

第十三章　失业、通货膨胀和经济周期

一、知识思维导图

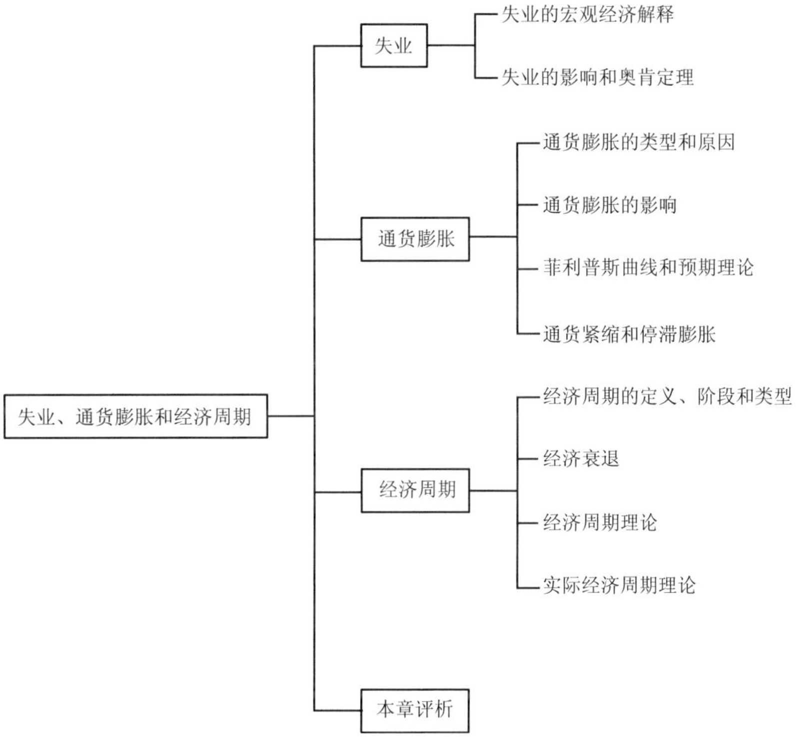

二、典型例题解析

1. 单选题

(1)一般来说,某个大学生毕业后未能立即找到工作,属于(　　)。

A. 摩擦性失业　　B. 结构性失业　　C. 自愿性失业　　D. 周期性失业

【答案】A

【解析】摩擦性失业是由于人们在不同的地区、职业和生命周期的不同阶段不停地变动而引起的。

(2)垄断企业和寡头企业利用市场势力谋取高额利润所导致的通货膨胀,属于(　　)。

A. 成本推动的通货膨胀　　B. 结构性通货膨胀

C. 需求拉动的通货膨胀　　D. 混合型通货膨胀

【答案】A

【解析】在不完全竞争市场上,垄断企业为了高额利润操纵市场价格,通过削减产量导致价格上涨,属于利润推进式通货膨胀,是成本推动的通货膨胀的一种。

(3)应对需求拉动的通货膨胀的方法是(　　)。

A. 人力政策　　B. 收入政策　　C 财政政策　　D. 三种政策都可以

【答案】C

【解析】通货膨胀是由总需求过度膨胀引起的,那么紧缩需求就能取得明显效果。减少政府购买支出、增税都可以减少总需求,缓解通货膨胀。

(4)收入政策主要是用来应对(　　)。

A. 需求拉动的通货膨胀　　B. 成本推动的通货膨胀

C. 需求结构性通货膨胀　　D. 成本结构性通货膨胀

【答案】B

【解析】收入政策是指政府制定一套关于物价和工资的行为准则,由价格决定者共同遵守,其目的在于限制物价和工资的上涨率,以此来降低通货膨胀,又不造成大规模的失业。收入政策主要针对成本推动的通货膨胀。

(5)长期菲利普斯曲线说明(　　)。

A. 通货膨胀和失业之间不存在相互替代关系

B. 传统的菲利普斯曲线仍然有效

C 在价格很高的情况下通货膨胀与失业之间仍有替代关系

D. 曲线离原点越来越远

【答案】A

【解析】货币主义认为,长期内,菲利普斯曲线是一条从自然率出发的垂直直线,通货膨胀与失业之间不存在相互替代的关系。

(6)当经济处于繁荣阶段时,(　　)不会出现。

A. 国民收入持续增加　　B. 物价开始上涨

C. 失业现象日益严重　　D. 社会消费维持较高水平

【答案】C

【解析】在整个繁荣阶段,收入的持续增加使公众及厂商对经济形势高度乐观,而在乐观情绪的作用下,社会消费维持较高水平,且随收入的增加而增加,厂商为此也不断追加投资来扩大自己的生产能力,社会总需求在较高水平上继续增加,因此失业现象不可能日益严重。

(7)当经济处于萧条阶段时(　　)。

A. 失业现象日益严重　　B. 厂商投资规模缩减

C. 社会消费支出减少　　D. 以上现象均会出现

【答案】D

【解析】由于厂商不断缩小生产规模，社会上的失业现象日益严重，无论是厂商的利润还是居民的收入都在下降，整个经济系统弥漫着悲观的情绪。而由于人们对未来的悲观，厂商不愿进行提高生产能力的投资，公众也尽量减少消费，从而使厂商继续缩减生产规模，社会上存在大量闲置的生产资源。

（8）货币主义经济周期理论认为，（　　）。

A. 货币供给对经济周期波动具有决定性作用　　B. 货币供给源于政府政策波动

C. 反对政府干预　　D. 以上选项均正确

【答案】D

【解析】A 项，货币主义的经济周期理论强调名义因素，即货币供给在经济周期波动中的决定性作用；B 项，弗里德曼认为，政府政策使得货币供给增加，导致了产出和就业偏离其趋势的波动；C 项，货币主义反对政府对经济生活的过度干预。在政策主张上，主张采取固定货币增长规则的稳定性的货币政策。

（9）实际经济周期理论认为（　　）。

A. 经济波动的主要原因是内生因素　　B. 货币因素是经济波动的初始根源

C. 生产率的随机冲击导致经济波动　　D. 以上选项均不正确

【答案】C

【解析】实际经济周期理论把生产率的随机冲击规定为经济波动的主要原因，生产率的波动主要原因是技术变化速度的波动，当然也会有其他原因，如国际动乱、气候变动或自然灾害等。

2. 多选题

（1）不能被认为是发生了通货膨胀的有（　　）。

A. 第二季度鸡蛋价格比第一季度高 1%，第三季度与第一季度持平

B. 全社会消费品价格连续上升 10 个月

C. 下午的蔬菜价格比上午高 3%

D. 政府公布的定期消费物价指数上升了 20%

【答案】AC

【解析】通货膨胀的概念表明社会全部商品持续的上涨才是通货膨胀。

（2）下列情况中会导致一国失业率较高的有（　　）。

A. 经济处于萧条期　　B. 失业的持续时间较长

C. 长期失业的人口较多　　D. 长期合同的存在

【答案】ABC

【解析】失业率旨在衡量闲置中的劳动产能，是反映一个国家或地区失业状况的主要指标。

（3）西方经济学家把经济波动的周期分为（　　）。

A. 萧条　　B. 复苏　　C. 扩张　　D. 封顶

E. 衰退

【答案】ABE

【解析】一个完整的经济周期包括繁荣、衰退、萧条、复苏四个阶段。

（4）属于失业范围的人包括（　　）。

A. 新加入劳动力队伍第一次寻找工作或重新加入劳动力队伍并持续寻找工作达 4 周以上的人

B. 为寻找其他工作而离职在找工作期间作为失业者注册的人

C. 被暂时辞退并且待重返工作岗位而连续 7 天未得到工作的人

D. 被企业解雇而且无法回到原工作岗位的人

【答案】ABCD

【解析】失业的定义。

3. 判断题

(1)一位病得很重的会计师无法进行工作,于是成了失业者。 ( )

【答案】错误

【解析】本题考察的是失业的定义。

(2)一位大学生在图书馆拥有一份非全日制的工作,他是就业者。 ( )

【答案】正确

【解析】本题考察的是失业的定义。

(3)非自发性失业的前提是当劳动力市场供过于求时,工资不能下调。 ( )

【答案】正确

【解析】本题考察的是非自发性失业的定义。

(4)只需要工资有充足的弹性,任何现行工资水平下愿意工作的人都能找到工作。 ( )

【答案】正确

【解析】本题考察的是劳动供给的定义。

(5)一个主动跳槽的职工目前没有找到新的工作,他是自发性失业者。 ( )

【答案】正确

【解析】本题考察的是自发性失业的定义。

(6)失业的存在是因为在现行工资水平下找工作的人比工作岗位多。 ( )

【答案】正确

【解析】本题考察的是造成失业的原因。

(7)结构性失业的存在是因为工作空缺的种类同失业者的技术不符合。 ( )

【答案】正确

【解析】本题考察的是结构性失业的定义。

(8)失业是因为对劳动力的整体需求下降了,这与经济周期有关。 ( )

【答案】正确

【解析】本题考察的是周期性失业的定义。

(9)如果通货膨胀不能被人们预期到,社会交易的成本就会大大增加。 ( )

【答案】正确

【解析】本题考察的是通货膨胀的危害。

(10)由于物价上涨,劳动者要求提高工资,由此引发的通货膨胀是成本推动型的。 ( )

【答案】错误

【解析】本题考察的是成本推动型通货膨胀的定义。

4. 问答题

(1)西方经济学是如何解释失业的?失业的影响表现在哪些方面?

【答案要点】

不同学派的经济学家对失业原因做出的解释主要有以下几种。①古典经济学的失业理论是以“萨伊定律”为核心的。它认为商品的供求均衡决定了经济社会中不存在失业,充分就业是一个始终存在的倾向。②凯恩斯用“有效需求”不足来解释为什么会出现“非自愿失业”。“有效需求不足”就是指社会总需求小于既定的总供给的状态。当有效需求不足时,就无法实现充分就业。③新凯恩斯主义经济学以不完全竞争和不完全信息为前提，通过论证工资和价格黏性进而解释非自愿失业存在的原因。认为工资在短期内具有黏性，失业率并不会随劳动需求的变动做出充分地调整。④现代货币主义的失业理论可以简单地归结为“自然失业率”假说，并否认菲利普斯曲线。如果政府用增加货币量来刺激就业，从长期看，货币量增加引起价格上涨，使雇员实际工资没有变动甚至下降，雇员就不愿意提供更多的劳动，失业不仅没有减少而且物价会持续上涨。

失业对经济和社会的影响主要有：一是失业给个人和家庭带来物质和精神的负面影响，包括失业影响家庭收入、影响个人的身心健康和影响家庭声望；二是失业影响社会稳定；三是失业影响经济发展。

(2)什么是自然失业率？它的决定因素是什么？自然失业率是否就是充分就业的失业率？

【答案要点】

自然失业率是指在没有货币因素干扰的情况下，劳动力市场和商品市场的自发供求力量发挥作用时应有的、处于均衡状态下的失业率。失业率是无论劳动力市场如何完善都会出现的，但它并不是一个固定的量。自然失业率也称充分就业的失业率。失业持续的时间和失业频率是衡量失业率大小的两个关键因素。失业持续时间取决于经济周期和劳动力市场结构。失业频率是指工人在一定时期内变为失业者的平均次数。失业持续时间越长，失业频率越高，自然失业率也越高。

(3)通货膨胀有哪几种类型？西方经济学是如何解释通货膨胀的形成原因的？

【答案要点】

根据不同的标准，通货膨胀有不同的分类。按照通货膨胀的程度分为爬行的通货膨胀、加速的通货膨胀、超速的通货膨胀；按照通货膨胀发生的原因分为需求拉上型通货膨胀、成本推动型通货膨胀、结构型通货膨胀。对于通货膨胀的形成原因，西方经济学家进行了多种多样的解释。①需求拉上型通货膨胀。它指的是通货膨胀是总需求超过总供给所引起的一般价格水平的持续显著的上涨，是“过多的货币追求过少的商品”的现象。②成本推动型通货膨胀。从供给方面来解释通货膨胀，它指的是在没有超额需求的情况下，由于供给方面成本的提高也会引起一般价格水平持续和显著的上涨。成本推动型通货膨胀主要分为工资推动型通货膨胀、利润推动型通货膨胀以及进口型通货膨胀。③结构型通货膨胀。它指的是在总需求和总供给处于平衡状态时，由于经济结构性因素的变动所引起的物价普遍持续的上涨。④货币主义学派的解释。它指的是通货膨胀的产生主要是因为货币供给增加，如果中央银行保持货币供给稳定，那么物价水平也将稳定。

(4)摩擦性失业与结构性失业相比，哪一种失业问题更严重？

【答案要点】

一般来说，结构性失业比摩擦性失业问题更严重。因为摩擦性失业是由于劳动力市场运行机制不完善或者经济变动过程中的工作转换而产生的失业。摩擦性失业的失业者都可以胜任可能获得的工作，所以增强失业服务机构的作用，增加就业信息，协助劳动者家庭搬家等都有助于减少摩擦性失业。而结构性失业是由于经济结构变化、产业兴衰转移而造成的失业，是劳动力市场失衡造成的失业，一些部门需要劳动力，存在职位空缺，但失业者缺乏到这些部门和岗位就业的能力，而这种能力的培训需要一段较长的时间才能完成，所以结构性失业的问题会更严重一些。

(5)能否说有劳动能力的人都有工作才是充分就业？

【答案要点】

不能。充分就业并不意味着 100% 就业，即使经济能够提供足够的职位空缺，失业率也不会等于零，经济中仍然会存在摩擦性失业和结构性失业。凯恩斯认为，如果消除了“非自愿失业”，失业仅限于摩擦性失业和自愿失业的话，经济中就实现了充分就业。所以充分就业不是指有劳动能力的人都有工作。

(6)什么是自然失业率？哪些因素会影响自然失业率的高低？

【答案要点】

自然失业率就是指在没有货币因素干扰的情况下，劳动力市场和商品市场自发的供求力量发挥作用时应有的处于均衡状态的失业率,也就是充分就业情况下的失业率。生产力的发展、技术进步以及制度因素是决定自然失业率及引起自然失业率提高的重要因素,具体包括以下几方面。①劳动者结构的变化。一般来说,青年与妇女的自然失业率高,这些人在劳动力总数中所占比例的上升会导致自然失业率上升。②政府政策的影响。如失业救济制度使一些人宁可失业也不从事工资低、条件差的职业,这就增加了自然失业中的"寻业的失业";最低工资法使企业尽量少雇用人,尤其是技术水平差的工人,同时也加强了用机器取代工人的趋势。③技术进步因素。随着新技术、新设备的投入使用,资本的技术构成不断提高,必然要减少对劳动力的需求,从而出现较多失业;同时,技术进步使一些文化技术水平低的工人不能适应新的工作而被淘汰。④劳动市场的组织状况,如劳动力供求信息的完整与迅速性,职业介绍与指导的完善与否,都会影响到自然失业率的变化。⑤劳动市场或行业差别性的增大会提高自然失业率。厂商、行业和地区会兴起和衰落,而劳动者和厂商需要时间来与之适应与配合。这些无疑会引起劳动者的大量流动,增大结构性失业。

(7)说明短期菲利普斯曲线与长期菲利普斯曲线的关系。

【答案要点】

货币主义者认为,在工资谈判中,工人们关心的是实际工资而不是货币工资。当通货膨胀率不太高、工人还没有形成新的通货膨胀预期的时候,失业与通货膨胀之间存在的替代关系就被称为短期的菲利普斯曲线。随着时间的推移,工人们发觉他们的实际工资随物价的上涨而下降,就会要求雇主相应地增加货币工资,以补偿通货膨胀给自己造成的损失。由于工人不断地形成新的通货膨胀预期,使换取一定失业率的通货膨胀率越来越高,菲利普斯曲线不断向右上方移动,最终演变成垂直的菲利普斯曲线,这就是长期的菲利普斯曲线。长期的菲利普斯曲线是由短期的菲利普斯曲线不断运动形成的。

5. 计算题

(1)如果失业率与 GDP 之间满足奥肯定律:$(Y-Y^*)/Y^*=-3^*(U-U_n)$,其中 U 是失业率,U_n 是自然失业率,Y 是 GDP,Y^* 是潜在 GDP。又假定 1991、1992, 1993 年和 1994 年的失业率为 5%、4%、5% 和 6%。若 1993 年的实际 GDP 为 2 000 亿美元,计算当年的潜在 GDP 水平。

【答案要点】

若 1993 年的实际 GDP 为 2 000 亿美元,由已知条件和奥肯法则可得 $(2\,000-Y^*)/Y^*=-3(5\%-6\%)$,解得 $Y^*=1\,941.75$ 也就是 1993 年的潜在 GDP 水平为 1 941.75 亿美元。

6. 分析题

(1)2015 年 4 月 24 日,我国人力资源和社会保障部(简称人社部)称第一季度末城镇登记失业率为 4.05%,同比和环比均小幅下降。就业形势总体平稳。1~3 月,全国城镇新增就业 324 万人,同比减少 20 万人。而此前 4 月 15 日统计局发言人盛来运在第一季度国民经济运行情况新闻发布会上称,统计局内部有一个调查失业率的数据,虽然还没有对外公布,是在 5.1% 左右,总体比较稳定。根据这个资料和本章导言部分的资料,结合本章相关理论,理解与失业率有关的问题。

①上述数据显示,中国失业率自 2000 年以来,基本上都在 4% 左右徘徊,是否可以认为中国的自然失业率就在 4% 左右?

【答案要点】

如果这个数据是真实的,那么自然失业率就在 4% 左右。

②我国近 20 年的经济增长速度在 7%~11% 波动,但是失业率在这段时间内一直稳定在 4% 左右。你怎么看这个问题?

【答案要点】

一方面,中国的劳动供给增长相对于经济增长而言明显有差距,因此失业率维持在 4% 也能说得过去。另一方面,我们需要知道,失业状态可能是结构性的,白领工作职位相对而言供给大于需求,蓝领工作则相反,而我们往往从感受到的数据来理解失业状况,科学的态度是对数据做一个全面细致的分析。

（2）根据中国 1993 年和 2003 年的通货膨胀情况，进行对比分析，说明 2007 年的通货膨胀与前两次通货膨胀在原因上有何不同？

【答案要点】

1993 年的通货膨胀是经济过热导致的，中国生产能力不足，同时经济中存在着投资与消费的饥渴症，投资与消费冲动倒逼中国人民银行发行更多的货币，由此带来 1993 年两位数的通货膨胀，同时也强化了人们的通货膨胀预期，带来抢购风潮。2003 年的通货膨胀原因包括需求拉上和成本推动两方面。一方面在 1996—1997 年亚洲金融危机之后，中国也进入通货紧缩时代，为了应对通货紧缩，国家采取了扩张性的财政政策和货币政策，这些政策到 2003 年开始反映到物价上涨上（CPI 上涨 1.2%），到 2004 年物价上涨到最高（CPI 上涨 3.9%）。这属于需求拉上型通货膨胀。此外，通货紧缩时期因为经济不景气而压低了农产品价格和能源价格，在经济上行时开始恢复性上涨，这本质上还是需求旺盛引起的。另一方面，国际上的原材料和能源价格也开始上涨，推动了国内物价的上涨，这方面带有成本推动型通货膨胀的性质。

（4）不管是什么原因引起的通货膨胀，是否都需要发行过多的货币量配合才会带来通货膨胀？

【答案要点】

弗里德曼有句名言："通货膨胀在任何时候任何地方都是一个货币现象。"也就是说，不管什么样的原因推动价格上涨，如果没有货币扩张配合的话，都不能实现。

三、随堂同步自测

1. 单选题

（1）失业的后果是（　　）。

A. 增加经济的运行成本　　B. 带来产出的损失

C. 影响社会稳定　　D. 以上三项均正确

（2）菲利普斯曲线的基本含义是（　　）。

A. 失业率和通货膨胀率同时上升　　B. 失业率和通货膨胀率同时下降

C. 失业率上升，通货膨胀率下降　　D. 失业率的变动与通货膨胀率的变动无关

（3）经济周期的四个阶段依次是（　　）。

A. 繁荣、衰退、萧条、复苏　　B. 衰退、复苏、繁荣、萧条

C. 萧条、衰退、复苏、繁荣　　D. 繁荣、萧条、衰退、复苏

（4）9~10 年一次的经济周期被称为（　　）。

A. 基钦周期　　B. 朱格拉周期　　C. 康德拉季耶夫周期　　D 库兹涅茨周期

（5）为减少经济中存在的失业，应采取的财政政策工具是（　　）。

A. 增加政府支出　　B. 提高个人所得税　　C. 增加失业保险金　　D. 增加货币供给量

（6）菲利普斯曲线说明（　　）。

A. 通货膨胀导致失业　　B. 通货膨胀是由行业工会引起的

C. 通货膨胀率与失业率之间呈负相关　　D. 通货膨胀率与失业率之间呈正相关

（7）导致经济周期性波动的投资主要是（　　）。

A. 存货投资　　B. 固定资产投资　　C. 意愿投资　　D. 重置投资

（8）加速原理断言（　　）。

A. GDP 的增加导致投资数倍增加　　B. GDP 的增加导致投资数倍减少

C. 投资的增加导致 GDP 数倍增加　　D. 投资的增加导致 GDP 数倍减少

（9）经济之所以会发生周期性波动，是因为（　　）。

A. 乘数作用　　B. 加速数作用

C. 乘数和加速数的交织作用　　D. 外部经济因素的变动

(10)当国民收入在乘数和加速数的作用下趋于下降时,其减少将受到(　　)的影响而放慢。

A. 失业增加　　B. 边际消费倾向下降

C. 加速系数上升　　D. 总投资降为零

(11)(　　)不是宏观经济学所考察的问题。

A. 失业率的上升或下降　　B. 通货膨胀的原因

C. 政府对企业征收庇古税　　D. 价格变动对一国均衡国民收入的影响

(12)宏观经济政策的首要目标是(　　)。

A. 物价稳定　　B. 经济增长　　C. 充分就业　　D. 国际收支平衡

(13)充分就业的含义是(　　)。

A. 人人都有工作,没有失业者　　B. 消灭了需求不足引起的失业的就业状态

C. 消灭了自然失业时的就业状态　　D. 消灭了自愿失业时的就业状态

(14)假设一国人口为 2 000 万,就业人数 900 万,失业人数 100 万,则这国的失业率为(　　)。

A. 11%　　B. 10%　　C. 8%　　D. 5%

(15)周期性失业是指(　　)。

A. 经济中由于正常的劳动力流动而引起的失业

B. 由于总需求不足而引起的短期失业

C. 由于经济中一些难以克服的原因所引起的失业

D. 由于经济中一些制度上的原因引起的失业

(16)根据“奥肯法则”GDP 每增加(　　)时,失业率大约下降 1 个百分点。

A. 2%　　B. 3%　　C. 3.5%　　D. 5%

(17)由于经济萧条而形成的失业属于(　　)。

A. 摩擦性失业　　B. 结构性失业　　C. 周期性失业　　D. 永久性失业

(18)引起摩擦性失业的原因是(　　)。

A. 工资能升不能降的刚性　　B. 总需求不足

C. 经济中劳动力的正常流动　　D. 经济结构的变动

(19)一般用来衡量通货膨胀的物价指数是(　　)。

A. 消费者物价指数　　B. 生产者物价指数　　C. GDP 平均指数　　D. 以上均正确

(20)爬行性的通货膨胀率一般为(　　)。

A. 4%~5%　　B. 6%~10%　　C. 2%~3%　　D. 10% 以上

(21)引起通货膨胀的原因是(　　)。

A. 需求拉上的　　B. 成本推动的　　C. 结构型的　　D. 以上均正确

(22)需求拉上的通货膨胀是指(　　)。

A. 通常用于描述某种供给因素所引起的价格波动

B. 通常用于描述某种总需求的增长所引起的价格波动

C. 表示经济制度已调整过的预期通货膨胀率

D. 以上均不是

(23)短期菲利浦斯曲线的基本含义是(　　)。

A. 失业率和通货膨胀率同时上升　　B. 失业率和通货膨胀率同时下降

C. 失业率上升,通货膨胀率下降　　D. 失业率的变动与通货膨胀率的变动无关

(24)根据菲利普斯曲线,降低通货膨胀率的办法是(　　)。

A. 减少货币供给量　　B. 降低失业率　　C. 提高失业率　　D. 增加财政赤字

(25)以下情况中不可能同时发生的是(　　)。

A. 结构性失业和成本推进型通货膨胀　B. 需求不足失业和需求拉上型的通货膨胀

C. 摩擦性失业和需求拉上型通货膨胀　D. 失业和通货膨胀

(26)经济周期的实质是(　　)。

A. 失业率的波动　B. 利息率的波动　C. 价格水平的波动　D. 国民收入的波动

(27)已知充分就业的国民收入是10 000亿美元,实际国民收入是9 800亿美元,边际消费倾向是80%,在增加100亿美元的投资以后,经济将发生(　　)。

A. 需求拉上的通货膨胀　B. 成本推动的通货膨胀

C. 结构性通货膨胀　D. 需求不足的失业

(28)一个下岗工人等待一年以后重返原单位上班,他这时属于(　　)。

A. 就业　B. 失业　C. 非劳动力　D. 就业不足

(29)某人由于航空业不景气而失去工作,该失业属于(　　)失业。

A. 摩擦性　B. 构造性　C. 周期性　D. 永远性

(30)一个毕业不久的大学生还没有找到工作,这属于(　　)失业。

A. 摩擦性　B. 构造性　C. 周期性　D. 永远性

2. 多选题

(1)按照发生的原因,通货膨胀可分为(　　)。

A. 需求拉上型通货膨胀　B. 成本推动型通货膨胀

C. 爬行型通货膨胀　D. 加速型通货膨胀

E. 结构型通货膨胀

(2)结构型通货膨胀的原因是(　　)。

A. 各经济部门生产率提高的快慢不同

B. 各产业部门的需求状况不断变化

C. 生产率提高慢的部门要求工资增长向生产率提高快的部门看齐

D. 全社会工资增长速度超过生产率增长速度

E. 生产要素从生产率低的部门转移到生产率高的部门

(3)停滞膨胀或者称为"滞胀",它的主要特征是(　　)。

A. GDP 增长缓慢甚至出现负增长

B. 物价上升加快,通货膨胀率一般超过5%甚至更高

C. 失业率上升并且维持在一个高的水平

D. 大多数产品和服务价格持续下跌

E. 某些产品价格上升另一些产品价格下降

(4)西方经济学家提出各种各样的经济周期理论,这些理论主要有(　　)。

A. 消费不足论　B. 投资过度论　C. 货币信用过度论　D."创新"经济周期理论

E. 政治周期理论

3. 判断题

(1)小王刚刚大学毕业,正在找他的第一份工作,他属于摩擦性失业者。　(　　)

(2)一旦实现了充分就业,就不会存在失业了。　(　　)

(3)小王原先在一个炼钢厂工作,但是就在国际竞争导致了产业压缩之时,他失去了工作,因此他属于结构性失业者。　(　　)

(4)自然失业率等于摩擦性失业和结构性失业之和。　(　　)

(5)凯恩斯主义经济周期理论中,货币主义经济周期理论以及理性预期经济周期理论都认为总需求的变化是导致经济周期发生的原因。 ( )

(6)当投资放慢或减少时,经济衰退就开始出现了。 ( )

(7)凡是没有工作的劳动力都是失业者。 ( )

(8)在充分就业时,不存在失业。 ( )

(9)如果经济处在低于充分就业均衡中,就会存在衰退性缺口。 ( )

(10)当经济实现了充分就业时,失业率即自然失业率。 ( )

(11)当失业率等于自然失业率时,就不存在工作寻找。 ( )

(12)效率工资是导致失业现象的一个诱因。 ( )

(13)凯恩斯主义经济周期理论中的推动力是企业对未来销售及利润的预期的变化。 ( )

(14)实际经济周期理论主要从总供给方面解释宏观经济波动。 ( )

(15)失业率等于劳动力中没有工作的人所占的百分比。 ( )

(16)失业率等于失业总人数除以工作年龄人口总数。 ( )

(17)充分就业是指所有的劳动力都有工作的状态。 ( )

(18)在经济周期的衰退阶段失业率会提高。 ( )

(19)摩擦性失业和结构性失业都属于自然失业。 ( )

(20)奥肯定律是描述失业率和通货膨胀率之间存在交替关系的经验性规律。 ( )

(21)某人在失业以后因就业信息不灵而暂时找不到工作,这种失业是自愿失业。 ( )

(22)周期性失业就是总需求不足引起的失业。 ( )

(23)摩擦性失业与劳动力供求状态无关,与市场制度本身相关。 ( )

(24)结构性失业的最大特点是劳动力供求总量大体相当,但却存在着结构性的供求矛盾。 ( )

(25)奥肯定律适用于所有国家。 ( )

(26)经济增长从谷底水平扩张到正常水平称为繁荣阶段。 ( )

(27)经济增长从峰顶水平收缩到正常水平称为萧条阶段。 ( )

(28)在库兹涅茨周期中,与之紧密相关的行业是建筑业。 ( )

(29)熊彼特第二个长周期的标志为电气和化工产业。 ( )

(30)在一定时期内,经济周期是围绕着长期的经济增长趋势而上下波动的。 ( )

4. 问答题

(1)西方经济学是如何解释失业的,失业的影响表现在哪些方面?

(2)如何理解摩擦性失业和结构性失业之间的关系。

（3）通货膨胀分为哪几种类型？西方经济学是如何解释通货膨胀的形成原因的。

（4）经济周期分为哪几种类型？

（5）通货膨胀的经济效应有哪些？

（6）试说明菲利普斯曲线和总供给曲线的关系。

（7）说明短期菲利普斯曲线与长期菲利普斯曲线的关系。

5. 计算题

（1）假设一国经济满足菲利普斯曲线的条件，自然失业率为5%，对通货膨胀的预期为适应性预期，中央银行对下一年的通货膨胀目标为2%。

①如果当前的通货膨胀率为5%，那么中央银行为实现下一年的通货膨胀目标，能够引起的失业率是多少？

②如果中央银行在次年继续保持2%的通货膨胀目标，那么失业率将是多少？

（2）假设给定的菲利普斯曲线 $\pi=\pi_{te}+0.08+0.01\mu-2$

①假设成本利润率 μ 初始为 30%，但随着竞争程度加剧，μ 下降到 10%，那么改变前和改变后的自然失业率分别是多少？

②假设预期通胀率 $\pi te=\theta\pi t-1$，并且暂时令 $\theta=0$，成本利润率为 30%。在第七年，官方决定长期目标失业率为 2%，请确定 t、$t+1$、$t+2$、$t+5$ 年的通胀率。

③参照上问的假设，现在假设在 $t+6$ 年初人们的预期改变，θ 从 0 增长到 1，并且政府保持长期失业率 2% 的目标不变，那么 $t+6$ 和 $t+7$ 年的通胀率分别是多少？

（3）设某经济体某一时期有 1.9 亿成年人，其中 1.2 亿人有工作，0.1 亿人在寻找工作，0.45 亿人没工作但也没在找工作。试求：①劳动力人数；②劳动参与率；③失业率。

（4）设一经济体有以下菲利普斯曲线：$\pi=\pi_{-1}-0.5(u-0.06)$。

试求：①该经济体的自然失业率；

②为使通货膨胀率减少 5 个百分点，必须有多少周期性失业？

6. 分析题

(1)第二次世界大战后美国经济共经历了 11 次周期性波动。每一个经济周期平均时间为 5 年左右。在这 11 次经济周期中,经济的收缩期平均为 11 个月,扩张期为 59 个月。发生在 1929—1933 年的经济大危机时期,其经济的收缩期持续了 43 个月。美国最近的一次经济波动是发生在 2007 年的次贷危机并引发了全球金融危机进而演化成全球经济危机。请依据第二次世界大战后美国经济周期性波动的事实讨论以下几个问题。

①什么是经济周期,宏观经济变量和经济周期特征有何联系?

②西方经济学对经济周期的各种解释能否揭示经济周期形成的真正原因?

③美国的次贷危机是怎样演变为全球金融或经济危机的?有何教训可以借鉴?

四、课程思政案例

为应对新冠肺炎疫情对实体经济的冲击,财政部深入贯彻中央一系列重要指示批示精神,认真落实党中央、国务院决策部署,主动作为、履职尽责,及时出台一系列财税政策措施,坚决支持打赢疫情防控战。

财政政策包括对个人、企业、机关事业单位及地方财政等方面的救助措施。

个人方面提供补助补贴,包括对确诊患者个人负担费用实行财政兜底;对疑似患者和参加疫情防控的工作人员给予定额临时性补助;实施税费优惠;延长创业担保贷款贴息期限。

企业方面提供资金支持,包括保障企业贷款,中央财政给予贴息支持,贴息期限不超过 1 年;对受疫情影响的小微企业,加大各级政府性融资担保,且降低担保和再担保费率,取消反担保要求;提供税费优惠,包括对疫情防控重点保障企业、对受疫情影响较大的交通运输、餐饮、住宿、旅游等行业企业、个体工商户和小微企业、社会捐赠用于应对疫情的现金和物品进行税收减免;此外还包括行政事业性收费和政府性基金减免政策和减免企业社会保险费等措施。

机关事业单位方面,包括对防疫物资免征关税,并且采取政府采购,依法开启"绿色通道"。

地方财政方面,包括阶段性提高地方财政资金留用比例;向地方预拨医疗卫生、稳就业、稳投资、财力补助等方面资金。

问题:请结合所学知识和案例内容分析国家财政政策对降低失业率和抑制通货膨胀有什么积极作用?

第十四章　开放条件下的宏观经济

一、知识思维导图

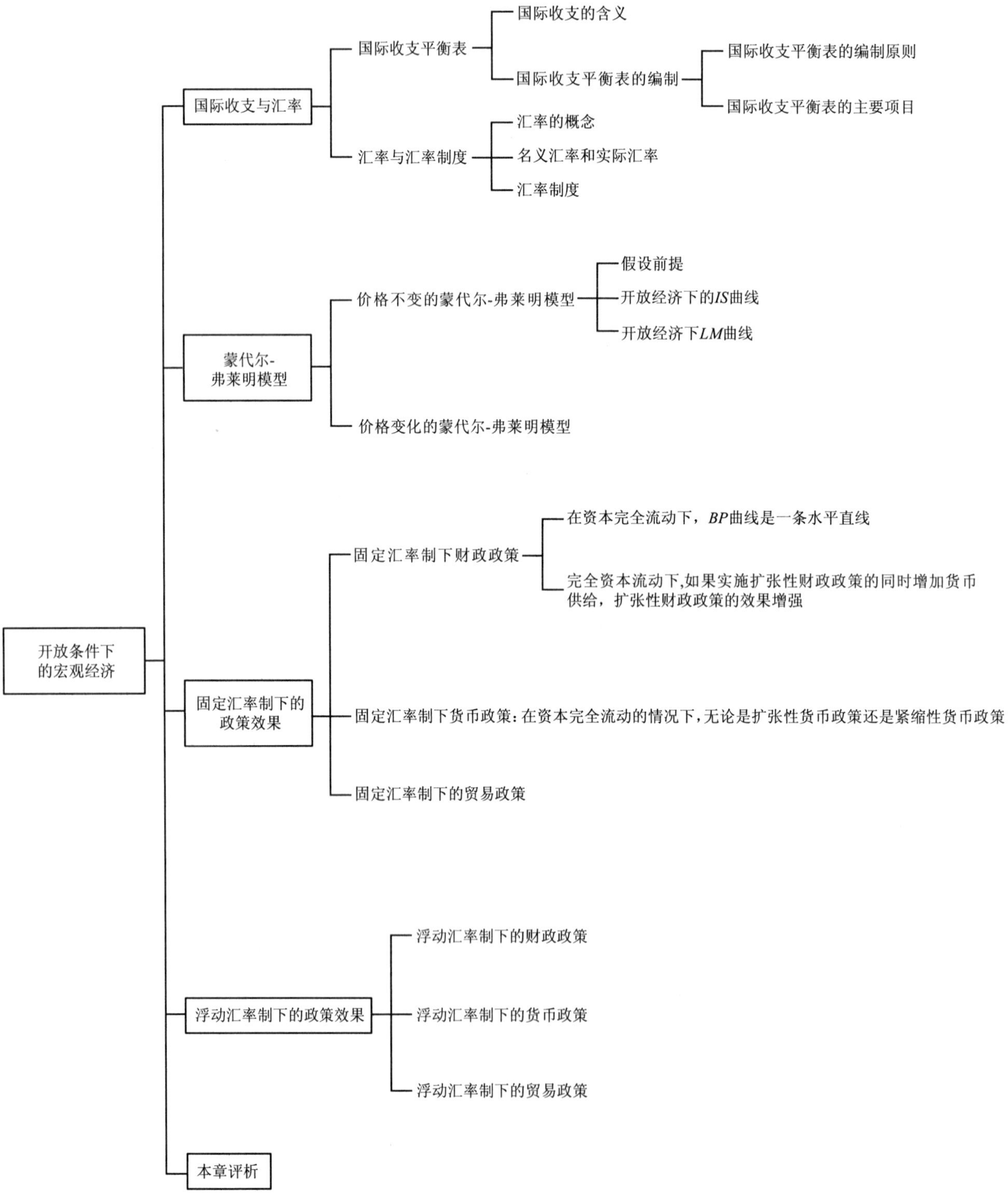

二、典型例题解析

1. 单选题

（1）如果日元兑美元的名义汇率由 100 日元兑 1 美元变为 105 日元兑 1 美元，那么（　　）。

A. 日元兑美元的名义汇率贬值　　B. 日元兑美元的名义汇率升值

C. 日元兑美元的名义汇率不变　　D. 以上都不对

【答案】A

【解析】直接应用名义汇率的定义。

（2）如果在 2020 年日元兑美元的名义汇率由 100 日元兑 1 美元变为 102 日元兑 1 美元，同时日本的 CPI 指数和美国的 CPI 指数分别上升了 5% 和 1%，那么（　　）。

A. 日元兑美元的实际汇率贬值　　B. 日元兑美元的实际汇率升值

C. 日元兑美元的实际汇率不变　　D. 以上都不对

【答案】B

【解析】实际汇率等于名义汇率乘以两个价格的比值，一方面日元的名义汇率贬值了 2%，但是日本的价格相对美国上升了约 4%（即 1%～5%），因此同样数量的货币在日本的购买力下降，在美国的购买力上升，日元出现实际汇率的升值。

（3）假设美国和加拿大政府均不干预汇率和国际资本自由流动，如果美联储下个月对外宣布降息而加拿大央行如预期保持利率水平不变，那么在消息公布后（　　）。

A. 加元兑美元的名义汇率升值　　B. 加元兑美元的名义汇率贬值

C. 加元兑美元的实际汇率贬值　　D. 以上都不对

【答案】A

【解析】在给定条件下，美元和加元之间的利率平价成立。据此，如果美国的利率相对加拿大下降，则美元贬值，加元升值。

（4）如果一个国家选择了严格限制资本跨国自由流动，根据三元悖论的原理（　　）。

A. 该国可以根据泰勒规则调节货币政策　　B. 该国可以根据弗里德曼的 k% 发展调节货币政策

C. 该国可以恢复金本位　　D. 以上都可行

【答案】D

【解析】根据三元悖论，如果一个国家选择了严格限制资本跨国自由流动，可以选择自主货币政策加浮动汇率，或者自主货币政策加固定汇率，在这两种情况下都可以实现货币政策自主，因此 A、B、C 都是可行的选项。

（5）如果一个国家选择了固定汇率兑美元的名义汇率以及资本跨国自由流动，根据三元悖论的原理（　　）。

A. 该国可以根据泰勒规则调节货币政策　　B. 该国可以根据弗里德曼的 k% 发展调节货币政策

C. 该国可以恢复金本位　　D. 以上都不对

【答案】D

【解析】根据三元悖论，在选择了固定汇率以及资本跨国自由流动之后，一国会失去货币政策的自主性，货币政策仅服务于汇率稳定，因此 A、B、C 三个选项都是不可行的。

（6）假设美国和加拿大政府均不干预汇率和国际资本自由流动，如果美联储下个月宣布降息而加拿大央行如预期保持利率水平不变，那么在消息公布后（　　）。

A. 加元兑美元的名义汇率升值　　B. 加元兑美元的名义汇率贬值

C. 加元兑美元的实际汇率贬值　　D. 以上都不对

【答案】A

【解析】在给定条件下,美元和加元之间的利率平价成立。据此,如果美国的利率相对加拿大下降,则美元贬值、加元升值。

(7)假设在未来 30 年中,加拿大的通货膨胀为 30%,日本的通货膨胀为 10%。根据相对购买力平价的理论,在 30 年后(　　)

A. 加元兑日元的名义汇率大约升值 20%　　B. 加元兑日元的名义汇率大约贬值 20%

C. 加元兑日元的名义汇率大约升值 40%　　D. 加元兑日元的名义汇率大约贬值 40%

【答案】B

【解析】相对购买力评价认为,汇率的变动大约等于两国通胀的差,通胀高的国家货币应该贬值,因此加元贬值的幅度约为 30%-10%=20%。

(8)比较今天与 1950 年的美国经济,你会发现今天出口和进口占 GDP 的百分比(　　)。

A. 都提高了　　B. 都降低了

C. 出提高了,进口降低了　　D. 出口降低了,进口提高了

【答案】A

【解析】美国经济的开放程度日益提高,国际贸易与国际金融越来越重要。在 20 世纪 50 年代,美国物品与服务的进口和出口一般占 GDP 的 4%~5%。近年来,出口和进口已经是这个水平的 3 倍。

(9)在一个开放经济中,国民储蓄等于国内投资(　　)。

A. 加国外资本净流出　　B. 减物品与服务净出口

C. 加政府预算赤字　　D. 减国外有价证券投资

【答案】A

【解析】经济中物品与服务产出的总支出是用于消费、投资、政府购买和净出口的支出之和,即 $Y=C+I+G+NX$,可得 $Y-C-G=I+NX$。国民储蓄是在支付了现期消费和政府购买之后剩下的国民收入,可得 $S=Y-C-G$。因此 $S=I+NX$。因为净出口(NX)也等于资本净流出(NCO),所以,也可以把这个式子写为:$S=I+NCO$,即储蓄 = 国内投资 + 资本净流出。

2. 多选题

(1)国际收支平衡表中的项目包括(　　)。

A. 经常项目　　B. 资本项目　　C. 官方储备项目　　D. 差错和遗漏

【答案】ABCD

【解析】国际收支平衡表中的项目包括经常项目、资本项目、官方储备项目、差错和遗漏。

(2)经常项目包括(　　)。

A. 货物的进口和出口　　B. 转移支付项目

C. 投资收入　　D. 旅游收入

【答案】ABCD

【解析】经常项目包括货物(贸易)、服务(无形贸易)、收益和单方面转移(经常转移)四个项目。

(3)人民币由 1 美元兑换 8.28 元人民币升值为 1 美元兑换 8 元人民币,则(　　)。

A. 中国对美国的出口会减少　　B. 缩小中国对美国的贸易顺差

C. 中国对美国的进口会增加　　D. 中国国内的外汇会流出

【答案】ABC

【解析】人民币升值则意味着中国的商品相对价格升高,因而造成出口的减少、进口的增加,出口减少、进口增加缩小了中国对美国的贸易顺差。

（4）下列情况中有利于本国产品的出口是（ ）。

A. 本国货币贬值　　B. 外国发生通货膨胀

C. 外国的国民收入增加　　D. 本国发生通货紧缩

【答案】ABCD

【解析】本国货币贬值，本国商品的相对价格降低；外国发生通胀，外国商品价格上涨，本国商品的相对价格降低；本国发生通货紧缩，本国商品价格降低，价格降低使得需求增加，因而有利于本国产品出口。外国居民收入增加，消费增加，因而有利于本国产品出口。

（5）按照汇率波动幅度的大小，可以将汇率制度分为（ ）。

A. 固定汇率制　　B. 名义汇率　　C. 实际汇率　　D. 浮动汇率制

【答案】AD

【解析】按照汇率波动幅度的大小，可以将汇率制度分为固定汇率制和浮动汇率制。

3. 判断题

（1）如果一国的进口值超过出口值，一国有资本净流出。（ ）

【答案】错误

【解析】净出口（NX）等于资本净流出（NCO），$NX<0$，$NCO<0$，一国有净资本流入。

（2）如果一国通货在外汇市场上价值翻了一番，就可以说这种通货升值。（ ）

【答案】正确

【解析】一国通货在外汇市场上价值翻了一番，其可以交换的另一国通货比率上升，即所能购买到的外国通货量衡量的一国通货的价值增加。因此该通货名义汇率上升，通货升值。

（3）如果一杯咖啡在巴黎为 2 欧元，在纽约为 6 美元，并且购买力平价理论成立，那么汇率是每美元兑 4 欧元。（ ）

【答案】错误

【解析】购买力平价是一种认为任何一单位通货应该能在所有国家买到等量物品的汇率理论。根据购买力平价理论，$e=P^{\circ}/P$（e 为 1 单位本国货币可以购买的外国货币数量，即间接标价法下的汇率），即名义汇率等于外国物价水平（用外国通货单位衡量）与国内物价水平（用国内通货单位衡量）的比率。因此，本题中，汇率为每美元兑 2/6=1/3 欧元。

（4）购买力平价理论认为，一国的通货膨胀高就引起本国通货贬值，而真实汇率不变。（ ）

【答案】正确

【解析】根据购买力平价理论，名义汇率等于外国物价水平（用外通货单位衡量）与国内物价水平（用国内通货单位衡量）的比率，当发生通货膨胀时，本国物价水平上升，名义汇率下降，本国通货贬值。而真实汇率是一个人可以用一国的物品与服务交换另一国的物品与服务的比率，与货币的购买力无关，因此真实汇率不变。

（5）在其他条件不变的情况下，一国的利率上升会减少国内投资和资本净流出。（ ）

【答案】正确

【解析】较高的真实利率鼓励人们更多地储蓄，增加可贷资金的供给量。较高的真实利率也增加了为资本项目筹资而借款的成本，它抑制了投资，并减少了可贷资金的需求量。此外，真实利率上升抑制了本国人购买外国资产，且鼓励了外国人购买该国资产，因此本国较高的真实利率降低了其资本净流出。

（6）在其他条件不变的情况下，一国通货升值会引起出口和进口都减少。（ ）

【答案】错误

【解析】一国通货升值会导致该国物品相对于国外物品变贵了，这使该国物品对国内外消费者的吸引力变小了。结果，该国的出口减少，而进口增加。

（7）在一个开放经济中，政府削减支出以减少预算赤字。结果，利率下降，引起资本流出和真实汇率下降。（　　）

【答案】正确

【解析】预算赤字代表负的公共储蓄，政府削减支出以减少预算赤字，可贷资金的供给增加，利率下降，而较低的利率增加了资本净流出。增加的资本净流出又使外汇市场上美元的供给增加。美元供给的这种增加引起真实汇率下降。

（8）A 国长期限制其高质量的普克珠贝出口，但是，新当选的总统取消了这项出口限制。这种政策的变化将引起该国通货贬值。（　　）

【答案】错误。

【解析】新总统取消出口限制后该国出口增加，外汇市场上对 A 国通货需求增加，A 国通货升值。

（9）国外的内战引起外国投资者在美国为他们的资金寻找安全避难所，引起美国的利率下降以及美元疲软。（　　）

【答案】错误

【解析】外国投资者在美国为他们的资金寻找安全避难所会使美国资本净流入增加，美国的可贷资金需求增加，导致美国利率下降，但在外汇市场对美元的需求增加，美元价值上升，即美元坚挺。

（10）如果英国的企业领导人对英国的经济更有信心，他们的乐观将使他们增加投资，引起英镑升值。（　　）

【答案】正确

【解析】当英国人对本国的经济更有信心时，他们的乐观将使他们增加投资，从而增加了可贷资金的需求，对英镑的需求增加，英镑升值。

4. 问答题

（1）简述国际收支及国际收支平衡表的账户类别。

【答案要点】

①国际收支是指一国在一定时期内从国外收进的全部货币资金和向国外支付的全部货币资金的对比关系。国际收支平衡表是一定时期内，对于一国与他国之间所进行的一切经济贸易加以系统记录的报表。

②根据国际货币基金组织的规定，国际收支平衡表中的项目分为四大类：经常项目、资本项目、官方储备项目、差错和遗漏项目。

③经常项目是指一定时期内经常发生的支付事项。它反映商品、劳务和单方向转让的情况。经常项目包括货物的进口和出口、劳务项目和转移支付项目。劳务项目又可分为投资收入（利息、红利）、旅游收入以及交通业收入等。转移支付项目是指国际间的个人、企业、基金会或政府组织所提供的无须偿还的款项，进出口分为三个更细的类别，第一类是商品贸易，第二类是投资收入，由国际利息、股息和本国在国外经营的企业返回的利润所构成，最后一类是其他服务，例如律师费用、旅行费用和运输费用等。

④资本项目主要是记录国际间的资本流动。资本账户记录着一国资本的输入输出，如政府、国际金融机构、商业银行和跨国公司的投资等。

⑤官方储备项目是指本国金融当局拥有的官方黄金和外汇储备，可用于抵消外汇的量供求。

⑥在实际操作中，国际收支账户很少能到达理论上的平衡状态，通过引入统计误差，账户记录人员使账户人为地达到平衡。

（2）简述浮动汇率制。

【答案要点】

浮动汇率制度是与固定汇率制度相对而言的，一国货币当局不再规定本国货币与外国货币比价和汇率波动的幅度，货币当局也不承担维持汇率波动界限的义务，而听任汇率随外汇市场供求变化自由波动的一种汇率制度。

（3）如果美联储开始大量印发美元，1 美元所能购买的日元数量会有什么变化？为什么？

【答案要点】

如果美联储开始大量印发美元，1 美元所能购买的日元数量会减少。因为美元供给的增加会引起美国物价水平上升，也就引起美元相对日元贬值。

（4）请用你所学的开放宏观经济理论解释人民币对美元升值的内在动力。

【答案要点】

目前人民币对美元升值的内在动力主要有以下几方面。

①中国贸易顺差的持续扩大，外汇储备的不断增长，是人民币升值的根本动力。国际收支逆差表明外汇供不应求，将引起本币贬值，外币升值，反之，本币升值，外币贬值。我国近 10 年来，国际收支始终保持经常项目和资本项目双顺差，从这一因素来看，人民币具有升值压力。

②中国经济增势强劲，经济前景看好是人民币升值的内在动力。中国经济已经连续 5 年实现 10% 的高速增长，而且这一势头还将继续保持下去。尽管中国政府一直在实施宏观调控政策，但到目前为止，全国房价依然保持上涨态势，而中国股市 2006 年涨幅高居第一。这两个市场的火爆繁荣，无疑会促使海外热钱更加积极地涌入中国市易，从而加大人民币升值的压力。

③外汇储备增多。我国目前的外汇储备已经达到 1.5 万亿，并且主要是美元国债的储备对人民币汇率的影响取决于中央银行的意图，目前尚无中央银行要降低储备规模的意图，从而人民币具有升值压力。

④投机活动与市场心理预期。目前，市场上已经形成了对人民币升值的心理预期，国际巨额游资正通过各种途径流入我国，人民币升值的压力进一步加大。

⑤更加开放的中国本土市场，尤其是 QFI 的实施使外国资本具有了流入中国证券市场的合法渠道，外资的流入必将造成人民币的升值压力。

所有这些因素使得人民币在外汇市场上需求增加，人民币需求曲线外移，必然造成人民币升值。

（5）当一个国家发生了资本外逃时，对利率和汇率有什么影响？

【答案要点】

资本外逃使本国利率上升，货币贬值，汇率下降。

（6）汇率变动和净出口变动有何相互影响？

【答案要点】

汇率变动和净出口变动具有以下相互影响的关系。

①汇率的变动会影响净出口的变动，如果本国货币贬值，则本国同类产品在国外市场上的价格下降，具有价格竞争优势。而外国产品在本国市场上的价格升高，不利于销售，从而使本国出口增加，进口减少，净出口额相应增加。反之，如果本国货币升值，则本国同类产品在国外市场上的价格上升，使出口困难；而外国产品在本国市场上的价格下跌，有利于促进销售，使进口增加，从而净出口额相应减少。

②在浮动汇率制度下，净出口变动亦会影响汇率的变动。如果本国的净出口额增加，将使外国资金净流入额增加，外汇供给量增加，需求量减少，外币就会贬值，本国货币升值。反之，如果本国的净出口减少，将使国际间资金净流出额增加，外汇供给量减少，需求量增加，外币就会升值，使本国货币贬值。

5. 计算题

（1）美国汉堡 2 美元一个，日本同等品质的汉堡 1 100 日元一个，美国、日本的实际汇率为 1 个美国汉堡：0.2 个日本汉堡。①求两国的名义汇率是多少？②如果下一年美国的通货膨胀率为 10%，日本的通货膨胀率达 20%，则下一年年底名义汇率会发生什么变化？

【答案要点】

①由实际汇率 $\varepsilon=eP^*/P$，推出 $e=\varepsilon P/P^*$。两国的名义汇率是 $0.2\times1\ 100\div2=110$ 日元 / 美元。

②下一年美国汉堡的价格为 2×(1+10%)=2.2 美元，日本的汉堡价格为 1 100×(1+20%)=1 320 日元，根据 $e=\varepsilon P/P^*$，则名义汇率变为 0.2×1 320÷2.2=120 日元 / 美元。名义汇率上升，美元升值，日元贬值。

6. 分析题

(1)论述固定汇率下货币政策的效果?

【答案要点】

假设在固定汇率下，中央银行经过回收债券以增加货币供给，初始 *LM* 曲线向右移动，这对汇率产生了向下的压力，但是由于按固定汇率交易本币与外币，套利者经过向央行出售本币对汇率下降迅速做出反应，导致货币供给和 *LM* 曲线回到初始水平，并不会对产出产生影响。因此，在固定汇率制度下，实施货币政策通常是无效的。这也就是说，实行固定汇率制度，央行放弃了它对货币供给的控制。

(2)日本一般总有大量贸易盈余。你认为与此最相关的是外国对日本物品的高需求，日本对外国物品的低需求，日本的储蓄率相对于日本的投资较高，还是日本的结构性进口壁垒?解释你的答案。

【答案要点】

日本一般总有大量贸易盈余，主要是因为日本的储蓄率比日本的国内投资高。结果就引起资本净流出较多，相应的净出口也就较多，因而产生了大量的贸易盈余。其他的可能性(如外国对日本物品的高需求、日本对外国物品的低需求、日本对进口的结构性障碍)会影响真实汇率，但不影响贸易盈余。

三、随堂同步自测

1. 单选题

(1)国际收支平衡表中属于经常账户的是(　　)。

A. 服务　　B. 证券投资　　C. 资本性转移　　D. 间接投资

(2)如果欧元与美元的交换比率从 1.1∶1 变为 0.9∶1，则(　　)。

A. 欧元的汇率由 1.1 欧元兑换 1 美元上升到 0.9 欧元兑换 1 美元，美元升值

B. 欧元的汇率由 1.1 欧元兑换 1 美元上升到 0.9 欧元兑换 1 美元，美元贬值

C. 欧元的汇率由 0.9 欧元兑换 1 美元下降到 1.1 欧元兑换 1 美元，美元升值

D. 欧元的汇率由 0.9 欧元兑换 1 美元下降到 1.1 欧元兑换 1 美元，美元贬值

(3)一般情况下，如果国内投资增加导致均衡的国民收入增加，此时会出现(　　)。

A. 减少向其他国家的进口　　B. 增加向其他国家的出口

C. 经常项目余额的减少　　D. 经常项目余额的增加

(4)*BP* 曲线是用于分析国际收支平衡时(　　)两者之间的关系。

A. 国民收入与国际收支差额　　B. 经常项目余额与资本项目余额

C. 国民收入与国内价格总水平　　D. 国民收入与国内利率

(5)中国厂商向美国出口商品，并把所得到的 100 万美元收入存入美国的银行，中国的国际收支平衡表中做如下(　　)的记录。

A. 经常账户、资本账户的借方同时记入 100 万美元

B. 经常账户、资本账户的贷方同时记入 100 万美元

C. 经常账户的借方记入 100 万美元，资本账户的贷方记入 100 万美元

D. 经常账户的贷方记入 100 万美元，资本账户的借方记入 100 万美元

(6)一般情况下，如果本国利率高于世界利率，则(　　)

A. 出口会小于进口　　B. 出口会大于进口

C. 国际资本会流入本国　　D. 国际资本会流出本国

(7)在浮动汇率制下，央行增加货币供给，则(　　)。

A. LM 曲线向左移动　　B. LM 曲线向右移动
C. IS 曲线向左移动　　D. IS 曲线向右移动

(8)在开放经济下,(　　)。
A. IS 曲线比封闭经济下变得更为陡直　　B. IS 曲线比封闭经济下变得更为平坦
C. LM 曲线比封闭经济下变得更为陡直　　D. LM 曲线比封闭经济下变得更为平坦

(9)本国利率水平不变,如果外国的利率水平降低,则会使(　　)。
A. 资本流入减少,国际收支曲线相应地向左移动　　B. 资本流入减少,国际收支曲线相应地向右移动
C. 资本流入增加,国际收支曲线相应地向左移动　　D. 资本流入增加,国际收支曲线相应地向右移动

(10)浮动汇率制和资本完全流动下,(　　)政策更能促使国民收入增加。
A. 扩张性的财政政策　　B. 扩张性的货币政策　　C. 紧缩性的财政政策　　D. 紧缩性的货币政策

(11)如果英镑的汇率是 2 美元,那么美元的汇率是(　　)。
A. 2 英镑　　B. 1 英镑　　C. 0.5 英镑　　D. 无法确定

(12)对英镑和美元两种货币来说,如果英镑的汇率上升,那么美元的汇率将(　　)。
A. 上升　　B. 下降
C. 不定,尚需考虑其他因素　　D. 两者之间没有关系

(13)直接标价法下人民币对美元的汇率上升,将使(　　)。
A. 中国商品相对便宜,美国增加对中国商品的进口
B. 中国商品相对便宜,中国增加对美国商品的进口
C. 中国商品相对昂贵,美国增加对中国商品的出口
D. 中国商品相对昂贵,中国增加对美国商品的出口

(14)在外汇市场中,(　　)是美元的需求者。
A. 进口国外商品的美国厂商　　B. 向美国慈善性捐款的外国人
C. 到国外旅游的美国人　　D. 获得美国公司股息的外国人

(15)在外汇市场中,(　　)是英镑的供给者。
A. 购买美国股票的英国人　　B. 到英国旅游的美国人
C. 进口英国商品的美国人　　D. 把在美国获得的利润汇回英国的英国人

(16)日元对美元升值,将导致(　　)。
A. 美元对日元的升值
B. 降低日本市场上美国商品的价格
C. 美国增加对日本商品的进口,减少对日本商品的出口
D. 对日元需求量的减少,对美元需求量的增加。

(17)如果本国货币升值,可以使(　　)。
A. 本国的进、出口都增加　　B. 本国的出口增加,进口减少
C. 本国的进口增加,出口减少　　D. 本国的进、出口都减少

(18)某中国厂商把向美国出口商品所得的 10 万美元的收入存入美国的银行,这样应该在本国国际收支平衡表中作(　　)的反映。
A. 经常账户、资本账户的借方同记入 10 万美元
B. 经常账户、资本账户的贷方同记入 10 万美元
C. 经常账户借方 10 万美元,资本账户贷方记入 10 万美元
D. 经常账户贷方 10 万美元,资本账户借方记入 10 万美元

(19)一家德国厂商在美国出售 50 万美元的长期政府债券,然后将其暂时存入美国的银行,这样应该在美国国际收支平衡表中作(　　)的反映。

A. 经常账户、资本账户的借方同记入 50 万美元

B. 经常账户、资本账户的贷方同记入 50 万美元

C. 资本账户的短期资本项目借方、长期资本项目贷方分别记入 50 万美元

D. 资本账户的长期资本项目借方、短期资本项目贷方分别记入 50 万美元

(20)国际收支平衡意味着(　　)。

A. 国际收支平衡表的借方、贷方余额不等　　B. 经常账户与资本账户的余额不等

C. 商品、劳务的进出口额不等　　D. 资本流出与流入额不等

(21)国际收支逆差将导致(　　)。

A. 黄金、外汇储备减少　　B. 本国货币贬值

C. 国内产出水平下降　　D. 以上各项均正确

(22)美国工资率较高,但它在国际贸易中很多商品都不需要借助关税壁垒来抵御那些来自劳动廉价国家的竞争,这是因为(　　)。

A. 美国的劳动生产率较高,抵消了高工资率的影响

B. 美国的消费者偏好于本国产品

C. 美国的出口大于进口

D. 国外市场对美国产品的需求更大

(23)在开放经济中,(　　)不是政府宏观政策的最终目标。

A. 国际收支平衡　　B. 不存在贸易逆差或顺差

C. 经济均衡增长　　D. 消除通货膨胀

(24)决定国际间资本流动的主要因素是各国的(　　)。

A. 收入水平　　B. 利率水平　　C. 价格水平　　D. 进、出口差额

(25)*BP* 曲线是用以考察国际收支平衡时(　　)两个宏观经济变量间的关系。

A. 国民收入水平与利率水平　　B. 国民收入水平与价格水平

C. 国民收入水平与净出口额　　D. 国民收入水平与国际收支差额

(26)如果本国货币贬值,出口增加,进口减少,*BP* 曲线将会发生(　　)的变动。

A. 均衡点沿 *BP* 曲线移动　　B. *BP* 曲线变得更平坦

C. *BP* 曲线向右方移动　　D. *BP* 曲线向左方移动

(27)与封闭经济相比,在开放经济中政府的宏观财政政策的作用将(　　)。

A. 更大,因为总需求方加入净出口后使支出乘数增大

B. 更小,因为总需求方加入净出口后使支出乘数变小

C. 不变,因为总需求方加入净出口后对支出乘数没有影响

D. 以上说法都不对

(28)政府采取紧缩性的财政、货币政策后,对本国的国内外均衡会产生一定影响,(　　)的影响是不可能出现的。

A. 国内失业率上升　　B. 国际收支状况恶化

C. 资本外流减少　　D. 投资减少

(29)如果一国处于国内均衡,但国际收支有盈余的状况,这时最适宜采用(　　)宏观调节政策。

A. 紧缩性的财政政策　　B. 紧缩性的货币政策

C. 扩张性财政政策与紧缩性货币政策　　D. 调低汇率,使货币升值

(30)如果一国处于失业,国际收支有赤字的状况,这时最适宜采用(　　)宏观调节政策。

A. 增加政府的财政支出　　B. 扩大货币供应总量

C. 降低税率政策　　D. 提高汇率,使货币贬值。

2. 多选题

(1)当本国产品和劳务价格相对下降时,(　　)。

A. 本国产品和劳务在国际市场上的竞争力会提高

B. 出口会增加

C. 资本会流出

D. 国际收支曲线会相应地向右移动

(2)关于国际收支曲线的斜率,下列说法正确的是(　　)。

A. 一个国家的边际进口倾向越小,*BP* 曲线就越平坦

B. 资本净流出对利率越敏感,*BP* 曲线就越平坦

C. 资本净流出对利率越不敏感,*BP* 曲线就越平坦

D. 资本流动完全不受限制的情况下,*BP* 曲线为一条水平线

(3)在 *IS* 曲线、*LM* 曲线和 *BP* 曲线的三线交点处,经济状况是(　　)。

A. 产品市场处于均衡　B. 货币市场处于均衡　C. 国际收支处于均衡　D. 劳动力市场处于均衡

(4)一国的 *BP* 曲线比 *LM* 曲线陡峭,国内失业、国际收支逆差,为了达到内外平衡,可以同时采取(　　)。

A. 紧缩性财政政策　B. 紧缩性货币政策　C. 扩张性财政政策　D. 扩张性货币政策

(5)一国内部已实现充分就业,但国际收支顺差,为了达到外部平衡,可以同时采取(　　)。

A. 紧缩性财政政策　B. 紧缩性货币政策　C. 扩张性财政政策　D. 扩张性货币政策

(6)在固定汇率制下,增加政府购买,则(　　)。

A. *IS* 曲线向左移动　B. *IS* 曲线向右移动　C. *LM* 曲线向左移动　D. *LM* 曲线向右移动

(7)当本国产品和劳务价格相对下降时,(　　)。

A. 本国产品和劳务在国际市场上的竞争力会提高

B. 出口会增加

C. 资本会流出

D. 国际收支曲线会相应地向右移动

(8)国际收支平衡表(　　)。

A. 是按复式簿记原理编制的　B. 每笔交易都有借方和贷方账户

C. 借方总额与贷方总额一定相等　D. 借方总额与贷方总额并不相等

(9)国际收支出现顺差会引起本国(　　)。

A. 本币贬值　B. 外汇储备增加　C. 国内经济萎缩　D. 国内通货膨胀

(10)在直接标价法下,如果一定单位的外国货币折成的本国货币数额增加,则说明(　　)。

A. 外币币值上升,外币汇率上升　B. 外币币值下降,外汇汇率下降

C. 本币币值上升,外汇汇率上升　D. 本币币值下降,本币汇率下降

3. 判断题

(1)国际收支平衡表中的经常项目包括移民转移、债务减免等大笔的资本性转移。(　　)

(2)开放经济中的均衡并不要求出口和进口相等,只要能通过适量有效的资本交易来抵消外贸顺差或逆差。(　　)

(3)*BP* 曲线是用以考察国际收支平衡时国民收入水平与价格水平两个经济变量之间的关系。(　　)

(4)如果本国收入提高,则净出口会下降。(　　)

(5)若进口增加,则 *IS* 线右移。(　　)

(6)货币就是现金。(　　)

(7)*IS* 曲线和 *LM* 曲线相交时所形成的均衡收入一定是充分就业的国民收入。 (　　)

(8)价格水平不变而名义货币供给增加,或名义货币供给不变而价格水平下降,都会使 *LM* 曲线向右移动。 (　　)

(9)宏观经济学教科书都认为,"*IS* 曲线和 *LM* 曲线把坐标平面分成四个区域:Ⅰ、Ⅱ、Ⅲ、Ⅳ,在这四个区域中都存在产品市场和货币市场的非均衡状态"。 (　　)

(10)*IS* 曲线向右移动会增加国民收入并提高利率。 (　　)

(11)在实行直接标价法条件下,汇率升高的国家的商品变得更便宜;在实行间接标价法条件下,汇率升高的国家的商品变得更昂贵。 (　　)

(12)两种货币的名义汇率可以说明一种货币的购买力。 (　　)

(13)本币贬值,会引起 *IS* 曲线向下移动。 (　　)

(14)在实行间接标价法条件下,实际汇率升高后,净出口会相应减少,减少的幅度和速度主要取决于进出口商对相对价格变动的敏感程度或反应速度。 (　　)

(15)凡是引起外国人对美国产品和资产需求减少的因素,就会引起美元需求曲线左移,美元贬值;凡是引起美国居民对外国产品和资产需求减少的因素,就会引起美元需求曲线右移,美元升值。 (　　)

(16)汇率是本国货币与外国货币之间的价值对比,因而汇率的变动不会影响国内的物价水平。(　　)

(17)在开放经济下,*IS* 曲线的初始位置比封闭经济下的初始位置发生了右移。 (　　)

(18)开放经济中,在固定汇率制度下,经常账户余额不能直接通过汇率的变动自动调整为平衡。 (　　)

(19)一个小国的资本完全流动并且实行固定汇率制,则该国调控货币余额的政策无效。 (　　)

(20)*BP* 曲线的斜率主要受资本流动性对汇率调整的敏感程度。 (　　)

4. 问答题

(1)什么是名义汇率?

(2)简述汇率的两种标价法。

(3)什么是固定汇率制?

（4）简述国际收支平衡表的基本结构及其编制原则？

（5）为什么 *IS* 曲线向右下方倾斜？

（6）为什么 *LM* 曲线向右上方倾斜？

（7）什么是 IS-LM-BP 模型？

（8）在 IS-LM 模型中，保证产品市场和货币市场可以自动维持均衡的经济机制是什么？

（9）什么是外汇汇率？其标价方法主要有哪几种？

（10）简述利率平价理论的主要内容。

5. **计算题**

（1）假设欧元与人民币的汇率为1欧元兑换8.5元人民币。试计算：

①用直接标价法和间接标价法表示人民币的汇率；

②一双425元人民币的皮鞋的欧元价格；

③一台1 000欧元的电脑的人民币价格。

（2）假设一国的宏观经济模型为：消费C为$140+0.8Y_D$（Y_D是指可支配收入），投资I为50，政府支出G为50，转移支付TR为10，税收T为$60+0.2Y$，出口X为50，进口M为$100+0.14Y$。（单位：100亿元）

求：①该国均衡的国民收入；

②该国处于均衡国民收入时的对外贸易余额。

（3）假设一国的宏观经济在封闭条件下，宏观经济模型为：消费C为$300+0.8Y_D$，投资I为100，政府支出G为32，转移支付TR为10，税收T为$50+0.25Y$；该国对外开放贸易后，其宏观经济模型为：消费C为$300+0.8Y_D$，投资I为100，政府支出G为32，转移支付TR为10，税收T为$50+0.25Y$，出口X为200，进口M为$20+0.1Y$。（单位：100亿元）

求：①该国在封闭经济条件下均衡的国民收入和投资乘数；

②该国在开放经济条件下均衡的国民收入和投资乘数。

（4）假设一国的宏观经济在开放经济条件下，宏观经济模型为：消费 C 为 $800+0.8Y_D$，投资 I 为 $900-50r$（r 为国内利率），政府支出 G 为 32，转移支付 TR 为 10，税收 T 为 $50+0.25Y$，出口 X 为 200，进口 M 为 $100+0.1Y$，货币供给的实际余额 M/P 为 500，货币需求 L 为 $0.25Y-100r$。（单位：100 亿美元）

求：①该国在开放经济条件下的 IS 曲线和 LM 曲线；

②该国在开放经济条件下产品市场与货币市场同时均衡的国民收入和对外贸易余额。

（5）假设一国的宏观经济在开放经济条件下，宏观经济模型为：消费 C 为 $900+0.8Y_D$，投资 I 为 $1\,000-50r$，政府支出 G 为 72，转移支付 TR 为 10，税收 T 为 $100+0.25Y$，出口 X 为 400，进口 M 为 $100+0.1Y$，货币供给的实际余额 M/P 为 500，货币需求 L 为 $0.25Y-100r$，资本的净流出函数 F 为 $50-100r$。（单位：100 亿美元）

求：①该国在开放经济条件下的 BP 曲线；

②该国在开放经济条件下产品市场与货币市场同时均衡时的国民收入以及国际收支。

（6）假设一两部门经济由下述关系描述：消费函数 $C=100+0.8Y$，投资函数 $I=150-6r$，货币需求函数 $L=0.2Y-4r$，设 P 为价格水平，货币供给 $M=150$。（单位：亿美元，r 单位：%），试求：

①总需求函数；

②若 $P=1$，均衡国民收入与利率各为多少？

6. **分析题**

(1)固定汇率制下国际收支逆差的调整。

(2)为什么国际收支账户经常为零?

(3)论述影响 *BP* 曲线位移的因素。

(4)论述浮动汇率制下财政政策对汇率的影响。

(5)论述固定汇率制与浮动汇率制下汇率的决定。

(6)在市场经济中,如何使国际收支自动得到调节?

(7)金本位制度下国际收支的自动调节机制?

（8）什么是开放经济下的一价定律？它的成立条件是什么？

四、课程思政案例

人民网北京2022年4月8日电（记者杜燕飞）国家外汇管理局7日公布的最新外汇储备规模数据显示，截至2022年3月末，我国外汇储备规模为31 880亿美元，较2月末下降258亿美元，降幅为0.8%。

谈及我国外汇储备规模变动的原因，国家外汇管理局副局长、新闻发言人王春英表示，2022年3月，我国跨境资金流入总体回升，外汇市场供求延续基本平衡。国际金融市场上，受主要国家货币政策、地缘政治局势、新冠肺炎疫情等因素影响，美元指数上涨，主要国家债券价格总体下跌。

“外汇储备以美元为计价货币，非美元货币折算成美元后金额减少，与资产价格变化等因素综合作用，当月外汇储备规模下降。”王春英表示。

在民生银行首席研究员温彬看来，今年3月末，我国外汇储备规模较2月末有所回落，主要由于估值因素引起。未来，我国经济长期向好的基本面没有改变，我国外汇储备规模有基础继续保持稳定。

温彬认为，今年前两个月我国工业增加值、投资、消费等主要宏观数据实现了较快增长，反映出政策逐渐发挥效果。近期，国家进一步部署加大力度支持稳增长的举措，减税降费、科技创新等政策有望加快落地实施，有助于为实体经济纾困，保持经济运行在合理区间，这将对外汇储备规模保持稳定形成支撑。

王春英表示，当前全球疫情仍处于大流行阶段，外部环境更趋复杂严峻，国际金融市场波动性加大。但我国坚持稳中求进工作总基调，统筹疫情防控和经济社会发展，经济韧性强、长期向好的基本面不会改变，将支撑外汇储备规模保持总体稳定。

问题：请结合所学知识和案例内容分析国家宏观经济政策对我国金融市场有何影响？

第十五章　宏观经济政策

一、知识思维导图

- 宏观经济政策
  - 宏观经济政策目标
    - 宏观经济政策目标体系
      - 充分就业
      - 稳定物价
      - 经济增长
      - 国际收支平衡
    - 宏观经济政策目标的抉择
      - 四个目标具有一致性和互补性，但也存在着矛盾和冲突
      - 宏观经济政策的目标抉择主要是短期稳定
  - 财政政策
    - 财政政策工具
      - 政府为了实现既定的政策目标所选择的操作手段
      - 政府支出
      - 政府收入
    - 自动稳定器和相机抉择的财政政策
    - 财政政策效应——挤出效应：政府开支增加所引起的私人消费或者投资支出减少
  - 货币政策
    - 货币政策工具
      - 公开市场业务（最常用、最重要）
      - 法定准备金率
      - 再贴现率
      - 信用控制、道义劝告和窗口指导
    - 基础货币、货币乘数和货币供给
      - 基础货币和货币基础
      - 基础货币由银行体系的法定准备金、超额准备金、库存现金以及银行体系之外的居民手持现金四部分构成
      - 货币供应量=基础货币×货币乘数
    - 货币政策效应
      - 货币政策的扩张性或者收缩性的变动可以反映在*LM*曲线的移动上
      - *IS*曲线的斜率不同，影响货币政策效应的主要原因是投资需求的利率弹性不同
    - “相机抉择”和“规则”之争
      - 相机抉择：应该充分发挥政府财政和货币部门的作用，积极主动地对宏观经济波动进行干预，以促进经济稳定
      - 坚持规则
  - 财政政策和货币政策的局限性与协调
    - 财政政策的局限性
      - 财政政策的时滞
      - 经济形势的不确定性
      - 实施财政政策，存在公众的阻力
      - 公众预期对政策效果的影响
    - 货币政策的局限性
      - 效果具有短期性
      - 货币政策的时滞
      - 货币流通速度的变动
    - 财政政策和货币政策的协调
      - 财政政策和货币政策协调的客观性
      - 财政政策和货币政策的协调，IS-LM模型分析
  - 供给管理政策
    - 人力政策
      - 通过对人力资源的优化配置，增加就业，促进经济增长的政策
      - 形成的客观社会条件
        - 劳动力结构自身的因素
        - 经济结构变化
        - 劳动力市场信息不对称
        - 新加入劳动力市场的劳动者
      - 主要措施
        - 人力资本投资
        - 完善劳动力市场
        - 协助劳动力进行流动
    - 收入政策
      - 政府通过某种行政措施强制性或非强制性的限制工资和价格的政策
      - 目的是制止工资成本推动的通货膨胀
      - 理论基础是成本推动的通货膨胀理论
      - 主要类型
    - 指数化政策
      - 工资指数化
      - 税收指数化
      - 利率指数化
  - 本章评析

二、典型例题解析

1. 单选题

（1）紧缩性货币政策的运用会导致（　　）。

A. 减少货币供给量，降低利率　　B. 增加货币供给量，降低利率

C. 减少货币供给量，提高利率　　D. 增加货币供给量，提高利率

【答案】C

【解析】紧缩性货币政策也称紧的货币政策，是指政府通过减少货币供给，提高利率，进而减少私人投资，抑制总需求的方法来达到抑制经济的过快增长和通货膨胀、稳定价格水平的目的而实行的紧缩经济的政策。

（2）货币供给指的是某一时间点上的（　　）。

A. 当前通货与硬币的总和　　B. 流量变量

C. 所有在任何地方都被作为交换媒介接受的东西　　D. 存量变量

【答案】D

【解析】货币供应量，是指一国在某一时点上为社会经济运转服务的货币存量，它由包括中央银行在内的金融机构供应的存款货币和现金货币两部分构成。

（3）根据税收指数化，原免征税额为 1 000 元，当通货膨胀为 10% 时，免征税额比较合理的是（　　）。

A. 2 000　　B. 1 100　　C. 900　　D. 500

【答案】B

【解析】税率等级可按通货膨胀率相应进行调整，因是通货膨胀而不是通货紧缩，C 和 D 选项不对，A 选项调整结果大于通货膨胀为 10% 时太多，也不对。因此选项 B 正确。

（4）随着（　　），货币的交易性需求下降。

A. 实际利率减少　　B. 名义收入减少

C. 价格水平的倒数下降　　D. 货币流通速度下降

【答案】B

【解析】交易性货币需求是为满足日常交易活动所要求持有的货币余额。名义收入减少，从单个消费者来看，消费者持有货币减少就是购买能力减少；从整个宏观经济来看，名义收入减少即总产出也减少，说明生产要素市场需要更少的货币进行设备、原材料等商品的交换，从而意味着总体货币需求减少。

（5）假设边际税率为 0.2，政府购买增加为 200 亿美元，*IS* 曲线向右移动 400 亿美元，那么，边际消费倾向为（　　）。

A. 0.275　　B. 0.5　　C. 0.625　　D. 0.9

【答案】C

【解析】边际消费倾向是消费增减量与可支配收入增减量之比值，表示每增加或减少一个单位的可支配收入时消费的变动情况。$\Delta Y=\Delta G/[1-\beta(1-t)]$，代入数据 $400=200/[1-\beta(1-0.2)]$，解得 $\beta=0.625$。因此选项 C 正确。

（6）经济中存在大量失业时，合理的财政政策工具是（　　）。

A. 减少税收　　B. 提高个人所得税　　C. 提高公司所得税　　D. 增加货币发行量

【答案】A

【解析】在经济萧条时期，总需求小于总供给，经济中存在失业，政府就要通过扩张性的财政政策来刺激总需求，以实现充分就业。扩张性的财政政策包括增加政府支出与减少税收。因此 A 选项正确。

（7）持有货币的机会成本是（　　）。

A. 汇率　B. 流通速度　C. 通货膨胀　D. 利率

【答案】D

【解析】机会成本是指企业或个人从事某项经营活动而放弃另一项经营活动所放弃的最高收入，故持有货币就放弃了将货币存入银行以产生利息，故损失了银行利息，即名义利率，因此D选项正确；货币流通速度是指货币供给与经济总收入的比率，与机会成本无关，故A选项错误；股票为风险投资商品，其投资回报率不是一个固定不变的利率，不是货币的机会成本，故B选项错误；机会成本不考虑通货膨胀，故C选项错误。

（8）扩张性财政政策的本质是（　　）。

A. 货币供给扩张　B. 政府规模扩大　C. 物价更稳定　D. 增加GDP

【答案】D

【解析】扩张性财政政策是国家通过财政分配活动刺激和增加社会总需求的一种政策行为，又称膨胀性财政政策，指主要通过减税、扩大财政赤字的财政分配方式，增加和刺激社会总需求，因此D选项正确。

（9）紧缩性财政政策的本质是（　　）。

A. 货币供给紧缩　B. 政府规模缩小　C. 实现物价稳定　D. 减少GDP

【答案】D

【解析】紧缩性财政政策，是指主要通过增税、减支进而压缩赤字或增加盈余的财政分配方式，减少和抑制社会总需求，因此D选项正确。

10. 货币政策的工具不包括（　　）。

A. 公开市场业务　B. 法定准备金率　C. 再贴现率　D. 政府支出

【答案】D

【解析】本题考察的是货币政策的工具。货币政策的工具包括公开市场操作、法定准备金率和再贴现率，而政府支出属于财政政策工具，因此货币政策工具不包括政府支出。因此，本题的正确选项是D。

2. **多选题**

（1）国家宏观调控的政策目标一般包括（　　）。

A. 充分就业　B. 稳定物价　C. 经济稳定　D. 国际收支平衡

【答案】ABD

【解析】国家宏观调控的政策目标一般包括充分就业、稳定物价、经济增长、国际收支平衡。因此C选项不符合。

（2）财政政策工具中的政府支出包括（　　）。

A. 失业保险　B. 净利息支付　C. 政府修建公路　D. 养老金

【答案】ABCD

【解析】政府支出包括政府购买、转移支付、净利息支付等。A和D选项属于转移支付，C选项属于政府购买。

（3）财政政策挤出效应的大小与下列（　　）因素有关。

A. 税收率变大　B. 利率上升

C. 货币需求对产出水平的敏感程度　D. 货币需求对利率变动的敏感程度

【答案】BCD

【解析】财政政策挤出效应的大小与支出乘数的大小、货币需求对产出水平的敏感程度、货币需求对利率变动的敏感程度有关。

（4）中央银行间接调控金融市场的三大货币工具包括（　　）。

A. 改变准备金水平　B. 法定准备金率　C. 买卖政府债券　D. 再贴现率

【答案】ABCD

【解析】三大货币工具包括法定准备金率、再贴现率、公开市场业务。

（5）下列说法正确的有（　　）。

A. *IS* 曲线越陡峭财政政策效果越小

B. *IS* 曲线越陡峭财政政策效果越大

C. 当货币供给量增加，*LM* 曲线比较平坦时，货币政策效用较小

D. 当货币供给量增加，*LM* 曲线比较平坦时，货币政策效用较大

【答案】BC

【解析】首先，*IS* 曲线陡峭时，投资对于利率的敏感程度越小，财政政策导致的挤出效应就相应较小，财政政策的效果越大，选项 B 正确。其次，*LM* 曲线比较平坦时，即斜率较小，表示货币需求的利率弹性较大，即利率的较小变动会引起货币需求的较大变动。因此，当 *LM* 曲线由于增加货币供给量的扩张性货币政策而向右移动时，斜率较小的 *LM* 曲线引起利率下降幅度较小，投资增加较少，从而国民收入较少，即货币政策效应较小，选项 C 正确。

（6）若经济处于凯恩斯区域，实施扩张性的财政政策，将会（　　）。

A. 增加收入　　B. 降低利率　　C. 减少收入　　D. 利率不变

【答案】AD

【解析】在凯恩斯区域，可以使收入水平在利率不变的情况下提高，因此财政政策在此时有很大的效果。

3. 判断题

（1）国家宏观调控的政策目标一般为充分就业、稳定物价、经济增长和国际收支平衡。（　　）

【答案】正确

【解析】本题考察的是宏观经济政策的目标，国家宏观调控的政策目标一般为充分就业、稳定物价、经济增长和国际收支平衡。因此，本题的判断结果为正确。

（2）充分就业就是指所有人都有工作，都处于就业状态。（　　）

【答案】错误

【解析】本题考察的是充分就业的含义。充分就业包含两层含义：一是指一切生产要素都有机会以自己愿意的报酬参加生产的状态，也就是劳动力和生产设备都达到充分利用的状态；二是狭义上指总失业率等于自然失业率的状态。也即充分就业是允许有失业存在的，并不是人人都有工作，处于就业状态。因此，本题的判断结果为错误。

（3）稳定物价指的是所有商品的价格维持在一个稳定不变的水平上。（　　）

【答案】错误

【解析】本题考察的是稳定物价的含义。稳定物价是指通过宏观经济政策使某一时期内的一般物价水平保持相对的稳定。稳定物价不是指个别商品的价格，而是物价总水平，不是指维持稳定不变的价格水平，而是把物价上涨控制在一定幅度内。因此，本题的判断结果为错误。

（4）政府支出指一国在一定时期内各级政府的支出总和。（　　）

【答案】正确

【解析】本题考察的是政府支出的含义，政府支出指一国在一定时期内各级政府的支出总和。因此，本题的判断结果为正确。

（5）当经济衰退时，可削减政府支出、减少购买，以维持经济稳定。（　　）

【答案】错误

【解析】本题考察的是相机抉择的财政政策。在经济衰退、总需求不足时，可以通过政府扩大对产品和服务的支出购买来刺激消费，让经济复苏。因此，本题的判断结果为错误。

（6）从 IS-LM 模型上看，财政政策效应指的是 LM 曲线移动对国民收入变动的影响。（　　）

【答案】错误

【解析】本题考察的是财政政策效应。从 IS-LM 模型上看，财政政策效应指的是 IS 曲线移动对国民收入变动的影响。因此，本题的判断结果为错误。

（7）法定准备金率是指中央银行在对商业银行办理贴现贷款时所收取的利率。（　　）

【答案】错误

【解析】本题考察的是法定准备金率的含义。法定准备金率指的是银行法（或中央银行）所规定的金融机构（商业银行）所吸收的存款中必须向中央银行缴存的准备金比例。而题目中的描述是再贴现率的表述。因此，本题的判断结果为错误。

（8）一般来讲，当经济过热时，为了减少货币供应量，中央银行可以采用降低再贴现率的手段来达到目的。（　　）

【答案】错误

【解析】本题考察的是再贴现率的运用。当经济过热时，市场上货币流通量过多，此时，中央银行可以提高再贴现率，使得商业银行向中央银行的借款减少，商业银行信贷规模缩减，从而减少货币供应量。因此，本题的判断结果为错误。

（9）基础货币即流通中的现金。（　　）

【答案】错误

【解析】本题考察的是基础货币的含义。基础货币是构成市场货币供应量的基础，从用途上看，基础货币表现为流通中的现金和商业银行的准备金；从数量上看，基础货币由银行体系的法定准备金、超额准备金、库存现金以及银行体系之外的居民手中持有现金等四部分构成。因此，本题的判断结果为错误。

（10）货币政策在短期内可以起到刺激经济的作用，但是在长期中刺激效果会失效或不明显。（　　）

【答案】正确

【解析】本题考察的是货币政策的局限性。货币政策的效果具有短期性，即货币政策在短期内可能起到刺激经济的作用，但在长期中这种刺激可能会失效。因此，本题的判断结果为正确。

4. 问答题

（1）简述货币政策的目的以及它们之间的相互关系。

【答案要点】

货币政策目标一般包括经济增长、充分就业、稳定币值和物价以及国际收支平衡四个方面。货币政策四个目标之间既是统一的，又有矛盾之处。如充分就业与经济增长是正相关，经济增长，就业则相应增加；为了刺激经济增长和减少失业，实行货币扩张政策，会带来货币贬值和物价上涨的通货膨胀局面。

（2）平衡预算的财政思想和功能财政思想有何主要区别？

【答案要点】

平衡预算的财政思想指财政收入与支出相平衡，财政预算盈余等于零的财政思想。功能财政思想是一种积极的财政预算思想，政府财政预算的主要目标是促进经济在价格稳定下的充分就业增长，政府可以采取相机抉择的财政政策。平衡预算思想和功能财政思想的主要区别在于前者强调财政收支平衡，把预算平衡作为预算目标。而后者则强调充分就业，认为财政预算的平衡与否本身不是目的，而只是实现无通货膨胀的充分就业经济增长的手段。

（3）在何种情况下应较多地运用财政政策来调节国民经济？

【答案要点】

根据财政政策乘数公式，当 IS 曲线比 LM 曲线弹性小时，运用财政政策来调节国民经济的效果较好。

（4）若经济处于“古典区域”，应该采取何种政策？

【答案要点】

若经济处于"古典区域"，则 LM 曲线呈垂直状态。此时，扩张性财政政策的挤出效应非常大，财政政策对收入几乎没有影响，而货币政策效果比较明显。

（5）财政政策具有哪些局限性？

【答案要点】

首先，财政政策具有时滞性。财政政策在完全发挥达到最终目标之前必定存在一定的时间间隔，即"时滞"，这种"时滞"包括识别时滞（即对经济数据的收集和分析、宏观经济指标变量的衡量需要耗费的时间）、决策时滞（即政府在判断形势后所采取的经济政策措施所需要的时间）、执行时滞（即一项政策从出台到真正对经济运行产生影响所需要的时间）。其次，经济具有不确定性。经济形势有很多的不确定性，随时都存在外在的不可预期的随机因素的干扰，因此，政府很难对财政政策的效果作出准确的预测。然后，实施财政政策存在公众的阻力。比如，紧缩性财政政策中的增税措施，一般都会遭到公众的普遍反对。最后，公众的预期对政策效果的影响。卢卡斯认为传统的经济政策没有考虑到政策变动对人们预期的影响，凯恩斯理论完全将公众视为政策的被动接受者，这种思想指导下的政策制定很难取得良好的效果。

5. 计算题

（1）某地区宏观经济模型（单位：亿元）：$C=200+0.8Y$　$I=300-5r$　$L=0.2Y-5r$　$M=300$

求：① IS-LM 模型和均衡产出及利率；

②若充分就业的收入水平为 2 020 亿元，为实现充分就业，运用扩张的财政政策或货币政策，追加投资或货币供应分别为多少？

【答案要点】

①因为 IS-LM 模型为：

$r=100-0.04Y$　$r=-60+0.04Y$

求得 $Y=2\,000$　$r=20$

②设扩张货币政策，政府追加货币供应为 m，则 $M=300+m$

新 LM 方程为 $r=-60-0.2M+0.04Y$

联立方程 $r=100-0.04Y, r=-60-M+0.04Y$

求得 $Y=2\,000+2.5M$

因此，当 $Y=2\,020$ 时，$M=8$（亿元）

（2）已知法定准备率是 12%，没有超额准备金，对现金的需求为 1 000 亿元。

求：①总准备金 400 亿元时的货币供给量；

②题目中其他条件不变，法定准备率提高到 0.2 时，货币供给的变动量。

【答案要点】

①货币供给 $M=1\,000+400/0.12=4\,333$ 亿元。

②准备率提高到 0.2 时，货币供给变为 $M=1\,000+400/0.2=3\,000$ 亿元。货币供给的变动量 $\Delta M=3\,000-4\,333=-1\,333$ 亿元，即货币供给减少了 1 333 亿元。

（3）已知货币需求为 $L=0.20Y$、货币供给 $M=200$、消费 $C=90+0.8Y_D$、税收 $T=50$、投资 $I=140-5r$、政府支出 $G=50$。

求：① IS 曲线和 LM 曲线方程；

②均衡收入、均衡利率以及投资；

③政府支出增加 20 时的均衡收入、均衡利率以及投资。

【答案要点】

①由 $Y=C+I+G$，即 $Y=90+0.8Y_D+140-5r+50=90+0.8(Y-50)+140-5r+50=240+0.8Y-5r$，可得 IS 曲线

Y=1 200−25r。由 L=M 可得 LM 曲线 Y=1 000。

② IS 与 LM 曲线方程联立，即 Y=1 000=1 200−25r。得均衡利率 r=8，均衡收入 Y=1 000，投资 I=100。

③政府支出增加 20，IS 曲线发生移动。由 Y=C+I+G 可得新的 IS 曲线 Y=1 300−25r。与 LM 曲线 Y=1 000 联立，即 1 300−25r=1 000。得均衡利率 r=12，均衡收入 Y=1 000，投资 I=80。

6. 分析题

（1）2000 年下半年开始，美国经济增长开始减速，2000 年第三季度 GDP 从上半年的 5% 以上降到 2.2%；股市下挫，特别是纳斯达克指数比最高点下调 50%；美国家庭的财富总值 55 年来首次下降；截至 2001 年 3 月，美国主要汽车制造商在国内市场的销量连续六个月下降；2001 年 3 月份的失业率达到 4.3%，为过去 20 个月以来的最高水平。2001 年 2 月 8 日，美国总统布什向国会正式提交了关于 10 年内大幅减税 1.6 万亿美元的计划，以兑现自己在竞选总统时向选民许下的诺言。减税计划的主要内容有：简化个人所得税制，将五档所得税体系（15%、28%、31%、36%、39.6%）调整为四档（10%、15%、25%、33%）；将儿童课税扣除由每名儿童 500 美元加倍至 1 000 美元；恢复双收入家庭 10% 的税收抵免；废除遗产税；扩大慈善捐助扣除的范围；使研究和实验的税收抵免永久化。减税计划的意图是什么？能否实现其目的受到哪些因素影响？

【答案要点】

减税是一种典型的供给管理措施，目的是鼓励储蓄和刺激投资，推动经济增长。对于减税的效果，需要考虑的因素主要是减税需要充足的政府财力支撑以保证长期性。因为，投资一般需要经过一定的时间才能有收益，短期的减税措施将很难刺激投资增长；减税会改变收入分配状况，影响社会边际消费倾向。特别是财产税的减免，使社会财富进一步向富人集中，降低社会平均边际消费倾向，不利于刺激消费；减税会导致财政预算状况恶化，影响政府实施公开市场业务（回购政府债券），不利于扩张的货币政策，减税政策缺乏货币政策的有效配合等。

（2）近年来，中央经济工作会议不断提出继续实行稳健的货币政策。实施稳健的货币政策是从 1997 年亚洲金融危机后开始的，后来曾被写入政府工作报告。其主要原则是：灵活运用货币政策工具，适当增加货币供应量；及时调整信贷政策，引导贷款投向；实行全面的金融稳定计划；完善货币政策传导机制，发展货币市场。比如在货币供给方面，中央银行从 1998 年开始就采取了一系列举措，取消了对商业银行的贷款限额控制、两次下调法定存款准备金率、连续 7 次降低存贷款利率等。贯彻稳健的货币政策的意义是什么？与扩张和紧缩相比稳健的货币政策的主要特征是什么？

【答案要点】

稳健货币政策的主要意义首先是与积极的财政政策相互配合，其次是调控物价总水平。稳健货币政策不是扩张和紧缩货币政策的简单折中，其主要特点是：稳健货币政策的主导原则是稳定，为财政政策和其他措施创造良好的金融环境；稳健的货币政策同时采用各种货币政策工具，工具之间相互配合和牵制；稳健的货币政策包含发展货币市场的内容，有提高货币政策本身效果的功用。

三、随堂同步自测

1. 单选题

（1）（　　）不能视为自动稳定器。

A. 失业救济　　B. 累进税　　C. 社会保障　　D. 国防开支

（2）财政盈余与（　　）对均衡 GDP 水平的影响效果相同。

A. 储蓄减少　　B. 储蓄增加　　C. 消费增加　　D. 投资增加

（3）在投资支出急剧减少的情况下，为保证经济维持在充分就业状态政府应（　　）。

A. 使税收和政府支出相等　　B. 使税收超过政府支出

C. 使政府支出超过税收　　D. 提高税率

(4)如果社会总需求的构成是消费 1 000 亿元,投资 400 亿元,净出口 100 亿元,政府购买支出 200 亿元;充分就业的 GDP 为 1 200 亿元。为使价格水平保持稳定,政府应(　　)。

A. 提高税率,并减少政府支出　　B. 通过降低政府债券的利息率来减少私人储蓄
C. 增加政府支出　　D. 通过降低公司所得税率来鼓励私人投资

(5)经济处于严重衰退时,适当的经济政策应当是(　　)。

A. 减少政府支出　　B. 降低利息率　　C. 使本国货币升值　　D. 提高利息率

(6)下列叙述正确的(　　)。

A. 内在稳定器能部分地抵消经济波动　　B. 内在稳定器无法缓解失业
C. 内在稳定器可以完全抵消任何经济波动　　D. 以上都不对

(7)拉弗曲线表明(　　)。

A. 税率越高,总税收额越高　　B. 税率越高,总税收额越低
C. 税率与总税收额之间不相关　　D. 某一税率水平上税收总额最大

(8)(　　)的财政政策是彻底反周期波动的。

A. 经济衰退时增加政府开支削减税收　　B. 经济高涨时增加政府开支削减税收
C. 经济高涨时增加政府开支提高税收　　D. 经济衰退时减少政府开支削减税收

(9)在(　　)情况下将发生挤出效应。

A. 货币供给的下降使利率提高
B. 私人部门税收的增加引起私人部门可支配收入和支出的下降
C. 政府支出增加使利率提高
D. 政府支出的下降导致消费支出的下降

(10)在(　　)的情况下挤出效应显著。

A. 货币需求对利率敏感,投资支出对利率也敏感
B. 货币需求对利率不敏感,投资支出对利率也不敏感
C. 货币需求对利率敏感,投资支出对利率不敏感
D. 货币需求对利率不敏感,投资支出对利率敏感

(11)如果政府购买支出的增加与转移支付的减少相等,收入水平的变动情况是(　　)。

A. 不变　　B. 增加　　C. 减少　　D. 无法确定

(12)如果 *LM* 曲线不变,紧缩性的财政政策会使(　　)。

A. 利率上升、收入上升　　B. 利率上升、收入下降
C. 利率下降、收入上升　　D. 利率下降、收入下降

(13)和政府支出乘数相比,财政政策乘数要(　　)。

A. 大些　　B. 小些　　C. 相等　　D. 无法确定

(14)如果政府增加个人所得税的量与政府支出相等,其影响可能是(　　)。

A. 总支出的净下降　　B. 总支出的净增加　　C. 总支出不改变　　D. 平衡预算乘数的增加

(15)货币供给增加使 *LM* 曲线右移,若要均衡收入变动接近于 *LM* 曲线的移动量,则必须(　　)。

A. *LM* 曲线陡峭,*IS* 曲线也陡峭　　B.*LM* 曲线平坦,*IS* 曲线也平坦
C. *LM* 曲线陡峭,而 *IS* 曲线平坦　　D. *LM* 曲线平坦,而 *IS* 曲线陡峭

(16)当一国采用扩张性财政政策,而不采用紧缩性的货币政策时,一定会使(　　)。

A. 产出上升、利率上升　　B. 产出上升、利率不确定
C. 产出不确定、利率上升　　D. 产出不确定、利率下降

(17)宏观经济政策是(　　)。

A. 一个单一事件　　B. 不是一个事件而是一个过程
A. 既是单一事件又是一个过程　　D. 既不是单一事件又不是一个过程
(18)同实际的预算赤字相比,充分就业预算赤字会(　　)。
A. 大约相同　　B. 更大　　C. 更小　　D. 难以确定
(19)(　　)在经济中不具有内在稳定器作用。
A. 累进税率制　　B. 政府开支直接随国民收入水平变动
C. 社会保障支出和失业保险　　D. 农产品维持价格
(20)扩张性的财政政策对经济的影响有(　　)。
A. 缓和了经济萧条,减少了政府债务　　B. 缓和了经济萧条,但增加了政府债务
C. 缓和了通货膨胀,但增加了政府债务　　D. 缓和了通货膨胀,减少了政府债务
(21)宏观货币政策和宏观财政政策的区别在于(　　)。
A. 前者主要用来对付经济萧条,后者主要用来对付通货膨胀
B. 前者主要通过改变投资支出发生作用,后者主要通过影响消费支出发生作用
C. 前者主要通过利率来影响总需求,后者主要通过政府支出和税收的变化来影响总需求
D. 以上三者都是

2. 多选题

(1)宏观经济政策的主要目标是(　　)。
A. 充分就业　　B. 物价稳定　　C. 经济增长　　D. 国际收支平衡
(2)在不考虑对外经济交往的情况下,宏观经济政策工具常用的有(　　)政策。
A. 生产管理　　B. 消费管理　　C. 供给管理　　D. 需求管理
(3)需求管理政策包括(　　)。
A. 财政政策　　B. 货币政策　　C. 收入政策　　D. 人力政策
(4)供给管理政策包括(　　)。
A. 财政政策　　B. 货币政策　　C. 收入政策　　D. 人力政策
(5)在凯恩斯主义出现后,财政政策被作为需求管理的重要工具,这种政策包含有(　　)。
A. 收入政策　　B. 开支政策　　C. 税收政策　　D. 赤字政策
(6)属于内在稳定器的项目是(　　)。
A. 政府购买　　B. 累进税　　C. 社会保障　　D. 政府转移支付
(7)经济萧条时,政府可采用的财政手段有(　　)。
A. 减少所得税　　B. 增加政府支出　　C. 减少政府转移支付　　D. 增加私人投资津贴
E. 减少高收入者的赋税,增加低收入者的赋税
(8)在 *IS* 曲线斜率不变的情况下,*LM* 曲线斜率越大,说明(　　)。
A. *LM* 曲线越陡峭　　B. *LM* 曲线越平坦　　C. 挤出效应越大　　D. 挤出效应越小
(9)商业银行之所以会有超额储备,是因为(　　)。
A. 吸收的存款太多　　B. 未找到那么多合适的贷款对象
C. 向中央银行申请的贴现太多　　D. 购买的国债太多
(10)古典区域意味着(　　)。
A. 垂直的 *IS* 曲线和 *LM* 曲线相交　　B. 垂直的 *LM* 曲线和 *IS* 曲线相交
C. 财政政策十分有效而货币政策无效　　D. 财政政策无效而货币政策十分有效
(11)政府支出对私人投资和消费的挤出效应小,可能是因为(　　)。
A. 政府支出乘数小　　B. 货币需求的收入系数小

C. 货币需求的利率系数小　　D. 投资的利率弹性小

(12)宏观经济政策寻求(　　)。

A. 消除非自愿失业

B. 使通货膨胀降到零

C. 降低利率以便家庭面对一个更公平的利率水平

D. 为每个公民提供有公平工资的工作

E. 维持经济的持续增长

(13)属于政府转移支出的有(　　)。

A. 机关用品支出　B. 社会福利支出　C. 政府雇员支出　D. 失业支出

3. 判断题

(1)财政政策可影响总需求,从而使就业和国民收入得到调节。(　　)

(2)紧缩性的货币政策会使利率上升,收入减少。(　　)

(3)*IS* 曲线越平坦,政府扩大支出对私人投资的挤出效应越小。(　　)

(4)*LM* 曲线越陡峭,政府扩大支出对私人投资的挤出效应越大。(　　)

(5)在 *LM* 曲线呈垂直状的情况下,政府支出乘数和财政政策乘数相等。(　　)

(6)因为政府增加支出与增加税收对国民收入的影响是相反的,所以政府增加同样的支出和税收对国民收入没有影响。(　　)

(7)只要挤出效应小于 100%,政府支出的增加就能刺激国民收入的增长。(　　)

(8)货币需求对利率变动越敏感,财政政策乘数就越大。(　　)

(9)货币需求对利率变动越不敏感,货币政策的效果越小。(　　)

(10)投机需求的利率系数越大,货币政策的效果越大。(　　)

(11)在凯恩斯陷阱中,由于挤出效应等于零,所以财政政策和货币政策都十分有效。(　　)

(12)财政制度内在稳定器有助于缓和经济的波动,但不能消除经济萧条和通货膨胀。(　　)

(13)挤出效应越大,财政政策对经济活动的影响越大。(　　)

(14)*IS* 曲线和 *LM* 曲线的交点一般位于中间区域,说明财政政策和货币政策都有效。(　　)

(15)在凯恩斯区域挤出效应完全,在古典区域挤出效应等于零。(　　)

(16)扩张性的财政政策和货币政策同时使用,会引起利率上升的同时产出增加。(　　)

(17)宏观经济政策的制定和实施意味着国家对经济的干预。(　　)

(18)政府主要依靠出售债券来筹款支付购买商品和劳务的开支。(　　)

(19)累退税制会对经济起到内在稳定器的作用。(　　)

(20)内在稳定器是政府斟酌使用的财政政策之一。(　　)

(21)补偿性财政政策是指用紧缩性财政政策来抵消扩张性财政政策的作用。(　　)

(22)政府预算在长期一定是平衡的,但在短期不一定平衡。(　　)

(23)在 20 世纪 30 年代以前,西方国家普遍要求财政年度收支保持平衡。(　　)

(24)财政预算的盈余说明一国实行的是扩张性的财政政策。(　　)

(25)当实际国民收入低于充分就业国民收入时,充分就业预算盈余大于实际预算盈余。(　　)

(26)政府用于修筑公路的支出是一种福利支出。(　　)

(27)在宏观经济货币政策中,公开市场业务是最灵活的政策。(　　)

(28)中央银行最常用的扩大货币供应量的方法是增发钞票。(　　)

(29)扩张性的货币政策不论在什么条件下都会引起货币供给量的增加。(　　)

(30)在宏观经济政策中,改变法定存款准备金率是威力最大的货币政策。(　　)

4. **问答题**

（1）在运用货币政策保持利率不变与货币存量不变这两种情况下，政府削减税收的经济后果有什么区别？

（2）什么是宏观经济政策的内部时滞？

（3）简述宏观经济政策工具好坏的现实标准。

（4）什么是充分就业预算盈余？它在制定经济政策中的意义是什么？

（5）财政政策的内容有哪些？

（6）试论自动稳定器及其与边际税率的关系。

（7）怎样运用货币政策来影响宏观经济活动水平？

（8）试论反通货膨胀的经济政策。

（9）如何运用财政政策来影响经济活动水平？

（10）什么是挤出效应？为什么会产生挤出效应？

5. 计算题

（1）假定两部门经济中消费函数 $C=100+0.7Y$，投资函数 $I=200-3r$，假定货币供给 $M=100$，货币的交易性需求 $L_1=0.2Y$，货币的投机性需求 $L_2=-2r$。求：

① *IS* 曲线方程和 *LM* 方程；

②产品和货币市场同时均衡的利率和收入；

③假设货币供给量新增 50 时，*LM* 方程均衡的利率和收入。

（2）假定政府当前预算赤字为 75 亿元，边际消费倾向 $C=0.8$，边际税率 $T=0.25$，政府为降低通货膨胀率减少政府支出 200 亿元。通过计算回答政府支出的变化能否消除赤字。

(3)假定现金存款比为 0.38,法定准备金率为 10%,超额准备金率 8%。

求:

①货币创造乘数;

②增加基础货币 100 亿元时,货币供给变动量。

5. 分析题

(1)1998 年初开始,中国经济进入了通货紧缩时期。国内需求不足、产品滞销与企业利润减少和紧缩开支之间相互影响,形成了恶性循环。从当年起,政府采取了一系列宏观经济措施。比较显著的变化是积极的财政政策,比如发行大量的国债,用来进行基础设施和其他方面的投资。到 2000 年初,经济增长速度下降的趋势开始反转,2000 年 GDP 增长率恢复到 8% 的水平。有学者据此认为是积极的财政政策遏制了经济的下滑,也有的学者认为单一的需求管理政策不足以拉动经济增长。后者观点的合理性有哪些?

(2)财政政策的手段主要有哪些?财政政策的传导机制是什么?

四、课程思政案例

新冠肺炎疫情开始以来,中国中央银行积极实施了一系列货币政策和财政政策,其中最重要的包括以下两条。

①超预期提供流动性(以此来保证银行体系和货币市场流动性的充裕)。

②设立了 3 000 亿元低成本的专项再贷款(对重点抗击疫情的企业提供精准)。(出自中央电视台 13 频道报道)

问题:请根据所学知识,结合国情和经济环境分析这两项举措会带来什么样的结果,对疫情下的经济会带来什么帮助。

第十六章　经济增长

一、知识思维导图

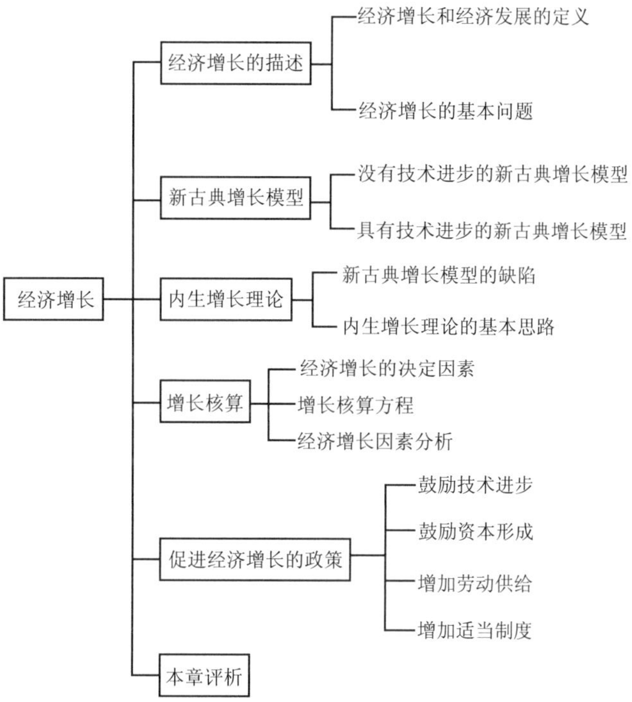

二、典型例题解析

1. 单选题

(1)以下要素中可以带来短期经济增长的是(　　)。

A. 资本　　B. 劳动力　　C. 技术　　D. 以上都可以

【答案】D

【解析】在短期内,资本、劳动力和技术都是带来产出增加的投入要素。

(2)在索罗模型中,在固定劳动力投入和技术水平的前提下,资本的边际产出是(　　)。

A. 递增的　　B. 常数　　C. 递减的　　D. 以上都不对

【答案】C

【解析】在索罗模型中,生产中资本的边际产出是递减的。

(3)以下说法错误的是(　　)。

A. 资本积累可以在短期中带来人均产出增长

B. 在技术和劳动力素质不变的情况下,资本积累可以在长期中带来稳定的人均产出增长

C. 技术进步可以在长期中带来稳定的人均产出增长

D. 无

【答案】B

【解析】索罗模型表明,由于资本的边际产出递减,单纯靠资本积累无法在长期中实现稳定的人均产出增长。

(4)在索罗模型中,资本积累本身无法带来人均产出增加的原因是(　　)。

A. 资本的边际产出是递增的　　B. 资本的边际产出是递减的

C. 需求无法增加　　D. 以上都不对

【答案】B

【解析】由于资本的边际产出递减,而资本折旧的比例是固定的,因此在边际产出无法覆盖边际上的折旧时,资本积累便达到了极限。

(5)发展中国家实现增长的途径有(　　)。

A. 自主技术创新　　B. 引进先进技术

C. 改善经济制度　　D. 以上都对

【答案】D

【解析】自主技术创新、引进先进技术和改善经济制度都可以提高全要素生产率,促进增长。

(6)工业革命后,全球人均产出出现持续性增长的根本原因最可能是(　　)。

A. 科学技术进步　　B. 航海大发现

C. 需求增加　　D. 以上都不对

【答案】A

【解析】工业革命带来的生产技术的革命性变化,提高了全要素生产率,带动经济增长。

(7)经济增长的标志是(　　)。

A. 失业率的下降　　B. 先进技术的广泛应用

C. 社会生产能力的不断提高　　D. 城市化速度加快

【答案】C

【解析】社会生产能力的不断提高是经济增长的标志。

(8)经济增长很难保持稳定,呈现出剧烈波动的状态,这是(　　)。

A. 哈罗德模型的结论　　B. 新古典增长模型的结论

C. 哈罗德模型与新古典增长模型共同的结论　　D. 既非哈德模型的结论，又非新古典模型的结论

【答案】A

【解析】哈罗德模型的结论是经济增长率随储蓄率增加而提高，随资本－产出比扩大而降低。经济的增长路径是不稳定的。

（9）根据丹尼森的研究，经济增长最大的源泉是（　　）。

A. 物质资本的积累　　B. 资源的重新配置

C. 规模经济　　D. 人力资本的积累

【答案】D

【解析】丹尼森认为知识进展是发达国家最重要的增长因素。

（10）可持续发展指的是（　　）。

A. 没有过度的技术　　B. 没有过度的人口增长

C. 没有过度的资本投资　　D. 没有过度地使用自然资源

【答案】D

【解析】可持续发展是指自然、经济、社会协调统一的社会发展。发展过程中，在不牺牲后代人需求的情况下满足当代人的需求。

2. 多选题

（1）现代经济增长理论有（　　）。

A. 哈罗德－多马经济增长模型　　B. 新古典经济增长模型

C. 新剑桥经济增长模型　　D. 新经济增长模型

【答案】ABCD

【解析】本题考查的是现代经济增长理论的分类。

（2）生存率的决定因素有（　　）。

A. 物质资本　　B. 人力资本　　C. 技术知识　　D. 自然资源

【答案】ABC

【解析】一国的生活水平直接取决于其国民的生产率，因为一种经济的收入等于该经济的产量。生产率是一个工人单位工作时间所生产的物品与劳务数量。生产率有四个决定因素：物质资本、人力资本、自然资源和技术知识。

（3）新古典增长模型强调了在一个封闭的没有政府部门的经济中，（　　）对经济增长的作用。

A. 储蓄　　B. 人口增长　　C. 技术进步　　D. 投资

【答案】ABC

【解析】新古典经济增长模型有时又被称为索洛增长模型，它是建立在新古典生产方程体系上的一个经济增长模型。它强调在一个封闭的没有政府部门的经济中，储蓄、人口增长和技术进步对经济增长的作用，它关注的焦点是经济增长的直接原因。

（4）影响经济增长的要素有（　　）。

A. 自然资源　　B. 劳动　　C. 资本　　D. 技术进步

【答案】ABCD

【解析】经济增长指一个经济社会的实际产量（或实际收入）的长期增加，即按不变价格水平所测定的充分就业产量的增加，一般不涉及经济结构的变化。影响经济增长的因素包括生产要素的增加和技术水平的进步，其中生产要素由自然资源、人力资本和资本存量组成。

3. 判断题

(1)在垂直总供给曲线区域,决定价格的主导力量是产出。 ( )

【答案】错误

【解析】在垂直总供给曲线区域,决定价格的主导力量是价格因素,而不是产出因素。

(2)经济增长的定义就是国民生产总值的增加和社会福利的增加及个人福利的增加。 ( )

【答案】错误。

【解析】经济增长不包括社会福利的增加及个人福利的增加,本题的表述扩大了经济增长涵盖的范围,因而不正确。

(3)增长核算方法把产出的增长分为两个不同的来源:生产要素的增加和技术进步。 ( )

【答案】正确。

【解析】根据经济增长核算方法,产出增长的来源主要分为两部分,一部分是生产要素的增加,包括劳动、资本等要素的增加;另一部分是技术进步。

(4)丹尼森把经济增长因素分为两大类:生产要素投入量和生产要素生产率。 ( )

【答案】正确。

【解析】根据丹尼森的经济增长理论,经济增长因素包括生产要素投入量和生产要素生产率两大部分。

(5)在长期总供给水平,由于生产要素等得到了充分利用,因此经济中不存在失业。 ( )

【答案】错误。

【解析】在长期总供给水平,虽然生产要素等得到了充分利用,但仍然会存在一定的失业,比如自然失业现象。

(6)短期总供给曲线和长期总供给曲线都是向右上方倾斜的曲线,区别是斜率不同。 ( )

【答案】错误。

【解析】短期总供给曲线为水平直线,长期总供给曲线包括水平、斜向上和垂直的三个部分。

(7)内生增长理论与新古典增长理论的区别在于新古典增长理论将技术进步内生化。 ( )

【答案】错误。

【解析】内生增长理论将技术进步内生化,新古典增长理论则认为技术进步是外生变量。

(8)可持续发展的基本思想是经济增长不能存在波动。 ( )

【答案】错误。

【解析】可持续发展认为今天的增长不能成为今后增长的障碍,而不是经济增长不能存在波动。

(9)降低工资会使总供给曲线向左移动。 ( )

【答案】错误。

【解析】降低工资会使总供给曲线向右移动,因为工资较低时,对于任一给定的价格水平,厂商愿意提供更多的产品。

(10)资本的黄金分割律基本内容是若要使稳态人均消费达到最小,稳态人均资本量的选择应使资本的边际产品等于劳动的增长率。 ( )

【答案】错误。

【解析】资本的黄金分割律基本内容是若使稳态人均消费达到最大,稳态人均资本量的选择应使资本的边际产品等于劳动的增长率。本题的表述正好相反,因而不正确。

4. 问答题

(1)什么是经济增长?经济增长的标志是什么?

【答案要点】

经济增长通常是指在一个较长的时间跨度上,一个国家人均产出(或人均收入)水平的持续增加。经济增长的标志是社会生产能力的不断提高。

（2）什么是资本的黄金律水平？

【答案要点】

资本的黄金律水平是指在稳定状态人均消费最大化时所对应的人均资本水平，由经济学家费尔普斯于1961年提出，他认为如果一个经济的发展目标是使稳态人均消费最大化，稳态人均资本量的选择应使资本的边际产出等于劳动力的增长率。

黄金律具有如下的性质：①在稳态时如果一个经济中人均资本量高于黄金律的水平，则可以通过消费掉一部分资本使每个人的平均资本下降到黄金律的水平，就能够提高人均消费水平；②如果一个经济中人均资本量低于黄金律的水平，则该经济能够提高人均消费的途径是缩减消费，增加储蓄，直到人均资本达到黄金律的水平。

（3）经济增长与经济发展的关系是什么？

【答案要点】

经济增长是产量的增加，这里的产量可以表示为经济的总产量，也可以表示为人均产量，通常用经济增长率度量。

经济发展不仅包括经济增长，还包括国民的生活质量，以及整个社会经济结构和制度结构的总体进步。经济发展是反映一个经济社会总体发展水平的综合性概念。

如果说经济增长是一个“量”的概念，那么经济发展就是一个“质”的概念，经济增长是“基础”而经济发展是“结果”；经济增长是“手段”，经济发展是“目的”。

（4）简述经济周期的不同阶段及特征。

【答案要点】

经济周期是指国民收入及经济活动的周期性波动。每个周期都是繁荣与萧条的交替。经济周期发生在实际GDP相对于潜在GDP上升或下降的时候。

按照其波动情况，经济周期分为了四个阶段：繁荣期、衰退期、萧条期和复苏期。繁荣期表示的是国民生产总值高于均衡的国民生产总值，此时它的特征是生产迅速增加、投资增加、信用扩张、价格水平上升和就业增加。衰退期的特征是虽然国民收入高于均衡的国民收入，但此时的经济增长逐渐下降。萧条期表示国民生产总值低于均衡的国民生产总值，它的特征是消费者购买急剧下降，对劳动需求下降，产出下降、通货膨胀的步伐放慢，企业利润在衰退中急剧下滑。

5. 计算题

（1）已知社会平均储蓄倾向为0.12，资本-产出比率等于3，求经济增长率。

【答案要点】

$G=S/C=0.12/3\times100\%=4\%$

（2）已知平均储蓄倾向为0.2，增长速度为每年4%，求均衡的资本-产出比率。

【答案要点】

$C=S/G=0.2/0.04=5$

3. 已知资本-产出比率为4，假设某国某年的国民收入为1 000亿美元，消费为800亿美元。按照哈罗德增长模型，要使该年的储蓄全部转化为投资，第二年的增长率应该为多少？

【答案要点】

$S=(Y-C)/Y=200/1\,000=0.2$

$G=S/C=0.2/4\times100\%=5\%$

6. 分析题

（1）有人说，失业人口那么多，只要迅速发展第三产业即可解决。还有人说，中国应在几年内立即使第三产业的比重上升到发达国家的水平。你认为这些观点对吗?

【答案要点】

这种观点不正确。应从战略高度重视第三产业的合理发展。其一,第三产业与第一、二产业是相互联系,相互促进的,应使第三产业与第一、二产业保持适当的比例,相互协调,共同发展,不可冒进。其二,第三产业确实能有效解决失业人口的再就业问题,但失业问题的最终解决依赖三大产业的协同发展与努力。

(2)经济增长就是经济发展,经济增长意味着经济的发展。请分析这种观点是否正确,为什么?

【答案要点】

这种观点不正确。经济增长和经济发展是两个既相互联系又相互区别的概念。其一,经济增长是经济发展的最基本部分,是实现经济发展的手段和基础。其二,经济发展除了包含经济增长的内容之外,还包括经济结构、生活质量、环境等方面的进步,有经济增长并非一定就是正常的经济发展,经济增长并不构成经济正常发展的充分条件。

(3)分析我国 50 多年的实践经验,谈谈怎样处理好社会主义再生产过程中速度、效益和比例的关系。

【答案要点】

①速度、比例、效益是国民经济发展的三个重要因素。我国经济的发展,必须坚持速度、比例和效益的协调统一,走出一条既有较高速度,又有较好效益、比例协调的国民经济发展的新路子。

②社会主义经济发展必须保持一定的增长速度,速度是前提。其次,比例协调是实现经济发展、提高经济效益的重要条件。最后,提高经济效益是经济发展的中心。当速度、效益、比例三者发生矛盾时,必须服从经济效益,必须始终把提高经济效益作为全部经济工作的中心。

(4)为什么要实现经济增长方式的转变,如何进行转变?

【答案要点】

①实现经济增长方式的转变是实现持续较快增长和保持经济总量平衡的需要,是缓解能源、交通、原材料供给的制约和治理生态环境的需要,是提高我国产业和产品的国际竞争力的需要,是全面提高经济增长素质和经济效益的要求。

②应实现由粗放型经济增长方式向集约型经济增长方式的转变。立足于现有基础,把建设重点放到现有企业的改造、充实和提高上来,主要依靠生产要素的质量和使用效率来提高综合生产要素的生产率,主要依靠科技进步加强科学管理,主要依靠结构优化升级、实现规模经营、合理布局生产力,以市场需求为导向提高产品市场占有率。

(5)我国经济发展的战略目标、战略阶段和战略重点是什么?

【答案要点】

①我国经济发展的战略目标:分“三步走”基本实现现代化。

②我国经济发展的战略阶段:第一步,在 20 世纪 80 年代人均国民生产总值翻一番;第二步,到 20 世纪末实现小康社会;第三步,21 世纪用 30 至 50 年,达到中等发达国家水平。

③我国经济发展的战略重点:一是农业,二是能源和交通,三是教育和科技。

三、随堂同步自测

1. 单选题

(1)如果其他条件不变,A 国的人口增长率大于 B 国的人口增长率,则有(　　)。

A. A 国的储蓄率小于 B 国的储蓄率

B. A 国的稳态人均产出水平大于 B 国的稳态人均产出水平

C. A 国的稳态人均产出水平小于 B 国的稳态人均产出水平

D. A 国的储蓄率大于 B 国的储蓄率

（2）如果某国在一定时期内年均经济增长率为 7%，劳动增长率为 2%，资本增长率为 3%，劳动产出弹性和资本产出弹性分别为 0.65 和 0.35，根据索洛的余值法，在 7% 的经济增长率中，技术进步对经济增长的贡献约为（　　）。

A. 2.0%　　B. 2.3%　　C. 4.7%　　D. 1.0%

（3）下列不属于新古典增长模型假设条件的是（　　）。

A. 规模报酬递增　　B. 规模报酬不变

C. 社会储蓄函数为 $S=sY$　　D. 劳动按一个不变的比率 n 增长

（4）经济增长的典型事实是各国人均产出增长率（　　）。

A. 基本相同　　B. 较大差异　　C. 不确定　　D. 较少差异

（5）根据新古典增长模型，在没有技术进步的情况下，人均产出增长率必将趋向于（　　）。

A. 人口增长率　　B. 折旧率　　C. 零　　D. 储蓄率

（6）依据哈罗德 - 多马模型的定义，自然增长率 G_N 与实际增长率 G 之间的关系是（　　）。

A. $G_N \geqslant G$　　B. $G_N \leqslant G$　　C. $G_N>G$　　D. $G_N<G$

（7）根据哈罗德 - 多马模型的分析，如果有保证的增长率 G_W 大于实际增长率 G，经济将（　　）。

A. 持续高涨　　B. 长期萧条　　C. 均衡增长　　D. 不能确定

（8）根据哈罗德 - 多马模型的分析，如果有保证的增长率 G_W 大于自然增长率 G_Y，经济将（　　）。

A. 持续高涨　　B. 长期萧条　　C. 均衡增长　　D. 不能确定

（9）要达到充分就业的均衡增长，必须使（　　）。

A. $G=G_X$　　B. $G=G_W$　　C. $G=Gu_u$　　D. $Gu_u=G_X$

（10）在哈罗德 - 多马模型中，已知有保证的增长率 G_W 小于实际增长率 G，如果合意的储蓄率等于实际储蓄率，那么合意的资本 - 产出比（　　）。

A. 小于实际的资本 - 产出比　　B. 大于实际的资本 - 产出比

C. 等于实际的资本 - 产出比　　D. 以下情况都有可能

（11）经济增长很难保持稳定呈现出剧烈波动的状态，这是（　　）。

A. 哈罗德模型的结论　　B. 新古典增长模型的结论

C. 哈罗德模型和新古典增长模型共同的结论　　D. 既非哈罗德模型的结论，又非新古典模型的结论

（12）根据新古典增长模型，若资本增长率小于劳动增长率，则 L/K（　　）。

A. 提高　　B. 减少　　C. 不变　　D. 不确定

（13）根据新古典增长模型，若考虑技术进步，则资本增长率和劳动增长率的关系是（　　）。

A. 提高　　B. 减少　　C. 不变　　D. 不确定

（14）根据新古典增长模型，在技术进步情况下，人均产出增长的条件是人均资本占有（　　）。

A. 增长　　B. 负增长　　C. 不变　　D. 不确定

（15）当经济达到繁荣时，会因（　　）而转入衰退。

A. 加速系数下降　　B. 边际消费倾向提高　　C. 加速系数上升　　D. 总投资为零

（16）经济增长的黄金分割率指（　　）。

A. 产出增长率等于储蓄率　　B. 资本边际产品等于劳动增长率

C. 储蓄率等于人口增长率　　D. 产出增长率等于技术变化率

（17）罗伯特·索洛在对生产率增长的研究中，将注意力集中在（　　）。

A. 减少人口增长　　B. 对物质资本的投资

C. 人力资本的投资　　D. 技术革新

（18）反对经济增长的经济学家认为（　　）。

A. 国家贫穷是分配问题而不是生产问题　　B. 国家贫穷是生产问题而不是分配问题

C. 增长是高生活水平的必要因素　　D. 在通胀时期必须执行人口零增长政策

(19)就整个经济来说,经济增长的主要机会成本是(　　)。

A. 未来人们的生活水准将会下降　　B. 导致自然资源的短缺

C. 降低人们目前的消费水准　　D. 必然导致贫穷

(20)经济增长的标志是(　　)。

A. 失业率的下降　　B. 先进技术的广泛应用

C. 社会生产能力的不断提高　　D. 城市化速度加快

2. 多选题

(1)在总生产函数中,技术进步因素包括(　　)。

A. 管理流程的改善　　B. 产品质量提高　　C. 企业结构升级　　D. 以上都不对

(2)按照现在的主流观点,下列各项中关于经济增长与环境关系的理解,正确的是(　　)。

A. 在其他因素不变的情况下,经济增长往往会带来一定环境污染

B. 政府对于环境问题和气候变化只能束手无策,无所作为

C. 政府可以更多地运用碳税和许可证制度等经济手段解决环境问题

D. 恰当的激励机制有利于推进经济增长和环境友好的共同实现

(3)按照主流经济增长理论,造成各国经济增长率差异的主要原因为(　　)。

A. 投资支出与储蓄的差异　　B. 教育的差异

C. 研究与开发的差异　　D. 气候的差异

(4)按照目前主流经济学的观点,关于政府在知识资本积累和经济增长中作用的说法正确的是(　　)。

A. 确立对知识产权保护的专利版权制度　　B. 资助科学研究与开发

C. 加大基础教育补贴与投入　　D. 直接掌控和制定金融市场资本价格

(5)一般而言,知识资本具有(　　),除非政府通过专利权等法律权利允许企业可以对其新产品等进行排他性使用。

A. 排他性　　B. 非排他性　　C. 竞争性　　D. 非竞争性

(6)在下列各项中,(　　)不属于生产要素供给的增长。

A. 劳动者教育年限的增加　　B. 实行劳动专业化

C. 规模经济　　D. 电子计算机技术的迅速应用

(7)在下列各项中,(　　)属于生产要素供给的增长。

A. 投资的增加　　B. 就业人口的增加　　C. 人才的合理流动　　D. 发展教育事业

(8)在同样的人均资本水平上,(　　)不是推动人均产出水平不断提升的关键。

A. 自然资源禀赋　　B. 技术进步　　C. 人口总数　　D. 国土面积

(9)根据现有的历史数据,下列各项中关于各国经济是否存在趋同趋势的理解,最正确的是(　　)。

A. 落后国家只要增加实物资本数量,改善技术进步,可以获得更高经济增长速度,因此赶超或趋同的趋势必然发生

B. 根据数十年的历史数据,落后的国家仍然落后,发达的国家人均 GDP 依然名列前茅,因此趋同不可能发生

C. 从整个世界来看,落后国家赶超或趋同的可能性存在,但目前为止趋同趋势并不明显

D. 从整个世界来看,新兴市场国家经济增长迅速,趋同趋势已经十分明显

(10)根据新古典经济增长理论模型的结论,(　　)不是长期人均实际 GDP 增长的关键。

A. 生产率增长　　B. 国土面积　　C. 人口总数　　D. 自然资源禀赋

3. 判断题

(1)经济增长和经济发展所研究的问题是一样的。　　(　　)

(2)教育事业的发展在经济增长中的贡献属于生产要素供给的增长。　　(　　)

(3)从图形上来看,经济增长表现为生产可能性曲线上的某一点沿曲线向上方移动。　　(　　)

(4)经济增长的源泉只有劳动和资本。　　(　　)

(5)资本产出比率下降意味着资本品更富有生产力。　　(　　)

(6)经济增长的标志是社会生产能力的不断提高。　　(　　)

(7)哈罗德模型认为,如果有保证的增长率小于实际增长率,经济将会收缩。　　(　　)

(8)在经济增长中起最大作用的因素是资本。　　(　　)

(9)经济增长可表示为总产量的增长,不能表示为人均产量的增长。　　(　　)

(10)新古典模型认为,在长期中实现均衡增长的条件是储蓄部分转化为投资。　　(　　)

(11)最穷的国家是最不发达国家。　　(　　)

(12)穷国为了缩小它与富国之间的人均实际国民生产总值,就必须达到并维持高经济增长率。(　　)

(13)增长快的国家往往资本积累率较低。　　(　　)

(14)根据 20 世纪 80 年代之后的新增长理论,技术进步是一种外生力量,对经济增长有最重要的作用。　　(　　)

(15)经济增长是指一国生产的商品和劳务总量的增加,亦即一国在一定时期内国内生产总值的增加。　　(　　)

(16)人力资本是指凝结在劳动者身上,并且是生产过程中的一种看得见的投入。　　(　　)

(17)投资(资本品)之所以重要,是因为投资可以为现有工人提供更多的生产设备,从而提高他们的生产率。　　(　　)

(18)自然增长率是指在劳动人口增长和技术进步的条件所能够达到的最大增长率,也是社会最适宜的增长率。　　(　　)

(19)在长期总供给水平,虽然生产要素等得到了充分利用,但仍然会存在一定的失业,比如自然失业现象。　　(　　)

(20)主流经济学认为人力资本因素不同于一般劳动要素,必须通过教育培训才能形成。　　(　　)

4. 问答题

(1)简述索洛增长模型。

(2)政府促进经济增长的政策有哪些?

(3)经济发展的基本要素有哪些?

(4)经济增长的源泉是什么?

(5)简述库兹涅茨关于影响经济增长的几种因素。

(6)经济增长与经济发展有什么区别?

(7)哈罗德 - 多马模型的中心思想是什么?

(8)什么是自然增长率?

(9)试比较哈罗德 - 多马模型和新古典增长模型。

5. **计算题**

（1）已知资本增长率为 2%，劳动增长率为 0.8%，产出增长率为 3.1%，资本的国民收入份额为 0.25，在这些条件下，技术进步对经济增长的贡献为多少？

（2）设实际储蓄率为 0.4，实际资本 - 产出比率为 3，计划储蓄率为 0.5，请计算实际增长率。

（3）设计划的资本 - 产出比率为 4，自然增长率为 8%，请计算最适宜的储蓄率。

（4）假设一个国家的总量生产函数是 $Y=5K$，其中 Y 和 K 分别指人均产出和人均资本。如果该国的储蓄率为 28%，人口增长率为 1%，技术进步速率为 2%，折旧率为 4%，则该国稳定状态的产出是多少？

（5）假设人们消费是其上一年可支配收入的 80%，自发消费 200 万元，净投资等于在上一年资本存量上的增加额，每年资本存量均是当年消费的 2.5 倍。问：均衡收入是多少？

(6)假定在新古典增长模型中,人均产出函数为 $Y=K^{0.5}$,人均储蓄率 S 为 10%,稳态中人均资本为 4,试求人均产出和消费。

6. 分析题

(1)经济增长和经济发展的关系是什么?

(2)请结合中国的实际,谈谈你对经济增长和经济发展的认识。

(3)中国坚持实施可持续发展战略有何重要性?

(4)论述人口增长与技术进步的稳定状态。

(5)解释投资、折旧与稳态并阐明其关系。

（6）导致总供给曲线移动的主要因素有哪些？

（7）请用本章介绍的经济增长理论说明我国提出的创新驱动发展战略。

四、课程思政案例

人民网北京6月21日电（记者杜燕飞）记者从国家能源集团获悉，日前，我国采用移动闭塞技术的重载列车在国家能源集团朔黄铁路成功发车，重载铁路技术获重大进展。

国家能源集团有关负责人表示，朔黄铁路全线完成移动闭塞改造后，一列货车的平均发车间隔可以由原来11分钟缩短至7.3分钟，年运输量可提升4 000万吨，加快运输结构调整，推进“公转铁”。同时，也可以降低信号系统设备综合维修成本约20%，减轻行车人员的安全压力和维护人员的劳动强度。

据介绍，移动闭塞系统是国际铁路公认的提升安全指标和提高运输效率的控制系统，可以通过控制同一条铁路上多列列车安全间隔时间，防止列车追尾事故的发生。2013年以来，国家能源集团提出并采用移动闭塞系统对朔黄铁路进行技术改造，历经8年的技术攻关，为重载铁路运能和效率提升提供成套解决方案。

该负责人表示，朔黄铁路移动闭塞系统的成功开通投用，能够大幅提升重载运输的自动化水平。同时，随着重载移动闭塞技术的运用，铁路的绿色环保、节能高效等优势将得到有效发挥，进一步促进国家交通运输和铁路沿线地方经济社会的发展，助力打赢“蓝天保卫战”。

问题：请结合所学知识和案例内容分析加强基础设施建设对我国经济增长有何作用？

宏观经济学期末模拟题(一)

得分	

一、单选题(每题1分,共15题,合计15分,请同学们把答案写在前面答题框里。)

1	2	3	4	5	6	7	8	9	10
11	12	13	14	15					

1.“面粉是中间产品”这一命题(　　)。

A. 一定是对的　　B. 一定是不对的

C. 可能是对的,也可能是不对的　　D. 以上三种说法全对

2. 潜在GDP是指(　　)。

A. 一国居民在一定时期内的总收入,包括居民从国外取得的收入,但不包括支付给国外的报酬

B. 一国居民在一定特定时期内生产的所有商品和服务的货币价值总和减去折旧的部分

C. 一国居民在一定特定时期内生产的所有产品和服务的货币价值根据价格变化调整多的数值总和

D. 如果所有资源得到充分利用的情况下一国居民在一定特定时期内所能生产的商品和服务的货币价值总和

3. 如右图所示,消费曲线的斜率如果是45°,那么消费C和国民收入Y的关系正确的是(　　)。

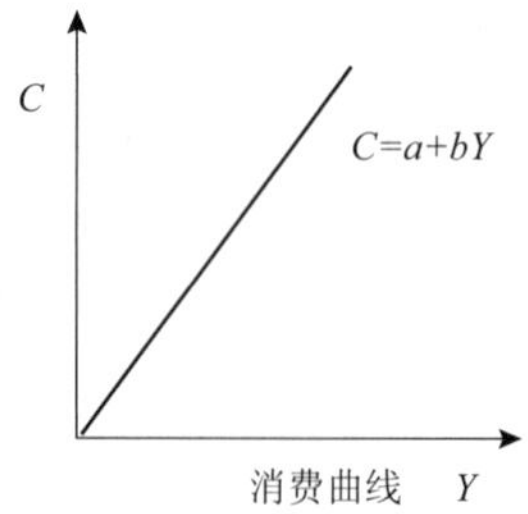

A. $C=Y$

B. $C>Y$

C. $C<Y$

D. C与Y不相关

4. 平均消费倾向APC与平均储蓄倾向APS的关系不正确的是(　　)。

A. $APC+APS=1$　　B. $1-APC=APS$　　C. $1-APS=APC$　　D. $1+APS=APC$

5. 下面(　　)使国民收入增加最多。

A. 政府对高速公路的修建增加250亿元　　B. 政府转移支付增加250亿元

C. 个人收入所得税减少250亿元　　D. 企业储蓄减少250亿元

6. 边际消费倾向是指(　　)。

A. 在任何收入水平上,总消费对总收入的比率

B. 在任何收入水平上,由于收入变化而引起的消费支出的变化

C. 在任何收入水平上,当收入发生微小变化时,由此而导致的消费支出变化对收入水平变化的比率

D. 以上答案都不在正确

7. 凯恩斯的国民收入决定理论的核心观点为:均衡的国民产出(收入)水平是由(　　)所决定的。

A. 总需求　　B. 总供给　　C. 总均衡　　D. 总供求

8. 如果某人由于纺织行业衰落而失去工作,这种失业属于(　　)。

A. 摩擦性失业　　B. 结构性失业　　C. 周期性失业　　D. 永久性失业

9. 根据丹尼森的研究,经济增长最大的可衡量的源泉是(　　)。

A 物质资本的积累　　B. 资源的重新配置

C. 规模经济　　D. 人力资本的积累

10. 货币乘数大小与多个变量有关,这些变量是(　　)。

A. 法定存款准备金　　B. 超额存款准备金

C. 现金存款比率(现金漏损率)　　D. 以上都是

11. 右图中 C 点所在的位置,投资 I 和储蓄 S 的关系,货币需求 L 和货币供给 M 的关系,以下正确的是(　　)。

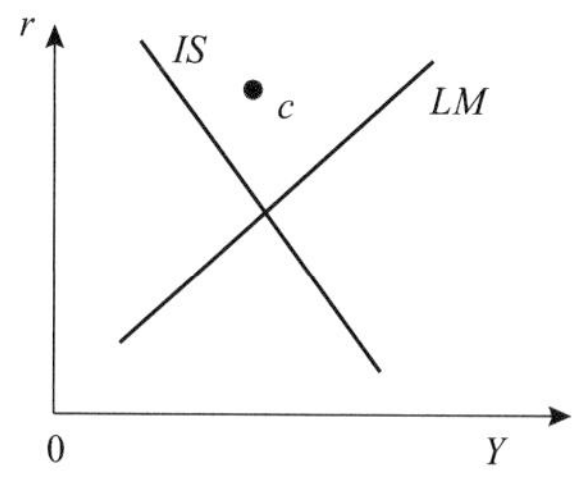

A. $I<S$、$L<M$

B. $I<S$、$L>M$

C. $I>S$、$L>M$

D. $I>S$、$L<M$

12. 在水平状的 LM 曲线上(　　)。

A. 货币政策有效、财政政策无效　　B. 财政政策有效、货币政策无效

C. 货币政策和财政政策均有效　　D. 货币政策和财政政策均无效

13. 经济增长的标志是(　　)。

A. 失业率的下降　　B. 先进技术的广泛应用

C. 社会生产能力的不断提高　　D. 城市化速度加快

14. 扩张性财政政策的本质是(　　)。

A. 货币供给扩张　　B. 政府规模扩大　　C. 物价更稳定　　D. 增加 GDP

15. 紧缩性货币政策的运用会导致(　　)。

A. 减少货币供给量,降低利率　　B. 增加货币供给量,降低利率

C. 减少货币供给量,提高利率　　D. 增加货币供给量,提高利率

得分	

二、多选题(每题 2 分,共 10 题,合计 20 分,漏选给 1 分,错选、多选不给分。请同学们把答案写在前面答题框里。)

1	2	3	4	5	6	7	8	9	10

1. 宏观经济政策的目标有(　　)。

A. 物价稳定　　B. 国际收支平衡　　C. 充分就业　　D. 经济增长

2. 导致长期总供给曲线移动的因素有(　　)。

A. 劳动力数量的变动　　B. 资本的变动

C. 自然资源存量的变动　　D. 技术水平的变动

3.IS-LM 模型研究是那两个市场同时达到均衡(　　)。

A. 劳动市场　　B. 要素市场　　C. 货币市场　　D. 产品市场

4. 货币的职能有(　　)。

A. 价值尺度　　B. 流通手段　　C. 支付手段　　D. 储藏手段

5. 通货膨胀的成因有(　　)。

A. 需求拉上型　　B. 结构失调

C. 供给推动(成本推动)　　D. 以上均不是

6. GDP 统计的缺陷有（　　）。

A. 没有包括非市场的经济活动　　B. 没有包括对闲暇时间的估价

C. 对人们福利的负面影响未被剔出（污染）　　D. 质量的改善未被正确估算

7. 新古典增长模型强调了在一个封闭的没有政府部门的经济中，（　　）对经济增长的作用。

A. 储蓄　　B. 人口增长　　C. 技术进步　　D. 投资

8. 三部门经济中的乘数有（　　）。

A. 政府购买乘数　　B. 税收乘数　　C. 转移支付乘数　　D. 平衡预算乘数

9. 使总需求向右下方倾斜的三种效应有（　　）。

A. 财富效应　　B. 利率效应　　C. 汇率效应　　D. 挤出效应

10. 中央银行间接调控金融市场的三大货币工具包括（　　）。

A. 改变准备金水平　　B. 法定准备金率　　C. 买卖政府债券　　D. 再贴现率

得分	

三、判断题（每题 1 分，共 10 题，合计 10 分，正确的选√，错误的选 ×。请同学们把答案写在前面答题框里。）

1	2	3	4	5	6	7	8	9	10

1. 宏观经济学里的货币需求和货币供给是实际货币需求和实际货币供给。（　　）

2. 投资的边际效率是递减的。（　　）

3. 当经济衰退时，可削减政府支出、减少购买，以维持经济稳定。（　　）

4. 内生增长理论与新古典增长理论的区别在于新古典增长理论将技术进步内生化。（　　）

5. 菲利普斯曲线描述了名义工资率变动与失业率具有稳定的负相关关系。（　　）

6. 经济增长是指一个国家在一定时期内实际人均产出水平的提高。（　　）

7. 凯恩斯认为，对消费产生影响的因素中有决定意义的是市场利率。（　　）

8. 任何改变消费、投资、政府购买或净出口的事件（除开物价水平的变动）都会移动总需求曲线。（　　）

9. 扩张性的财政政策使 *IS* 曲线右移。（　　）

10. 一般来讲，当经济过热时，为了减少货币供应量，中央银行可以采用降低再贴现率的手段来达到目的。（　　）

得分	

四、简答题（共 2 题，合计 14 分）

1. 什么叫乘数效应？（2 分）为什么会产生乘数效应（可陈述说明，也可举例说明）？（5 分）

2. 什么是货币需求?(2 分)凯恩斯的货币需求理论(流动性偏好理论)认为,人们持有货币的动机有哪三种?(3 分)分别受什么因素影响?(2 分)

得分	

五、计算分析题(共 2 题,合计 20 分,若不为整数请保留到小数点后两位。)

1. 假设 A 国有如下国民经济统计资料:消费支出 90 亿美元,投资支出 60 亿美元,政府转移支付 5 亿美元,政府对产品的劳务的购买支出 30 亿美元,工资收入 100 亿美元,租金收入 30 亿美元,利息收入 10 亿美元,利润收入 30 亿美元,所得税 30 亿美元,进口额 70 亿美元,出口额 60 亿美元,求:

(1)用收入法计算 GDP;(4 分)

(2)用支出法计算 GDP。(4 分)

2. 假定某经济社会的消费函数为 $C=100+0.8Y_D$(Y_D 是可支配收入),投资支出为 $I=50$,政府支出 $G=200$,政府转移支付 $TR=62.5$,税收 $T=250$(单位均为亿元),试求:

(1)均衡的国民收入;(4 分)

(2)投资乘数、政府购买乘数、税收乘数、转移支付乘数分别是多少?(8 分)

得分	

六、作图分析题(共2题,合计21分)

1. 请作图分析在IS-LM模型中,紧缩性货币政策的实施,比如增加税收会使*IS*曲线怎样移动,国民收入*Y*会发生什么变化?应该搭配扩张的还是紧缩的货币政策,使*LM*曲线怎样移动才能使*Y*重新恢复到原有的位置?(作图5分,说明6分)

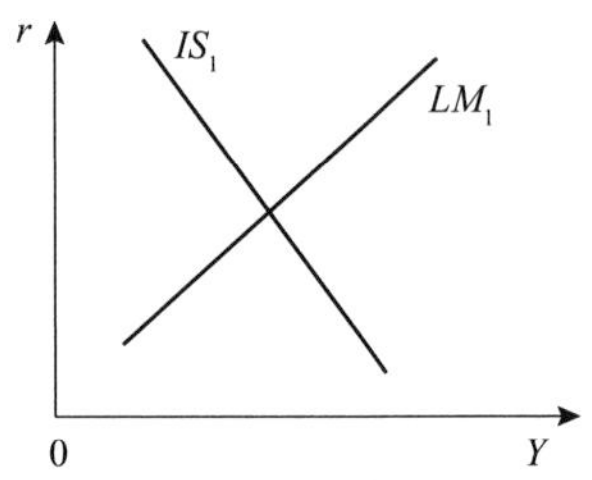

2. 作图分析在AD-AS模型中,为什么经济增长和物价上涨是同方向变动的?(作图5分,说明5分)

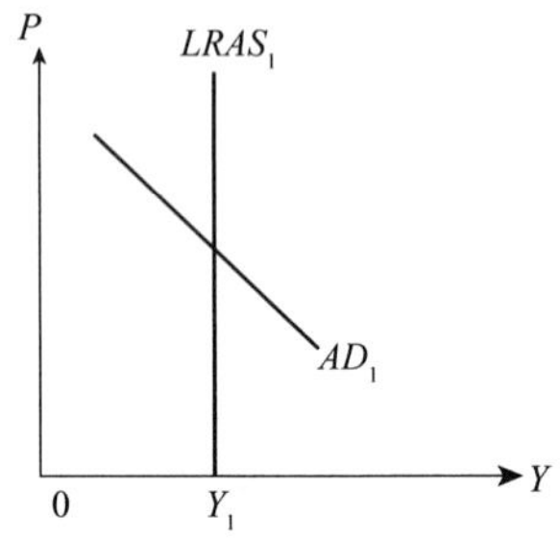

宏观经济学期末模拟题(二)

得分	

一、单选题(每题 1 分,共 15 题,合计 15 分,请同学们把答案写在前面答题框里。)

1	2	3	4	5	6	7	8	9	10
11	12	13	14	15					

1. 下列(　　)可计入 GDP。

A. 购买二手车　　B. 购买股票

C. 小红家买了 10 斤米　　D. 当地政府给贫困户发的扶贫金

2. 从最终使用者的角度看,将最终产品和劳务的市场价值加总计算 GDP 的核算方法是(　　)。

A. 支出法　　B. 收入法　　C. 生产法　　D. 增加价值法

3. 在两部门经济中,均衡发生于(　　)之时。

A. 实际储蓄等于实际投资　　B. 实际储蓄加实际投资等于产出值

C. 计划储蓄等于计划投资　　D. 总支出等于企业部门的收入

4. 当消费函数为 $C=a+bY, a>0, 0<b<1$,这表明,平均消费倾向(　　)。

A. 大于边际消费倾向　　B. 小于边际消费倾向　　C. 等于边际消费倾向　　D. 以上三种情况都可能

5. 以下哪个要素可以带来短期的经济增长(　　)。

A. 资本　　B. 劳动力　　C. 技术　　D. 以上都可以

6. 投机性货币需求与(　　)有关

A. 收入　　B. 消费　　C. 储蓄　　D. 利率

7. 在长期消费函数中,*APC* 与 *MPC* 的关系是(　　)。

A. $APC>MPC$　　B. $APC=MPC$　　C. $APC<MPC$　　D. 以上均不对

8. 不是引起投资曲线的水平移动的因素的有(　　)。

A. 利率水平　　B. 风险偏好　　C. 政府投资　　D. 厂商预期

9. 如果投资对利率非常敏感,那么(　　)。

A. *IS* 曲线陡峭　　B. *IS* 曲线平坦　　C. *LM* 曲线陡峭　　D. *LM* 曲线平坦

10. 菲利普斯曲线说明(　　)。

A. 通货膨胀导致失业　　B. 通货膨胀是由行业工会引起的

C. 通货膨胀率与失业率之间呈负相关　　D. 通货膨胀率与失业率之间呈正相关

11. 根据现代关于经济周期的定义,经济周期是指(　　)。

A. GDP 值增长率的上升和下降的交替过程

B. GNP 值增长率的上升和下降的交替过程

C. 人均 GDP 值增长率的上升和下降的交替过程

D. 人均 GNP 值增长率的上升和下降的交替过程

12. 自动稳定器的功能是(　　)。

A. 缓解周期性的经济波动　　B. 稳定收入
C. 刺激经济增长　　D. 推迟经济的衰退
13. 总需求曲线(　　)。
A. 当其他条件不变时,政府支出减少时会右移　　B. 当其他条件不变时,价格水平上升时会左移
C. 在其他条件不变时,税收减少会左移　　D. 在其他条件不变时,名义货币供给增加会右移
14. 经济中存在大量失业时,合理的财政政策工具是(　　)。
A. 减少税收　　B. 提高个人所得税
C. 提高公司所得税　　D. 增加货币发行量
15. 紧缩性货币政策的运用会导致(　　)。
A. 减少货币供给量,降低利率　　B. 增加货币供给量,降低利率
C. 减少货币供给量,提高利率　　D. 增加货币供给量,提高利率

得分	

二、多选题(每题 2 分,共 10 题,合计 20 分,漏选给 1 分,错选、多选不给分。请同学们把答案写在前面答题框里。)

1	2	3	4	5	6	7	8	9	10

1. 失业的类型有(　　)。
A. 摩擦性失业　　B. 周期性失业　　C. 结构性失业　　D. 季节性失业
2. 影响短期总供给曲线向右上方倾斜的三个理论是(　　)。
A. 自由价格理论　　B. 错觉理论　　C. 黏性价格理论　　D. 黏性工资理论
3. 影响消费的因素有(　　)。
A. 收入水平　　B. 商业价格水平　　C. 消费者偏好　　D. 消费信贷状况
4. 以下是货币政策工具的有(　　)。
A. 法定存款准备金　　B. 国债　　C. 公开市场业务　　D. 再贴现率
5. 按照收入法进行核算,(　　)要计入国民收入。
A. 雇员报酬　　B. 个人租金收入　　C. 公司利润　　D. 所有权收入
6. 若经济处于凯恩斯区域,实施扩张性的财政政策,将会(　　)。
A. 增加收入　　B. 降低利率　　C. 减少收入　　D. 利率不变
7. *IS* 曲线推导的两个前提是(　　)。
A. 利率不变　　B. 价格不变　　C. 产品市场均衡　　D. 货币市场均衡
8. 对货币需求定义的理解是正确的有(　　)。
A. 货币需求始终是一种能力和愿望的统一　　B. 对货币的需求是货币职能决定的
C. 货币需求主要是一个宏观经济学问题　　D. 货币需求与货币供给直接对应
9. 影响经济增长的要素有(　　)。
A. 自然资源　　B. 劳动　　C. 资本　　D. 技术进步
10. 对长期储蓄曲线的看法正确的是(　　)。
A. 长期储蓄曲线从原点出发向右上方倾斜
B. 在长期储蓄函数中储蓄曲线的斜率($1-k$)为一不变的常数
C. 长期储蓄曲线在收支相抵线(45° 线)之下,表明消费一般大于储蓄
D. 随着收入增加,消费和储蓄的绝对差距会扩大

得分	

三、判断题(每题 1 分,共 10 题,合计 10 分,正确的选√,错误的选 ×。请同学们把答案写在前面答题框里。)

1	2	3	4	5	6	7	8	9	10

1. 预期价格 P_E 的变动可以让短期总供给曲线平移。 ( )
2. 就业人口的增加属于生产要素供给的增长。 ( )
3. 进口商品的价格变动要计入 GDP 平减指数。 ( )
4. 45° 线为收支相抵线,表示消费与收入相等。 ( )
5. *LM* 曲线代表货币市场均衡状态下国民收入和利率之间相互关系的曲线。 ( )
6. 犯罪和污染会提高 GDP,这是 GDP 的核算缺陷。 ( )
7. 一般来讲,当经济过热时,为了减少货币供应量,中央银行可以采用降低再贴现率的手段来达到目的。 ( )
8. 在长期均衡中,$P_E = P, Y = Y_N$,失业率等于自然失业率。 ( )
9. 货币政策在短期内可以起到刺激经济的作用,但是在长期中刺激效果会失或不明显。 ( )
10. 资本的黄金分割律基本内容是:若要使稳态人均消费达到最小,稳态人均资本量的选择应使资本的边际产品等于劳动的增长率。 ( )

得分	

四、简答题(共 2 题,合计 14 分)

1. *LM* 曲线上的三个区域分别是什么?(3 分),在那个区域财政政策无效?(1 分)为什么?(3 分)

2. 简述让总需求曲线向又下方倾斜的三个效应是什么?(3 分)并回答这些效应为什么能使总需求曲线向右下方倾斜?(4 分)

得分	

五、计算分析题（共 2 题，合计 20 分，若不为整数请保留到小数点后两位）

1. 假设某经济有 A、B、C 三厂商，A 厂商年产 5 000，卖给 B、C 和消费者，其中 B 买 200，C 买 2 000，其余 2 800 卖给消费者。B 年产 500，直接卖给消费者。C 年产 6 000，其中 3 000 由 A 购买，其余由消费者买。求：

（1）假定投入在生产中都用光了，计算价值增加；（3 分）

（2）计算 GDP；（3 分）

（3）如果只有 C 有 500 折旧，计算国民收入。（3 分）

2. 在一个封闭经济中，有如下方程式：$Y=C+I+G$（收入恒等式），$C=100+0.6Y_D$，当投资 $I=200$ 亿美元，政府购买 $G=150$ 亿美元，税率 $t=0.2$，$T_0=0$。试求：

（1）当收支平衡时的收入水平；（3 分）

（2）投资乘数、政府购买乘数、税收乘数；（6 分）

（3）假设其他条件不变而政府购买增加到 300 亿美元时，新的均衡收入水平。（2 分）

得分	

六、作图分析题(共2题合计21分)

1. 请用IS-LM模型作图分析扩张性的财政政策时,政府购买的增加会使经济发生怎样的波动?(作图5分,说明5分)

2. 请用AD-AS模型作图分析,当股市崩盘后经济会怎么波动并回复到原有位置的(作图5分,说明6分)

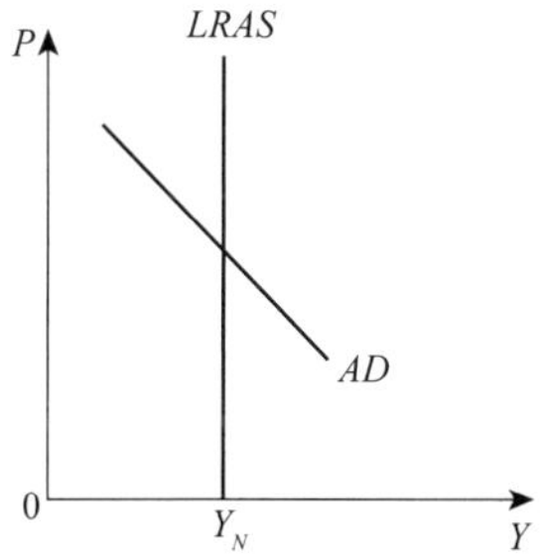

宏观经济学期末模拟题(三)

得分	

一、名词解释(本题型共5题。每题2分,共10分。)

1. 国民生产总值

2. 菲利普斯曲线

3. 自然失业率

4. 通货膨胀

5. 消费者物价指数

得分	

二、单项选择题(本题型共10题。每题1分,共10分。请同学们把答案写在前面答题框里)

1	2	3	4	5	6	7	8	9	10

1. 假定其他条件不变,税收增加将引起国民收入(　　)。
A. 增加,但消费水平下降　　B. 增加,同时消费提高
C. 减少,同时消费水平下降　　D. 减少,但消费水平上升
2. 一般来说,通货膨胀会使(　　)。
A. 债权人受损,债务人受益　　B. 债权人受益,债务人受损
C. 债权人和债务人都受益　　D. 债权人和债务人都受损
3. 长期总供给曲线表示(　　)。

A. 经济中的资源还没有得到充分利用
B. 经济中的资源已得到充分利用
C. 在价格不变时,总供给可以无限增加
D. 经济中存在着严重的失业

4. 紧缩性货币政策的运用会导致(　　)。
A. 减少货币供给量,降低利率
B. 增加货币供给量,降低利率
C. 减少货币供给量,提高利率
D. 增加货币供给量,提高利率

5.*IS* 曲线上的每一个点都表示使(　　)。
A. 投资等于储蓄的收入和利率的组合
B. 投资等于储蓄的均衡货币量
C. 货币需求等于货币供给的均衡货币量
D. 产品市场和货币市场同时均衡的收入

6.(　　)不能视为自动稳定器。
A. 失业救济
B. 累进税
C. 社会保障
D. 国防开支

7. 属于紧缩性财政政策工具的是(　　)。
A. 减少政府支出和减少税收
B. 减少政府支出和增加税收
C. 增加政府支出和减少税收
D. 增加政府支出和增加税收

8. 如果法定准备金为 20%,那么简单的货币乘数就是(　　)。
A. 2
B. 1
C. 5
D. 4

9. 下列项目中,不属于政府购买的是(　　)。
A. 地方政府办公立学校的支出
B. 政府购买一批军火
C. 政府给公务人员增加工资
D. 政府给贫困户提供的补贴金

10. 总需求曲线(　　)。
A. 当其他条件不变时,政府支出减少时会右移
B. 当其他条件不变时,价格水平上升时会右移
C. 当其他条件不变时,税收减少时会左移
D. 当其他条件不变时,总财产增加时会右移

得分	

三、判断正误(本题型共 10 题。每题 1 分,共 10 分,正确选√,错误选 ×。请同学们把答案写在前面答题框里。)

1	2	3	4	5	6	7	8	9	10

1. 政府购买增加将增加 GDP。(　　)
2. 按照凯恩斯主义观点,增加储蓄会使均衡产出增加。(　　)
3. 一般来讲,相对于摩擦性失业,结构性失业问题更为严重。(　　)
4. 当居民的可支配收入等于 0 时,消费支出也一定等于 0。(　　)
5. 扩张的货币政策可以直接刺激投资需求,推动国民产出增加。(　　)
6. 如果货币供给减少或利率上升,则 *LM* 曲线向右移动。(　　)
7. 以价格和收入为坐标的坐标系内,总需求曲线是向右下方倾斜的。(　　)
8. 需求不变时,常规总供给的增加会引起国民收入增加,价格水平下降。(　　)
9. 如果利率水平处在流动陷阱区域,货币政策是无效的。(　　)
10. 当经济中存在通货膨胀时,应该采取增加政府支出和减少税收的财政政策。(　　)

得分	

四、计算题(本题型共 4 题。每题 10 分,共 40 分。)

1. 假设一经济社会生产的两种产品:猪肉和钢铁。它们在 2019 年和 2020 年的产量和价格分别如下表所示。求:

(1)2019 年名义 GDP;

(2)2020 年名义 GDP;

(3)以 2019 年为基期,求 2019 年和 2020 年的实际 GDP 是多少,这两年实际 GDP 变化多少百分比?

	2019 年		2020 年	
	数量	价格	数量	价格
猪肉(千克)	1 000	20 元	1 200	15 元
钢铁(吨)	400	100 元	500	120 元

2. 假定两部门经济中消费函数 $C=100+0.7Y$,投资函数 $I=200-3r$,假定货币供给 $M=100$,货币的交易性需求 $L_1=0.2Y$,货币的投机性需求为 $L_2=-2r$。求:

(1)IS 曲线方程和 LM 曲线方程;

(2)产品和货币市场同时均衡的利率和收入;

(3)假设货币供给量新增 50 时,LM 曲线方程,均衡的利率和收入。

3. 设总供给函数为 $Y_S=2\ 000+P$ 总需求函数为 $Y_D=2\ 400-P$。

(1)求供求均衡点;

(2)如果总需求曲线向左(平行)移动 10%,求新的均衡点并把该点与(1)的结果相比较;

(3)如果总供给曲线相左(平行)移动 10%,求新的均衡点并把该点与(1)的结果相比较。

4. 假设某经济社会三年的预期通货膨胀率分别为 10%、2%、15%。

(1)为使得每年的实际利率不低于 4%。那么名义利率应分别为多少？三年平均的名义利率是多少？

(2)在名义利率为 10%,而实际利率仅为 5%,预期的通货膨胀率为多少？

得分	

五、简答题(本题型共 5 题。每题 6 分,共 30 分。)

1. 用总需求和总供给曲线的作图说明宏观经济中的萧条、高涨和滞涨。

2. 解决失业问题的途径和方法有哪些。

3. 影响 *IS* 曲线移动的因素有哪些？

4. 什么是公开市场业务？这货币政策工具有哪些优点？

5. 政府促进经济增长的政策有哪些？

宏观经济学期末模拟题(四)

得分	

一、名词解释(本题型共5题。每题2分,共10分。)

1. 国民生产总值

2. 边际消费倾向

3. 通货膨胀

4. 货币幻觉

5. 周期性失业

得分	

二、单项选择题(本题型共10题。每题1分,共10分。请同学们把答案写在前面答题框里)

1	2	3	4	5	6	7	8	9	10

1. 根据消费函数,引起消费增加的因素是(　　)。
A. 价格水平下降　B. 收入增多　C. 储蓄增加　D. 利率上升
2. 在两部门经济中,均衡发生于(　　)之时。
A. 实际储蓄等于实际投资　B. 实际的消费加实际的投资等于产出值
C. 计划储蓄等于计划投资　D. 总支出等于企业部门的收入
3. 根据丹尼森的研究,经济增长的最大的可衡量的源泉是(　　)。
A. 物质资本的积累　B. 资源的重新配置　C. 规模经济　D. 人力资本的积累
4. 假设货币总供给不变,货币的交易需求与预防需求的增加将会导致货币投资需求(　　)。
A. 增加　B. 减少　C. 不变　D. 不确定

5.(　　)在经济中不具有内在稳定器作用。

A. 累进税率制　　B. 政府开支直接随国民收入水平变动

C. 社会保障支出和失业保险　　D. 农产品维持价格

6. 在以下情况中,投资乘数最大的是(　　)。

A. 边际消费倾向为 0.7　　B. 边际储蓄倾向为 0.2

C. 边际储蓄倾向为 0.4　　D. 边际储蓄倾向为 0.3

7. 如果某人刚进入劳动力队伍尚未找到工作,这是属于(　　)。

A. 自愿性失业　　B. 结构性失业　　C. 周期性失业　　D. 摩擦性失业

8. 利率和收入的组合点出现在 *IS* 曲线右上方、*LM* 曲线左上方的区域中,则表示(　　)。

A. 投资小于储蓄且货币需求小于货币供给

B. 投资小于储蓄且货币需求大于货币供给

C. 投资大于储蓄且货币需求小于货币供给

D. 投资大于储蓄且货币需求大于货币供给。

9. 下列经济活动中,(　　)计入 GDP。

A. 某企业出售了去年的库存

B. 人们在一级市场购买股票

C. 人们在二手市场购买了一台电冰箱

D. 经纪人为一座旧房屋买卖收取的佣金

10. 扩张性财政政策对经济的影响是(　　)。

A. 缓和了经济萧条但是增加了政府债务

B. 缓和了经济萧条也减轻了政府债务

C. 加剧了通货膨胀但是减轻了政府债务

D. 缓和了通货膨胀也增加了政府债务

得分	

三、判断正误并解释原因(本题型共 5 题。每题 2 分,共 10 分,正确选√,错误选 ×。请同学们把答案写在前面的答题框里。)

1	2	3	4	5	6	7	8	9	10

1. 政府转移支付应该计入 GDP 中。(　　)

2. 边际消费倾向和平均消费倾向总是大于 0 小于 1。(　　)

3. 如果一杯咖啡在巴黎为 2 欧元,在纽约为 6 美元,并且购买力平价理论成立,那么汇率是每美元兑 4 欧元。(　　)

4. 充分就业就是人人都有工作。(　　)

5. 紧缩的货币政策将会使利率提高,对利率敏感的私人部门支出减少。于是,"挤出效应"出现了。(　　)

6. 既然折旧和间接税不是要素收入,按照收入法这两项不应计入 GDP。(　　)

7. 所得税率增加,国民生产总值增加。(　　)

8. 从短期来说,当居民的可支配收入等于 0 时,消费支出也等于 0。(　　)

9. 如果边际消费倾向为正,那么边际储蓄倾向为负。(　　)

10. 一般来说,某个大学生毕业后为能立即找到工作属于摩擦性失业。(　　)

得分	

四、计算题(本题型共 4 题。每题 10 分,共 40 分。)

1. 一经济社会生产三种产品:书本、辣椒和大米。它们在 2005 年和 2006 年的产量和价格如下表所示。

	2005 年		2006 年	
	数量	价格	数量	价格
书本(本)	1 000	10 元	1 200	10 元
辣椒(千克)	2 000	2 元	2 500	3 元
大米(千克)	5 000	1 元	7 500	2 元

试求:

(1)2005 年名义 GDP;(2 分)

(2)2006 年名义 GDP;(2 分)

(3)以 2005 年为基期, 2005 年和 2006 年的实际 GDP 是多少,这两年实际 GDP 变化多少百分比;(4 分)

(4)用 2005 年作为基期计算,2005 年和 2006 年的 GDP 折算指数。(2 分)

2. 在三部门经济中,已知消费函数为 C=100+09Y_D 为可支配收入,投资 I=300 亿元,政府购买 G=160 亿元,税收 T=0.2Y。试求:

(1)均衡的国民收入水平;(3 分)

(2)政府购买支出乘数;(3 分)

(3)若政府购买增加到 300 亿元时,新的均衡国民收入。(4 分)

3. 假定某经济中收入恒等式为 $Y=C+I+G+NX$,且消费函数为 $C=100+0.9(1-t)Y$,投资函数为 $I=200-500r$,净出口函数为 $NX=100-0.12Y-500r$,货币需求为 $L=0.8Y-2\,000r$,政府支出 $G=200$,税率 $T=0.2$,名义货币供给 $M=800$,价格水平不变为 $P=1$,试求:

(1)*IS* 曲线;(2 分)

(2)*LM* 曲线;(2 分)

(3)产品市场和货币市场同时均衡时的利率和收入。(6 分)

4. 假设总需求函数为 $Y_D=120+(200/P)$，总供给函数为 $Y_S=10P$。

(1)假设均衡状态为充分就业，求总产出和价格。(4 分)

(2)假设由于工资提高，总供给函数变为 $Y=8P$，求总产出和价格的变化。(6 分)

得分	

五、简答题(本题型共 5 题。每题 6 分，共 30 分。)

1. 简述奥肯定律。

2. 论述固定汇率制与浮动汇率制下汇率的决定。

3. 简述消费函数和储蓄函数的关系。

4. 什么是财政政策，财政政策的主要工具有哪些?

5. 简述宏观经济政策目标?

宏观经济学期末模拟题(五)

得分	

一、单选题(每题2分,共30分。请同学们把答案写在前面的答题框里)

1	2	3	4	5	6	7	8	9	10
11	12	13	14	15					

1. 下列(　　)应计入GDP中。
A. 面包厂购买的面粉　　B. 购买40股股票
C. 家庭主妇购买的面粉　　D. 购买一辆用过的自行车

2.(　　)不属于政府购买。
A. 地方政府办三所中学　　B. 政府给低收入者提供一笔住房补贴
C. 政府订购一批军火　　D. 政府给公务人员增加薪水

3. 在一般情况下,国民收入核算体系中数值最小的是(　　)。
A. 国内生产净值　　B. 个人收入　　C. 个人可支配收入　　D. 国民收入

4.(　　)可用来衡量通货膨胀的物价指数。
A.GDP折算指数　　B. 消费者价格指数(CPI)
C. 生产者物价指数(PPI)　　D. 以上均正确

5. 投资乘数最大的是(　　)。
A. 边际消费倾向为0.7　　B. 边际储蓄倾向为0.2
C. 边际储蓄倾向为0.4　　D. 边际储蓄倾向为0.3

6. 自发投资支出减少10亿美元,会使*IS*(　　)。
A. 右移10亿美元　　B. 左移10亿美元
C. 右移支出乘数乘以10亿美元　　D. 左移支出乘数乘以10亿美元

7. 某居民预料债券价格将要下跌而把货币保留在手中,这种行为是出于(　　)。
A. 交易动机　　B. 预防动机　　C. 投机动机　　D. 保值动机

8. 如果投资对利率非常敏感,那么(　　)。
A. *IS*曲线陡峭　　B. *IS*曲线平坦　　C. *LM*曲线陡峭　　D. *LM*曲线平坦

9. 当经济中未达到充分就业时,如果LM曲线不变,政府支出增加会导致(　　)。
A. 收入增加、利率上升　　B. 收入增加、利率下降
C. 收入减少、利率上升　　D. 收入减少、利率下降

10. 由于经济萧条而出现的失业属于(　　)。
A. 摩擦性失业　　B. 结构性失业　　C. 周期性失业　　D. 自愿性失业

11. 如果日元兑美元的名义汇率由100日元兑1美元变为105日元兑1美元,那么(　　)。
A. 日元兑美元的名义汇率贬值　　B. 日本兑美元的名义汇率升值
C. 日本兑美元的名义汇率不变　　D. 以上都不对

12. 其他条件不变,总需求曲线(　　)。

A. 政府支出增加会右移　　B. 政府税收增加会右移

C. 货币供给增加左移　　D. 政府支出增加会左移

13. 利率和收入的组合点出现在 *IS* 曲线右上方,*LM* 曲线的左上方的区域中,则表示(　　)。

A. $I<S,L<M$　　B. $I>S,L>M$　　C. $I>S,L<M$　　D. $I<S,L>M$

14. 在两部门经济中,若现期 GDP 水平为 5 000 亿元,消费者希望从中支出 3 800 亿元消费,计划投资支出总额 1 500 亿元,这些数据说明(　　)。

A. GDP 不在均衡水平上,将下降　　B. GDP 不在均衡水平上,将上升

C. GDP 在均衡水平　　D. 不确定

15. 如果一个国家选择了严格限制资本跨国自由流动,根据三元悖论的原理(　　)。

A. 该国可以根据泰勒规则调节货币政策　　B. 该国可以根据弗里德曼的 k 发展调节货币政策

C. 该国可以恢复金本位　　D. 以上都可行

得分	

二、多选题(每题 3 分,共 15 分。请同学们把答案写在前面答题框里。)

1	2	3	4	5					

1. 经济学上的投资是指(　　)。

A. 企业增加一笔存货　　B. 建造一座住宅

C. 企业购买一台计算机　　D. 购买股票

2. 经常项目包括(　　)。

A. 货物的进口和出口　　B. 转移支付项目

C. 投资收入　　D. 旅游收入

3. 当发生通货膨胀时,以下说法正确的是(　　)。

A. 债务人利益受到损失　　B. 债权人利益受到损失

C. 有利于固定收入者　　D. 有利于非固定收入者

4. 扩张性财政政策和扩张性货币政策效果可能是(　　)。

A. 产出增加　　B. 利率下降　　C. 利率上升　　D. 产出减少

5. 在流动陷阱(凯恩斯陷阱)中(　　)。

A. 货币政策有效　　B. 财政政策有效　　C. 货币政策无效　　D. 财政政策无效

得分	

三、判断题(每题 1 分,共 10 分,正确的打√,错误的打 ×。请同学们把答案写在前面答题框里)

1	2	3	4	5	6	7	8	9	10

1. 无论房东把房子租给别人还是自己住,他所得到的或他本应得到的租金总额都包括在 GDP 中。(　　)

2. 当经济出现紧缩缺口时,政府应采取紧缩政策。(　　)

3. 名义货币供给不变,物价水平下降可以引起 *LM* 曲线右移。(　　)

4. 政府支出的增加会使 *IS* 曲线右移，移动量与政府支出增加量相等。（ ）
5. 按照凯恩斯主义观点，增加储蓄会使均衡产出增加。（ ）
6. 一般来讲，相对于摩擦性失业，结构性失业问题更为严重。（ ）
7. 今年的名义 GDP 大于去年的名义 GDP，说明今年的物价水平和实物产量水平一定都比去年增加了。（ ）
8. 个人收入等于个人可支配收入加个人所得税。（ ）
9. 购买力平价理论认为，一国的通货膨胀高就引起本国通货贬值，而真实汇率不变。（ ）
10. LM 曲线上的每一点都表示产品市场上投资等于储蓄时收入与利率的组合。（ ）

得分	

四、计算题（第 1 题 12 分，第 2 题 14 分，共 26 分）

1. 假定一国有下列国民收入统计资料：

单位：亿美元

国内生产总值	4 800
总投资	800
净投资	300
消费	3 000
政府购买	960
政府预算盈余	30

试计算：（1）国内生产净值；（4 分）（2）净出口；（2 分）（3）政府税收减去转移支付后的余额；（2 分）（4）个人可支配收入；（2 分）（5）个人储蓄。（2 分）

2.（14 分）某经济中，消费函数为 $C=600+0.8Y$，投资函数为 $I=400-50r$，政府购买为 200；货币需求函数为 $L=250+0.5Y-125r$，名义货币供应量为 1 250，价格水平为 1，求：

（1）*IS* 曲线方程和 *LM* 曲线方程；（2 分）

（2）均衡收入和均衡利率；（2 分）

（3）假设充分就业收入为 5 000，若政府采用扩张性货币政策实现充分就业，需要增加多少货币供给；（4 分）

（4）当价格水平可以变动时，推导出总需求函数；（4 分）

假定总供给函数为 $Y=2\,375+125P$，根据（4）求出的总需求函数，求均衡收入水平和价格水平。（2 分）

得分	

五、问答题(第 1 题 7 分,第 2 题 12 分,共 19 分)

1. 经济学家认为,“对高收入者征税补贴给低收入者能够增加国民收入”是正确的吗?(1 分)为什么?(6 分)

2. 财政政策的手段主要有哪些?(2 分)财政政策的传导机制是什么?(10 分)

宏观经济学期末模拟题(六)

得分	

一、单选题(每题 2 分,共 30 分。请同学们把答案写在前面答题里。)

1	2	3	4	5	6	7	8	9	10
11	12	13	14	15					

1. 下列(　　)不列入国内生产总值的核算。

A. 出口到外国的一批货物　　B. 政府给贫困家庭发放的一笔救济金

C. 经纪人为一笔旧房买卖收取佣金　　D. 保险公司收到一笔家庭财产保险

2. 在一个由居民户、企业、政府和国外部门构成的四部门经济中,GDP 是(　　)的总和。

A. 消费、总投资、政府购买和净出口　　B. 消费、净投资、政府购买和净出口

C. 消费、总投资、政府购买和总出口　　D. 工资、地租、利息、利润和折旧

3. 在一般情况下,国民收入核算体系中数值最小的是(　　)。

A. 国内生产净值　　B. 个人收入

C. 个人可支配收入　　D. 国民收入

4. 在收入的均衡水平上,(　　)。

A. 计划支出等于实际支出　　B. GDP 没有变动的趋势

C. 非自愿的存货积累为零　　D. 以上说法都正确

5. 国民消费函数为 $C=80+0.8Y$,如果消费增加 100 亿元,国民收入(　　)。

A. 增加 100 亿元　　B. 减少 100 亿元

C. 增加 500 亿元　　D. 减少 500 亿元

6. 总需求曲线向下倾斜的原因之一是物价水平下降引起(　　)。

A. 货币供给减少　　B. 对货币的交易需求增加

C. 货币供给增加　　D. 对货币的交易需求减少

7. 一般地,在 *IS* 曲线不变时,货币供给减少会导致(　　)。

A. 收入增加、利率上升　　B. 收入增加、利率下降

C. 收入减少、利率上升　　D. 收入减少、利率下降

8. 如果某人刚进入劳动力队伍尚未找到工作,这是属于(　　)。

A. 摩擦性失业　　B. 结构性失业

C. 周期性失业　　D. 自愿性失业

9. 如果一个国家选择了严格限制资本跨国自由流动,根据三元悖论的原理(　　)。

A. 该国可以根据泰勒规则调节货币政策

B. 该国可以根据弗里德曼的 k 发展调节货币政策

C. 该国可以恢复金本位

D. 以上都可行

10. 菲利浦斯曲线描述(　　)之间的关系。

A. 失业与通货膨胀　　B. 失业与产量

C. 总需求与总供给　　D. 通货膨胀与产量

11. 在 *LM* 曲线左上方和 *IS* 曲线右上方的区域中(　　)。

A. 储蓄小于投资,货币供给大于货币需求

B. 储蓄大于投资,货币供给大于货币需求

C. 储蓄大于投资,货币供给小于货币需求

D. 储蓄小于投资,货币供给小于货币需求

12. 不属于内在稳定器的项目是(　　)。

A. 政府购买　　B. 累进税

C. 社会保障　　D. 政府转移支付

13. 宏观经济学的核心理论是(　　)。

A. 经济决定理论　　B. 价格决定理论

C. 宏观决定理论　　D. 国民收入决定理论

14. 成本推动的通货膨胀的前提是(　　)。

A. 总需求给定　　B. 总供给给定

C. 货币需求给定　　D. 货币供给给定

15. 货币政策的工具不包括(　　)。

A. 公开市场业务　　B. 法定准备金率

C. 再贴现率　　D. 政府支出

得分	

二、多选题(每题 3 分,共 15 分。请同学们把答案写前面答题框里。)

1	2	3	4	5					

1. 下列选项中,(　　)是要素收入。

A. 总统薪水　　B. 股息

C. 公司对灾区的捐款　　D. 银行存款者取得的利息

2. 如果实施紧缩性的货币政策,中央银行可采取的措施是(　　)。

A. 卖出国债　　B. 提高法定准备金比率

C. 降低再贴现率　　D. 提高再贴现率

3. 紧缩性财政政策和扩张性货币政策效果可能是(　　)。

A. 产出增加　　B. 利率下降

C. 利率上升　　D. 产出减少

4. 货币供给大致等于(　　)。

A. 公众持有的通货　　B. 公众持有的通货加上活期存款

C. 公众持有的通货加上银行准备金　　D. 公众持有的通货加上定期存款

5. 现代经济增长理论有(　　)。

A. 哈罗德 - 多马经济增长模型　　B. 新古典经济增长模型

C. 新剑桥经济增长模型　　D. 新经济增长模型

得分	

三、判断题(每题1分,共10分,正确的打√,错误的打×。请同学们把答案写在前面答题框里。)

1	2	3	4	5	6	7	8	9	10

1. 一国的国内生产总值小于国民生产总值,说明该国公民从外国取得的收入大于外国公民从该国取得的收入。 ( )

2. 购买力平价理论认为,一国的通货膨胀高就引起本国通货贬值,而真实汇率不变。 ( )

3. $MPC+APC=1$。 ( )

4. 均衡收入取决于总需求。 ( )

5. 害怕政府倒台会增加货币的预防需求。 ( )

6. *IS* 曲线上的每一点都表示货币的需求等于货币供给时收入与利率的组合。 ( )

7. 充分就业时人人都有工作,没有失业。 ( )

8. 收入分配平衡是经济政策的最终目标之一。 ( )

9. *LM* 曲线向上倾斜,它是实际货币余额的供给既定的条件下取得的。 ( )

10. “挤出”效应越大,财政政策对经济活动的影响越大。 ( )

得分	

四、计算题(第1题16分,第2题13分,共29分)

1. 已知某国有如下经济数据。

(单位:亿元)

工资	80	间接税	10
利息	20	消费支出	100
租金	30	投资支出	50
利润	30	政府购买	30
出口额	50	进口额	60
政府转移支付	5	所得税	30

(1)用收入法计算GDP;(4分)

(2)用支出法计算GDP;(4分)

(3)计算政府赤字;(4分)

(4)计算储蓄。(4分)

2.(13分)假定某经济存在以下关系:消费 $C=800+0.8Y$,收入 $T=0.25Y$,投资 $I=200-50r$,政府购买 $G=200$,货币需求 $L=0.4Y-100r$,货币供给 $MS=900$(名义货币量),总供给函数为 $Y=2\,350+400P$,试求:

(1)*IS* 曲线;(2分)

(2)*LM* 曲线(假定 P=2);(2分)

(3)求均衡的国民收入和利率;(2分)

(4)总需求函数;(2分)

(5)总供给与总需求均衡时收入水平 Y 和价格水平 P;(2分)

(6)假定经济的充分就业的收入水平为 2 850,问是否实现了充分就业?(1分)此时政府应采取什么样的政策(扩张性、紧缩性财政/货币政策),以实现充分就业的目标。(2分)

得分	

五、问答题(第1题7分,第2题9分,共16分)

1. 经济学家认为,“对高收入者征税补贴给低收入者能够增加国民收入”。正确吗?(1分)为什么?(6分)

2. 2018 年以来央行 3 次调低法定准备金率,什么是货币政策(3分)?用意何在?(6分)

参考答案

第九章 同步自测题答案

1. 单选题

(1)C (2)B (3)B (4)A (5)D (6)A (7)C (8)A (9)D (10)D (11)D (12)A (13)B (14)A (15)B (16)C (17)D (18)B (19)C (20)B (21)B (22)A (23)D (24)A (25)C (26)B (27)C (28)A (29)C (30)A (31)A

2. 多选题

(1)AC (2)ABCD (3)BCD (4)ABE (5)ABCD

3. 判断题

(1)× (2)× (3)× (4)√ (5)× (6)√ (7)√ (8)× (9)√ (10)√ (11)× (12)√ (13)× (14)× (15)√ (16)× (17)× (18)× (19)× (20)× (21)× (22)√ (23)× (24)√ (25)√ (26)√ (27)√ (28)× (29)√ (30)√ (31)× (32)× (33)√

4. 问答题

(1)**答:**存量衡量的是某个研究对象在一个特定时点上的状态;而流量衡量的是在一个特定时期内某个研究对象状态的变化。①某国一年创造的 GDP 是一个流量。②某国年终的资本总额是一个存量。③某国十年间的投资量是一个流量。④经济中一定时点上存在的货币的数量是一个存量。⑤经济中一定时期内货币变动的数量是一个流量,它反映了状态的变化。

(2)**答:**经济学上所讲的投资是指社会实际资本的增加,包括购买新厂房、设备和存货的行为,而购买债券和股票等金融资产只是一种证券交易活动,而不是实际的生产经营活动,因为每一个金融资产购买方必对应一个卖出方,两者对于社会总投资的贡献为 0。购买金融资是一种产权转移活动,因而不属于经济学意义的投资活动,也不能记入 GNP。当公司从人们手中取得了出售债券或股票的货币资金再去购买厂房或机器设备时,才是投资活动。

(3)**答:**这些概念之间的如下关系。①国民生产总值(GNP)是一个国家所拥有的生产要素在一定时期内所生产的全部最终产品和服务的价值总和。因此,从收入法的角度出发,GNP 是按国民原则进行统计的。凡是本国居民创造的收入,无论他是否在国内,都被计入国民生产总值,而外国居民在本国的收入则不计入 GNP。而国内生产总值(GDP)是按国土原则进行统计的,它是在一国领土范围内的总收入,不管这种收入是否由本国居民创造,都被计入国内生产总值。国民生产总值等于国内生产总值加上国外净要素收入。国外净要素收入是指从国外得到的生产要素收入减去支付给国外的要素收入,即:$GNP=GDP+$(本国居民从外国获得的收入－外国居民从本国获得的收入)。②从 GNP 中减去折旧,就可以获得国民生产净值(NNP):$NNP=GNP-$折旧。③从国民生产净值中减去企业间接税,可以得到国民收入(NI):$NI=NNP-$间接税。④国民收入包括参加生产过程的所有生产要素所有者的收入总和,由五部分收入组成:劳动收入、业主收入、租金收入、企业利润和净利息收入,即:$NI=$劳动收入＋业主收入＋租金收入＋企业利润＋净利息收入。⑤从国民收入中减去公司利润和交纳的社会保障金,再加上政府转移支付、红利和利息调整等,可以得到个人收入(PI):$PI=NI-$公司利润－社会保障金＋政府转移支付＋红利＋利息调整。⑥个人收入再减去个人所得税和其他非税收性支付,就可以得到个人可支配收入(DPI):$DPI=PI-$个人所得税－非税收性支付。

（4）**答**：不能。在国民收入核算中，一件产品究竟是中间产品还是最终产品，不能根据产品的物质属性来加以区别而只能根据产品是否进入最终使用者手中这一点加以区别。例如，我们不能根据产品物质属性来判断面粉和面包究竟是最终产品还是中间产品。看起来，面粉一定是中间产品，面包一定是最终产品。其实不然。 如果面粉为面包厂所购买，这包面粉是中间产品，如果这包面粉为 家庭主妇所购买，则是最终产品。同样，如果面包是面包商店卖给消费者，此面包是最终产品，但面包在生产厂家出售给面包商店时，它还属中间产品。

（5）**答**：不能。该公司对 GDP 创造的作用表现是看它在某年生产了多少汽车，而不是卖掉了多少汽车。多卖掉一些还是少卖掉一些，只会使存货投资多一些还是少一些，而不会使 GDP 发生变化。

（6）**答**：①这个企业为经理买这辆小汽车要作为投资计入 GDP，而这个企业给这位经理发一笔额外报酬让他自己买这辆小汽车在国民收入核算中要作为消费计入 GDP。 ②假若一个消费者买本国生产的轿车消费，则该购买支出要计入 GDP，若购买进口轿车消费，则该消费支出要作为进口从 GDP 中扣除。

（7）**答**：在国民收入核算中，一件产品究竟是中间产品还是最终产品，不能根据产品的物质属性来加以区别，而只能根据产品是否进入最终使用者手中这一点来加以区别。例如，我们不能根据产品的物质属性来判断面粉和面包究竟是最终产品还是中间产品。如果面粉为面包厂所购买，则面粉是中间产品，如果面粉为家庭主妇所购买，则是最终产品。同样，如果面包由面包商店卖给消费者，则此面包是最终产品，但如果面包由生产厂出售给面包商店，则它还属于中间产品。

（8）**答**：存量指某一时点上存在的某种经济变量的数值，其大小没有时间维度，而流量是指一定时期内发生的某种经济变量的数值，其大小有时间维度；但是二者也有联系，流量来自存量，又归于存量，存量由流量累积而成。拿财富与收入来说，财富是存量，收入是流量。

（9）**答**：购买公司债券实际上是借钱给公司用，公司将从人们手中借到的钱用作生产经营，比方说购买机器设备，这样这笔钱就提供了生产性服务，可被认为创造了价值，因而公司债券的利息可看作是资本这一要素提供生产性服务的报酬或收入，因此要计入 GDP。可是政府的公债利息被看作是转移支付，因为政府借的债不一定用于生产经营，而往往是用于弥补财政赤字。政府公债利息常常被看作是用从纳税人身上取得的收入来加以支付的，因而习惯上被看作是转移支付。

（10）**答**：政府给公务员发工资要计入 GDP 是因为公务员提供了为社会工作的服务，政府给他们的工资就是购买他们的服务，因此属于政府购买，而政府给灾区或困难人群发的救济金不计入 GDP，并不是因为灾区或困难人群提供了服务，创造了收入，相反，是因为他们发生了经济困难，丧失了生活来源才给予其救济的，因此这部分救济金属于政府转移支付。政府转移支付只是简单地通过税收（包括社会保险税）把收入从一个人或一个组织手中转移到另一个人或另一个组织手中，并没有相应的货物或劳务的交换发生。所以政府转移支付和政府购买虽都属政府支出，但前者不计入 GDP 而后者计入 GDP。

5. 计算题

（1）**解**：①项链为最终产品，价值 40 万美元。 ②开矿阶段生产 10 万美元，银器制造阶段生产 30 万美元，即 40 万美元 −10 万美元 =30 万美元，两个阶段共增值 40 万美元。在生产活动中，所获工资共计：$7.5+5=12.5$（万美元），在生产活动中，所获利润共计：$(10-7.5)\times 4-(30-5)=2.5$（万美元）。

③用收入法计得的 GDP 为 $12.5+27.5=40$（万美元），可见，用最终产品法，增值法和收入法计得的 GDP 是相同的。

（2）**解**：国内生产净值：$NDP=GDP-$ 折旧 $=8\,800-(1\,150-292)=7\,942$（单位）。净出口净额：$X-M=GDP-(C+I+G)=8\,800-(5\,800+1\,150+1\,500)=350$（单位）。税收：$T=BS+G=44+1\,500=1\,544$（单位）；则个人储蓄：$S=Y-C-T=8\,800-5\,800-1\,544=1\,456$（单位）；个人可支配收入 $DPI=C+S=5\,800+1\,456=7\,256$（单位）。综上，个人储蓄为 1 456 单位。

（3）**解**：①根据奥肯定律，实际失业率每高于自然失业率 1%，则实际 GDP 低于潜在 GDP 3%，现在实际失业率高于自然失业率 2%，而该国潜在 GDP 每年又以 2% 的速度增长，因此，要想使该国在两年内实现充分就业，该国经济每年应增长 5%。②若该国实现 GDP 每年以 4% 的速度增长，则需要 3 年才能实现充分就业。

（4）**解：**① 1998 年名义 GDP=100×10+200×1+500×0.5=1 450（美元）。

② 1999 年名义 GDP=110×10+200×1.5+450×1=1 850（美元）。

③以 1998 年为基期，1998 年实际 GDP=1 450 美元，1999 年实际 GDP=110×10+200×1+450×0.5=1 525（美元），这两年实际 GDP 变化百分比 =（1 525−1 450）/1 450×100%≈5.17%。

④以 1999 年为基期，1999 年实际 GDP=1 850（美元），1998 年的实际 GDP=100×10+200×1.5+500×1=1 800（美元），这两年实际 GDP 变化百分比 =（1 850−1 800）/1 800×100%≈2.78%.

⑤ GDP 的变化由两个因素造成：一是所生产的物品和劳务数量的变动；二是物品和劳务价格的变动。"GDP 的变化取决于我们以哪一年的价格作衡量实际 GDP 的基期的价格"这句话只说出了后一个因素，所以是不完整的。

⑥用 1998 年作为基期，1998 年 GDP 折算指数 = 名 GDP/ 实际 GDP=1 450/1 450×100%=100%，1999 年 GDP 折算指数 =1 850/1 525×100%=121.3%。

（5）**解：**①国内生产净值 = 国内生产总值 − 资本消耗补偿，而资本消耗补偿即折旧等于总投资减净投资后的余额，即 500=800−300，因此国内生产净值 =4 800−500=4 300（亿美元）。

②从 $GDP=C+I+G+NX$ 中可知 $NX=GDP-C-I-G$，因此，净出口 NX=4 800−3 000−800−960=40（亿美元）。

③用 BS 代表政府预算盈余，T 代表净税收即政府税收减去转移支付后的收入，则有 $BS=T-g$，从而有 $T=BS+g$=30+960=990（亿美元）。

④个人可支配收入本来是个人收入减去个人所得税后的余额，本题条件中没有说明间接税、公司利润、社会保险税等因素，因此，可从国民生产净值中直接得到个人可支配收入，即 $y_d=NNP-T$=4 300−990=3 310（亿美元）。

⑤个人储蓄 $S=Y_D-C$=3 310−3 000=310（亿美元）。

6. 分析题

（1）**答：**①这个例子与 GDP 核算没有关系，GDP 核算本身是一个非常有用的体系，虽然有自己的缺陷，但是与这个例子无关。GDP 只客观核算生产是否增加，不问为何增加。它完成了自己的任务，很了不起。

②车祸带来 GDP 增加，前提应该是存在生产过剩，车祸带来需求增加，从而增加了 GDP。

③不仅仅影响医疗、保险和汽车修理三个产业，会通过乘数效应在需求方面带动其他产业产量增长，同时在上述三个产业里也需要用到其他产业是产出作为投入。

④在战争时期，社会生产系统正在满负荷甚至超负荷运行，因此车祸只会改变 GDP 结构，不会改变数量。

⑤如果面临的是凯恩斯所强调的供给过剩环境，这个例子证明了凯恩斯理论的正确性。

（2）**答：**①会影响 GDP，增加了 GDP 中的消费；②会影响 GDP，增加了 GDP 中的投资，新建住宅属投资而不是消费罗因为住宅像别的固定资产一样是长期使用，慢慢被消耗的；③会影响 GDP 减少了 GDP 中的投资，存货减少，企业的存货投资是负的；④不会影响 GDP 政府的转移支付提高，但并没有相应的物品或服务的交换发生；⑤会影响 GDP，增加了进口，应从 GDP 中减去；⑥会影响 GDP 增加了 GDP 中的投资。

（3）**答：**如果甲乙两国合并成一个国家，对 GDP 总和会有影响。因为甲乙两国未合并成一个国家时，双方可能有贸易往来，但这种贸易只会影响甲国或乙国的 GDP，对两国 GDP 总和不会有影响。举例说，甲国向乙国出口 10 台机器，价值 10 万美元，乙国向甲国出口 800 套服装，价值 8 万美元，从甲国看，计入 GDP 的有净出口 2 万美元，从乙国看，计入 GDP 的有净出口减 2 万美元；从两国 GDP 总和看，计入 GDP 的价值为零。如果这两国并成一个国家，两国贸易就变成两地区间的贸易。甲地区出售给乙地区 10 台机器，从收入看，甲地区增加 10 万美元；从支出看，乙地区增加 10 万美元。相反，乙地区出售给甲地区 800 套服装，从收入看，乙地区增加 8 万美元；从支出看，甲地区增加 8 万美元。由于甲乙两地属于同一个国家，因此，该国共收入 18 万美元,而投资加消费的支出也是 18 万美元,因此,无论从收入还是从支出看,计入 GDP 的价值都是 18 万美元。

(4)**答:**在国民收入核算体系中存在的储蓄—投资恒等式完全是根据储蓄和投资的定义得出的。根据定义,国内生产总值总等于消费加投资,国民总收入则等于消费加储蓄,国内生产总值又总等于国民总收入,这样才有了储蓄恒等于投资的关系。这种恒等关系就是两部门经济的总供给($C+S$)和总需求($C+I$)的恒等关系。只要遵循储蓄和投资的这些定义,储蓄和投资就一定相等,而不管经济是否充分就业或存在通货膨胀,即是否均衡。但这一恒等式并不意味着人们意愿的或者说事前计划的储蓄总会等于企业想要的投资。在实际经济生活中,储蓄和投资的主体及动机都不一样,这就会引起计划投资和计划储蓄的不一致,形成总需求和总供给不平衡,引起经济扩张和收缩。分析宏观经济均衡时所讲的投资要等于储蓄,是指只有计划投资等于计划储蓄时,才能形成经济的均衡状态。这和国民收入核算中实际发生的投资总等于实际发生的储蓄这种恒等关系并不是一回事。

第十章　同步自测题答案

1. 单选题

(1)D　(2)A　(3)B　(4)C　(5)A　(6)A　(7)B　(8)C　(9)C　(10)D　(11)C　(12)D　(13)C　(14)D　(15)A　(16)D　(17)C　(18)C　(19)B　(20)C　(21)A　(22)A　(23)D　(24)C

2. 多选题

(1)ABC　(2)BD　(3)BC　(4)BD　(5)ABD　(6)BCD　(7)BCD　(8)ABC　(9)BCD　(10)ABD　(11)ABD　(12)ABD

3. 判断题

(1)×　(2)√　(3)√　(4)√　(5)×　(6)√　(7)√　(8)×　(9)×　(10)√　(11)√　(12)×　(13)√　(14)√　(15)×　(16)√　(17)√　(18)√　(19)×　(20)√　(21)√　(22)×(23)×　(24)√　(25)√　(26)√　(27)√　(28)√　(29)×　(30)×

4. 问答题

(1)**答:**两部门国民收入的基本公式:$C+I=C+S$,C 和 I 代表意愿消费和投资的数量生产创造的收入被分成消费(C)和储蓄(S)。国民收入决定于总需求和总供给的相等,但在短期内或经济萧条中,总供给处于充裕状态或基本无法变动状态。因此,在短期内主要由总需求水平决定均衡国民收入水平。

(2)**答:**投资乘数指收入的变化与带来这种变化的投资支出的变化的比率。乘数公式为:$\Delta Y=k\Delta A$,其中 k 为乘数值,ΔA 为自发支出(需求)的变化,包括投资变化、政府购买变化和转移支付变化。ΔY 为产出的变化。这个公式表明,自发支出的变化导致产出 k 倍的变化。

这个理论反映了现代经济的特点,即由于各部门之间的密切联系,某一部门支出的增加必然引起其他部门的连锁反应,从而使收入倍数增加。一般来说,需求增加会有两个结果:一是价格水平的上升,二是产出水平即收入水平上升。如果经济未实现充分就业存在闲置资源,并且自发需求变化时,利率、汇率都不变化,自发需求增加 ΔA 时会导致收入增加 ΔY 但当经济实现了充分就业时,自发需求的增加只会导致价格水平的上升而不会使收入增加。

(3)**答:**在现实生活中,乘数作用的大小要受到一系列条件的限制:①社会中过剩生产能力的大小;②投资和储蓄决定的相互独立性:③货币供给量增加能否适应支出增加的需要④增加的收入不能购买进口货物,否则 GDP 增加会受到限制。

(4)**答:**显然,后一个老太聪明些。根据持久收入假说和生命周期假说,单个消费者并不是简单地根据当前的绝对收入来做消费决策,而是根据终生的或持久的收入来做决策,也就是说,消费者不单单考虑本年度可支配收入，还把他们在将来可能获得的可支配收入考虑进去，当他们购买住宅或汽车之类需要大量资金，而他们目前的收入和已积累起来的货币又不足以支付如此巨大的金额时，就可以凭借信用的手段用贷款来完成购买行为，用以后逐年逐月获得的收入来归还贷款。这样，消费者就可以提前获得消费品的享受，所以我们说后一位老太更聪明些。

（5）**答：**所得税降低使乘数增加，从而使 *IS* 曲线向左上方移动。在 *LM* 曲线不变的情况下，均衡产出增加，均衡利息率提高。

（6）**答：**凯恩斯认为：第一，企业投资水平决定于资本的边际效率与市场利息率的对比。在资本边际效率一定时，投资随着利率的下降而增加，随着利率的上升而减少；第二，随着投资的增加，资本的边际效率呈递减规律；第三，由于货币的流动偏好的作用，利率的下降是有限度的；第四，由于资本的边际效率的递减和利率的下降受阻，导致投资需求不足。

（7）**答：**①流动性约束：虽然 LC-PIH 收入高于现期收入，但消费者无法借入款项以提高消费水平；

②缺乏远见：消费者完全不能像 LC-PIH 理论所假定的那样具有远见；

③储蓄的缓冲库存特性：越来越多的证据支持有些储蓄是出于预防性的动机，即储蓄用来作缓冲库存，当光景好时增加储蓄，为的是在经济形势不好时维持消费。

（8）**答：**资本边际效率是一种贴现率，用此贴现率将该资本资产的未来收益折为现值，该资本资产使用期内各预期收益的现值之和等于这项资本品的供给价格或者重置成本。所谓供给价格并不是实际在市场上购置该资产所付之市场价格，而是能满足厂家新增一单位该资产所需的价格，有时也称重置成本。设一厂商计划一项投资，该资本资产的重置成本为 V，设该厂商预期这项投资资产一年后的收益为 R_1，两年后的收益为 R_2，三年后的收益为 R，依次类推，n 年后的收益为 R_n。第 n 年该资产报废时作为废品出售的残值为 S 则可以根据公式求得资本边际效率，$V=R_1/(1+i)+R/(1+i)^2+R_2/(1+i)^3+\cdots+R_n/(1+i)^n+S/(1+i)^{n+2.1}$，式中的 i 即为资本边际效率。资本边际效率取决于两项因素，即预期的未来收益 R 和购置投资资产的成本。

（9）**答：**在经济学中，投资是指资本的形成，即社会实际资本的增加，包括厂房、设备和存货的增加，新住宅的建筑等。这与现实生活中，人们把购买证券、土地和其他财产称作投资不一样。投资分为总投资和净投资，总投资等于净投资加资本设备折旧，净投资是净资本形成或实际资本的净增加。影响投资的因素很多，主要包括以下几种。

①实际利率。实际投资大致上笔于名义利率减通货膨胀率，在投资的预期利润率既定时，企业是否进行投资首先取决于实际利率的高低，利率上升时，投资需求量就会减少，利率下降时，投资需求量就会增加，投资是利率的减函数。

②预期收益率。预期收益率是指一个投资项目在未来各个时期估计可得到的收益。预期收益率越高，投资需求越高，预期收益率越低，投资需求越低。影响预期收益率的因素有很多，主要有：对投资项目的产出需求预期，企业决定对某项目是否投资及投资多少首先会考虑市场对该项目的产品在未来的需求情况，预期需求越大，预期收益率也会越高，从而会提高企业的投资意愿中，产品成本；投资的预期收益在很大程度上也取决于投资项目的产品的生产成本，生产成本越高预期收益也越低，反之则越高；投资税抵免。在一些国家，政府为鼓励企业投资会采用一种投资税抵免政策，税收减少必定会提高企业的预期收益率。

③投资风险。投资风险主要包括未来的市场走势、产品的价格变化、生产成本的变动、实际利率的变化、政府宏观政策的变化等等，投资需求会随人们承担风险的意愿和能力的变化而变动。

（10）**答：**投资的回报率是随着投资数量的增加而递减的，其主要原因如下。

第一，随着投资规模的递增，产品供给将增加，产品价格随之下降，预期收益会减少；

第二，随着投资的增加，资本存量增加，资本资产之成本会增加，也会降低预期收益。

凯恩斯认为，资本边际效率随投资增加而递减，在短期内主要由于资本物成本上升，在长时期内主要在于资本存量的大量积累，资本存量的大量积累意味着其稀缺性日益减少，从而借贷资本的利息率趋近于零。

5. 计算题

（1）**解：**

①可支配收入 $Y_D=Y-T+TR=Y-250+62.5=Y-187.5$

$Y=C+I+G=100+0.8(Y-187.5)+50+200=0.8Y+200$

均衡收入 $Y=200/0.2=1\ 000$（亿元）

②投资乘数 $K_I=1/(1-b)=1/0.2=5$

政府购买乘数 $K_G=1/(1-b)=1/0.2=5$

乘数 $K_T=-b/(1-b)=-0.8/0.2=-4$

转移支付乘数 $K_{TR}=b/(1-b)=0.8/0.2=4$

（2）**解：**

均衡国民收入 $Y=C+I$ 将 $C=100+0.8Y$、$I=50$ 代入，得 $Y=750$

消费 $C=100+0.8\times750=700$

储蓄 $S=Y-C=750-700=50$

（3）**解：**

①收入就是 Y，消费就是 C，$1\ 120=120+0.75Y$，所以 $Y=1\ 333.33$

② $MPC=0.75$APC$=C/Y=1\ 120/1\ 333.33=0.84$

③ $C=120+0.75\times3\ 000=2\ 400$

（4）**解：**

①国民收入均衡时，就有 $C+I+G=Y$，即（$80+0.75Y$）+（$100+0.15Y$）$+50=Y$，解得：$Y=2\ 300$（亿元）

此时，消费总额为：$C=80+0.75Y=1\ 805$（亿元）。

投资总额为：$I=100+0.15Y=345$（亿元）。

②当 $C=80+0.75Y$，$1=100+0.15Y$ 时，政府支出乘数为：

$K_G=1/(1-0.75-0.15)=10$

所以，政府支出增加 50 亿元，国民收入增加 500 亿元。

（5）**解：**

①由题意可知，不管税率多少，消费函数总是 $C=200+0.75(1-T)Y$，因此边际消费倾向依然为 $\beta=0.75$；

②将税率 $T=0.2$ 代入上述消费函数，可得 $C=200+0.75(1-0.2)Y=20+0.6Y$，所以，斜率为 0.6，纵截距为 200；

③国民收入均衡时，$Y=\dfrac{\alpha+I+G}{1-\beta(1-t)}=\dfrac{200+3800+400}{1-0.75(1-0.2)}=20\ 000$

④国民收入均衡时，政府盈余为 $0.2\times20\ 000-4\ 000=0$

⑤ $K_G=1/[1-\beta(1-t)]=2.5$，而不等于 $1/(1-\beta)=4$ 的原因是：由于税收的存在（税率为 0.2），部分国民收入因纳税而减少，从而导致政府支出乘数有所下降。

（6）**解：**

①国民收入增加额 $=100\times1/(1-0.9)=1\ 000$ 亿元，即国民收入要达到 2 500 亿元才能恢复国民经济均衡；

②不会变。如果消费增加 150 亿元国民收入增加额为 1 500 亿元，即国民收入要达到 3 000 亿元才能恢复国民经济均衡。

6. 分析题

（1）**答：**在两部门经济中，均衡收入是与计划总支出相等的收入，计划支出是由消费和投资构成，即 $Y=C+I$。而对消费具有重要影响的是收入，关于收入和消费的关系，凯恩斯认为，随着收入增加，消费也会增加，但是消费的增加不及收入增加多，用公式表示为：$C=A+BY$。为了使分析简化，在收入决定的简单模型中，总是假定计划净投资是一个给定的量，不随利率和国民收入水平而变化，根据这一假定，只要把收入恒等式和消费函数结合起来就可求得均衡收入，即联立 $V=C+I$ 和 $C=A+BY$，得到均衡收入 $Y=(a+I)/(I+b)$。

（2）**答**：凯恩斯认为，影响家庭消费的最有决定意义的是家庭收入。

家庭消费C是家庭可支配收入 Y 的函数，即 $C=C(Y)$

可支配收入 Y 增加，消费支出 C 也就增加，反之，则减少。因此，消费 C 与可支配收入 DI 是正相关关系。

消费者的可支配收入 Y 可分为 2 大部分：一部分用于消费 C，另一部分用于储蓄 S。即：$Y=C+S$。

（3）**答**：

乘数的大小与边际消费倾向 MPC 有关。人们从其收入增量中拿出多大的比例增加他的消费决定着乘数的大小。

$$\text{投资乘数}=\frac{1}{1-\text{边际消费倾向}}\ \text{或}\ k=\frac{1}{1-MPC}=\frac{1}{MPCS}$$

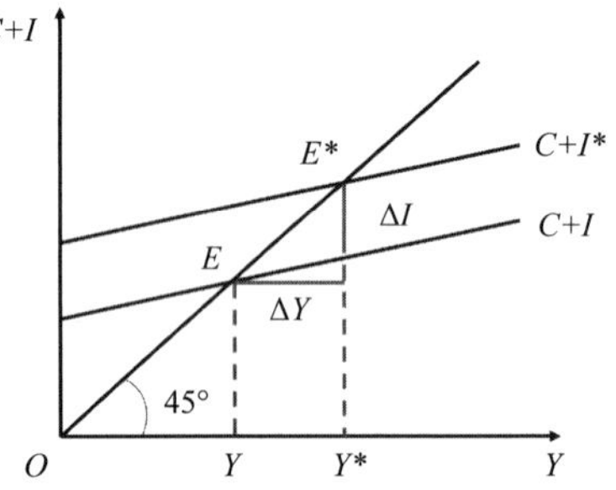

乘数效应

（4）**答**：在两部门经济中，储蓄增加将会导致国民收入减少，储蓄减少能使国民收入增加，这是凯恩斯主义的观点。由此得出一个自相矛盾的推论：节制消费增加储蓄会增加个人财富，对个人是件好事，但由于会减少国民收入，引起经济萧条，对整个社会来说却是坏事；增加消费或减少储蓄会减少个人财富，对个人来说是件坏事，但由于会增加国民收入，使经济繁荣，对整个社会却是好事。这就是所谓的“节俭的悖论”。

（5）**答**：影响消费的因素不单是收入，在日常生活中还有其他一些因素会影响消费行为。这些因素包括以下几点。

第一，利率。利率对消费的影响是双重的，有替代效应和收入效应。当利率提高时，人们认为减少目前消费，增加将来消费比较有利，从而鼓励他增加储蓄，利率提高使储蓄增加是利率变动对储蓄的替代效应。另一方面，利率提高使他的将来利息收入增加，会使他认为自己较为富有，以至增加目前消费，从而可能减少储蓄，这种储蓄的减少是利率对储蓄的收入效应。由于两个效应的作用是相反的，并难以确定哪个效应占主导地位，所以也就难以确定利率对消费的影响。

第二，价格水平。价格水平对消费的影响是指价格水平的变动，通过实际收入改变而影响消费。货币收入不变时，若物价上升，实际收入下降，若消费者要保持原有生活消费水平，则消费倾向就会提高；反之，物价下跌时，平均消费倾向就会下降。若物价与货币收入以相同比例提高，际收入不变，照理不会影响消费，但假如消费者只注意到货币收入增加而忽略了物价上升，则会误认为实际收入增加，从而平均消费倾向也会上升。

第三，收入分配。消费支出取决于可支配收入，而不同收入水平的家庭的边际消费倾向是不一样的，高收入家庭消费倾向较小，低收入家庭消费倾向较大。因此国民收入分配越平均，全国性的平均消费倾向就会比较大，而收入分配越是不平均，全国性平均消费倾向就会较小。

第四，人口的增长及分布。人口发展得越快，消费总量增长得也越快。由于城市工资收入者的消费倾向比农民高得多，因此人口不断从乡村向城市的转移也会增加消费倾向。

第五，积累的财富或资产。它们与消费是正相关的，一个家庭积累的财富越多，消费倾向越高；积累的财富越少，消费的倾向越低。

第六，消费品的变化。新的消费品不断出现，这些新消费品不断地成为一般居民的基本的生活必需品，从而不断提高人们的消费倾向。

另外，消费还受人口的年龄结构、消费品存量、风俗习惯等因素的影响。

（6）**答**：因为贫者收入低，为维持基本生活水平，他们的消费支出在收入中的比重大于富者，富者的消费倾向较低，储蓄倾向较高，而贫者的消费倾向较高，因而将一部分国民收入从富者转给贫者，可提高整个社会的消费倾向，从而提高整个社会的总消费支出水平，于是总产出或者说总收入水平就会随之提高。

（7）**答**：凯恩斯认为，投资决策取决于投资预期利润率（或收益率）同筹资利率的比较。投资预期收益率（或利润率）Y= 预期收益 / 投资额（本金）

利息率 r= 利息 / 本金

当 $Y>r$ 时，投资是值得的，$I\uparrow$

当 $Y<r$ 时，投资不值得，$I\downarrow$

当投资预期利润率 Y 既定时：$r\uparrow$，$I\downarrow$（投资需求减少）；

$r\downarrow$，$I\uparrow$（投资需求增加）

由此可知，投资 I 是利率 r 的减函数。写作：$I=I(r)$。

但西方经济学家习惯地把投资函数的一般形式写成：$I=I(r)=E-D\times r$

E 为自主投资，即利率 r 为零时的投资量；D 为投资的利润系数，表示利率每上升或下降一个百分点，投资会减少或增加的数量。或者说 D 是投资 I 对利率 r 的弹性系数。

投资函数曲线如下：

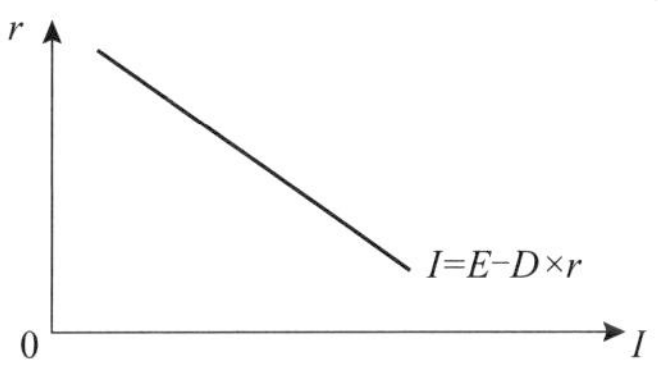

纵轴r表示利率，横轴I表示投资量

（8）**答**：投资的需求与利率之间是一种反相关关系，投资风险（或不确定因素）也会影响投资需求。除了这些投资需求理论外，美国经济学家托宾提出了"Q"理论。托宾认为，股票价格与投资需求也有密切关系，股票价格的变化会影响企业投资。

托宾把 Q 定义为：企业资本的市场价值与其重置成本之比，即：Q= 企业资本的市场价值 / 企业资本的重置资本。

企业资本的市场价值就是这个企业的股票的市场价格总额，它等于每股的价格乘总股数之积。企业的重置成本指建造这个企业所需要的成本。

若：① $Q<1$，说明买旧的企业比新建企业便宜，于是投资者就会去买企业的股票，而不会有投资，投资需求下降。② $Q>1$，说明新建造企业比买旧企业更便宜，于是投资者就不会去买股票，而会进行新的投资，投资需求上升。

因此，托宾的"Q"理论实际上是要阐明如下的结论：股票价格上升时，投资会增加。股票价格下降时，投资会减少。

第十一章　同步自测题答案

1. 单选题

(1)D　(2)A　(3)B　(4)C　(5)D　(6)A　(7)C　(8)D　(9)C　(10)C　(11)C　(12)A　(13)A　(14)B　(15)C　(16)D　(17)B　(18)A　(19)C　(20)C　(21)D　(22)C

2. 多选题

(1)BD　(2)BCD　(3)AB　(4)BC　(5)AD　(6)BC　(7)AB　(8)AC　(9)AB　(10)AC　(11)BC　(12)CD　(13)BD　(14)ABD

3. 判断题

(1)√　(2)×　(3)√　(4)√　(5)√　(6)×　(7)×　(8)×　(9)√　(10)×　(11)√　(12)√　(13)×　(14)×　(15)×　(16)×　(17)√　(18)×　(19)√　(20)×　(21)×　(22)×

4. 问答题

(1)**答:**资本边际效率是指一种贴现率,这种贴现率正好使一项资本品预期收益的现值等于该项资本品的重置价格。它与资本品的重置价格负相关,与资本的预期收益正相关。随着社会上各个企业投资的增加,一方面,引起对资本品需求的增加,使资本的重置价格上升;另一方面,产品供给增加,价格降低,使资本的预期收益减少。故资本边际效率具有递减的趋势。

(2)**答:**人们对货币的需求动机有三种。一是对货币的交易动机。交易需求是指为应付日常交易而产生的对货币的需求。它根源于收入支出的不同步性。二是预防动机,指为了防备意义支出而产生的对货币的需求。它根源于未来收入和支出的不确定性。货币的交易需求和预防需求由于都是收入的增函数,常总称为交易需求。三是货币的投机动机,是指为了购买有利可图的债券而产生的对货币的需求。它根源于未来利率的不确定性,是利率的减函数。

(3)**答:**投资需求对利率变动的反应程度的提高,意味着一定量的利率变动将引起投资量的更多变动。在投资乘数既定的条件下,更多的投资变动量将引起收入更大幅度的变动。一定量的利率变动对应着更多的收入变动,意味着 *IS* 曲线更加平坦,即 *IS* 曲线斜率的绝对值更小。

(4)**答:**①投资(储蓄)变动。投资需求增加,导致总需求增加,使得 *IS* 曲线往右移。②政府购买支出和转移支出变动。政府购买支出增加导致总需求增加,国民收入随之增加使得 IS 曲线往右移。转移支出增加并不能直接增加总需求,但是由于政府祝阿姨支付多向弱势群体的单方面无偿支付,改善其生活使得消费增加,最终导致总需求增加也会使得 *IS* 曲线往右移动。③税收变动。增税使得 *IS* 曲线往左移,减税往右移。

(5)**答:** *IS* 的含义产品市场均衡时,即投资等于储蓄时,均衡国民收入和均衡利率的组合。*I* 作为投资,*S* 作为储蓄,它们分别表示资本品的需求和资本品的供给,因此,*IS* 狭义地理解为资本品市场均衡,广义地理解为产品市场均衡。

(6)**答:**货币市场均衡时,即货币供给等于货币需求时,均衡国民收入和均衡利率的组合。L 作为货币的需求,M 作为货币的供给,*LM* 侠义地理解为与资本品价值相等价那部分货币的均衡,而 *LM* 广义地理解为所有货币市场的均衡。

(7)**答:** IS-LM 模型是描述产品市场和货币市场之间相互关系的理论结构。产品市场和货币市场是紧密联系的。一方面,货币市场影响产品市场。产品市场上的国民收入决定于消费、投资、政府购买和净出口加总起来的总支出或总需求,而总需求,尤其是其中的投资需求,又决定于市场利率,利率则是由货币市场的货币需求与货币供给决定的。另一方面,产品市场影响货币市场。产品市场上的国民收入影响交易货币需求,从而影响市场利率,这又对货币市场产生了影响。因此,产品市场和货币市场是相互联系、相互作用的，收入和利率只有在这种相互联系、相互作用中才能够确定。而描述产品市场的货币市场相互联系，相互作用的理论结构，就称为 IS-LM 模型。

（8）**答：**政府支出的增加意味着总需求的增加，这将是产量和收入增加，从而增加对货币的交易需求量，在货币供给量不变的情况下，新增加的货币需求会使利率上升，最终引起投机动机的货币需求的下降来保证货币市场的均衡。这个过程，在 IS-LM 模型上，表现为 *LM* 曲线不变，*IS* 曲线向右移动，总需求的增加引起收入和利率的同时增加。中央银行增加货币供给量，而货币需求不变的话，利率将会下降，从产品市场看，在 *IS* 曲线上，在既定投资函数上，利率的下降会导致投资和国民收入的增加，这个过程表现为 *IS* 曲线不变条件下，*LM* 曲线向右移动，并导致利率下降和国民收入不变。

（9）**答：**若消费函数用 $C=\alpha+\beta Y$ 表示，由自发消费 α 增加或减少，会使 *IS* 向右上或坐下平行移动，而边际消费倾向 β 增加或减少，则使 *I* 曲线斜率变小或变大，原因是 β 变大表示同样收入会有更多的收入用于消费，留下作储蓄的更少了，为使储蓄和一定利率水平上的投资相等，现在需要有更多的收入才能产生相应的储蓄，从而有更多的收入和一定的利率相结合才能使 $I=S$，这就是 *IS* 曲线变得更为平缓。

（10）**答：**只要生产能随产品市场供求而变动，利率能随货币市场供求而变动，则产品市场和货币市场中的非均衡可以通过调整逐步走向均衡。假如，若利率和收入的组合点在 *IS* 曲线和 *LM* 曲线之上，则一方面表示这时储蓄大于投资；另方面表示货币供给大于货币需求，在这种非均衡情况出现时，只要市场机制能充分起作用，则储蓄大于投资会导致生产收缩，货币供给大于货币需求会导致利率下降，经过多次调整，一定会使收入和利率趋向两个市场同时达到均衡的地步。

4. 计算题

（1）**解：**

①由货币总需求 = 交易性需求 + 投机性需求可得货币需求函数为 $L=0.25Y+200-800r$。

② $r=0.1$，$Y=1\,000$ 时，$L=0.25\times1\,000+200-800\times0.1=370$；

③令 $M=L$ 即：$500=0.25Y+200-800r=0.25\times1\,200+200-800r$ 得 $r=0$ 此时投机货币性需求为 200

（2）**解：**

① 由均衡国民收入 $Y=C+1=100+0.7Y+200-3r$，可得 *IS* 曲线的方程为：$r=100-0.1Y$；由 $M=L$，即 $100=0.2Y-2r$，可得 *LM* 曲线的方程为：$r=0.1Y-50$。

②将 *IS* 曲线的方程和 *LM* 曲线的方程联立：$r=100-0.1Y$；$r=0.1T-50$；

可得产品市场与货币市场同时均衡时的收入和利率 $Y=750$，$r=25$。

（3）**解：**

①由产品市场均衡条件 $Y=C+I+G$，求得 *IS* 方程：$Y=6\,000-250r$；

由货币市场均衡条件 $L=M$，求得 *LM* 方程：$Y=2\,000+250r$；

②联立 *IS* 曲线方程与 LM 曲线方程，求得均衡收入 $Y=4\,000$，$r=8$。

（4）**解：**

① *LM* 曲线方程 $Y=500+25r$，*IS* 曲线方程 $Y=950-50r$；

均衡收入 650，利率 6，投资 80。

②新的 *IS* 方程 $Y=1\,100-50r$；

均衡收入 700，利率 8，投资 60。

（5）**解：**

①在产品市场均衡时，有下列方程成立：

$Y=C+I+G$，

$C=60+0.8Y_D$，

$Y_D=Y-T$，

$T=100$，

I=150；

G=100 联立解方程组可得 S 曲线表达式：Y=1 150；

在货币市场均衡时，有下列方程成立：

$L=M_S/P$，

$L=0.2Y-10r$，

$M_S/P=200$，

联立解方程组可得 LM 曲线表达式：Y=1 000+50，解得均衡利率 =3，均衡收入 Y=1 150，投资 I=150。

②在其他条件不变的情况下，政府支出增加 20 将会导致 S 曲线发生移动，在产品市场均衡时，新的 IS 曲线方程变为 Y=1 250，与 LM 曲线 Y=1 000+50r 联立可得均衡收入：Y=1 250，均衡利率 =5，投资 I=150。

③当政府支出增加时，由投资无变化可以看出不存在"挤出效应"。这是因为投资与利率没有关系，不受利率变化的影响，因而 S 曲线是一条垂直于 Y 轴的直线。

（6）**解：**

①由 IS 曲线 $Y=950-50r$ 和 LM 曲线 $Y=500+25r$ 联立可得均衡利率 =6，均衡收入 Y=650，此时消费 $C=40+0.08Y_D=40+0.08(Y-T)=520$，投资 $I=140-10\times6=80$。

②若政府支出从 50 增加到 80 时，其 IS 曲线会向右移动，IS 曲线变为：$Y=C+I+G=40+0.8(Y-50)+140-10r+80$。

整理得 IS 曲线：Y=1 100−50r，与 LM 曲线联立得方程组，

Y=1 100−50r

$Y=500+25r$

该方程组的均衡利率 =8，均衡收入为：

Y=700，此时消费

$C=40+0.08Y_D=40+0.08(Y-T)=560$，投资 $I=140-10\times8=60$。

③在政府支出增加时，在支出乘数作用下，IS 曲线右移量大于均衡收入增加量的原因在于，IS 曲线的右移，在 LM 曲线一定时会使利率提高，从而减少了私人投资量，也就是存在财政支出增加部分挤出私人投资的"挤出效应"，因而均衡时收入的增加量小于 IS 曲线的右移量。

5. 分析题

（1）**答：**根据凯恩斯的经济理论，该次经济大萧条的原因可以从以下几个方面分析。①大萧条的出现是由于总需求的急剧下降造成的。凯恩斯的解释强调了总需求的不稳定性，认为大萧条的出现是由于总需求的急剧下降造成的。他认为有效需求不足又是因为心理上的消费倾向、灵活偏好和对资本未来收益预期的作用。总需求或有效需求不足是消费需求与投资需求不足的结果，心理上的消费倾向使得消费的增长赶不上收入的增长，从而引起消费需求不足。灵活偏好及对资本未来收益的预期使预期的利润率有降低的趋势，从而与利率水平不相适应，导致了投资需求不足。②资本边际效率的作用尤为重要。凯恩斯认为对资本未来收益的预期即资本边际效率的作用尤为重要。凯恩斯十分强调投资支出的不稳定性，他认为大萧条的主要原因就在于资本效率的突然崩溃。在资本边际效率宣告崩溃时，人们对于未来的看法也随之而变得黯淡，于是灵活偏好大增，利率上涨。在资本边际效率崩溃时，常连带着利率上涨，由此导致投资量减退得非常厉害。不仅如此，若资本边际效率降得很厉害，消费倾向也会受到不利影响。这是因为资本边际效率的崩溃引起了证券市场价格急剧下跌，而消费者决定其消费行为受其投资价值的涨落影响大，从而对消费倾向产生不利影响。自发支出的下降反映了有效需求的不足。③自发支出的下降加剧了萧条。自发支出的这些组成部分的下降通过乘数效应，导致实际收入和价格水平的下降。由于自发支出持续急剧下降，萧条变得十分严重。凯恩斯以 20 世纪 30 年代经济大危机为背景，解释了社会生产总量和国民收入是由何种因素决定的，以及严重失业、"富裕中的贫困"的矛盾现象，并寻求解决这些问题的对策。凯恩斯明确承认，他的这一理论是关于"经济繁荣内部何以会孕育着使其自身趋于毁灭的种子"的理论。

（2）答：*LM* 曲线上的三个区域分别是凯恩斯区域、古典区域和中间区域，在古典区域财政政策无效，这个区域利率上升到很高水平的时候，货币的投机需求 =0，这是人们除了为完成交易还必须持有一部分货币外，不会为投机而持有货币。*LM* 曲线呈垂直状态的这一区域就叫作"古典区域"所以这一区域货币政策有效，财政政策因挤出效应而无效。

（3）答：节俭悖论指节制消费增加储蓄会增加个人财高，对个人是件好事，但由于会减少国民收入，引起萧条，对国民经济是件坏事。根据凯恩斯的总需求决定国民收入的理论，节俭对于经济增长并没有什么好处。实际上，这里蕴含着一个矛盾：公众越节俭，降低消费，增加储蓄，往往会导致社会收入的减少。因为在既定的收入中，消费与储蓄呈反方向变动，即消费增加、储蓄就会减少，消费减少储蓄就会增加。所以，储蓄与国民收入呈现反方向变动，储蓄增加，国民收入就减少；储蓄减少，国民收入就增加。根据这种看法，增加消费、减少储蓄会通过增加总需求而引起国民收入增加，就会促进经济繁荣；反之，就会导致经济萧条。由此可以得出一个蕴含逻辑矛盾的推论：节制消费、增加储蓄会增加个人财富，对个人是件好事，但由于会减少国民收入引起萧条，对国民经济却是件坏事。节俭悖论说明：节俭减少了支出，迫使厂家削减产量，解痛工人，从而减少了收入，最终减少了储蓄。储蓄为个人致富铺平了道路，然而如果整个国家加大储蓄，将使整个社会陷入萧条和贫困。

第十二章　同步自测题答案

1. 单选题

（1）D （2）B （3）A （4）C （5）D （6）A （7）B （8）A （9）B （10）A （11）D （12）A （13）C （14）D （15）A （16）C （17）C （18）C （19）B （20）D （21）D （22）A （23）B （24）A （25）A

2. 多选题

（1）CDE （2）ABCDE （3）BCDE （4）ACD （5）ABC （6）BCD （7）ACD （8）BCD （9）ABC （10）ABD （11）ABC （12）ACD （13）ABC （14）ABC （15）ABC

3. 判断题

（1）× （2）√ （3）× （4）√ （5）× （6）× （7）× （8）√ （9）√ （10）√ （11）× （12）× （13）√ （14）× （15）× （16）× （17）√ （18）× （19）√ （20）× （21）× （22）× （23）√ （24）√ （25）√ （26）× （27）× （28）√ （29）√ （30）√

4. 问答题

（1）答：导致总需求曲线变动的主要因素有：①消费需求尤其是对于耐用品的购买发生变化；②投资需求的变化；③政府支出和税收的变化；④净出口的变化。

（2）答：导致总供给曲线变动的主要因素有：①自然灾害和战争等；②技术变化；③风险承担偏好，如果市场风险增加，而厂商恰恰是风险回避者，则可能会减少供给；④进口商品价格的变化；⑤劳动意愿的变化，即人们在闲暇和工作之间进行选择的偏好。

（3）答：在古典模型中政府支出的增加将使总需求曲线向右上方移动，引起价格水平上升；实际货币供给减少利率上升；总产出和就业水平不变。这里政府支出的增加使得私人部门的投资被"完全挤出"。

（4）答：在古典总供给模型中，总供给曲线是垂直的名义货币供给的变化会导致价格水平同比例变化。由于实际货币供给保持不变利率和实际总产量保持不变，货币存量的变动只导致价格水平变化，从这个意义上讲名义货币变化是中性的。

（5）答：三者之间的联系：从不同的角度分析 GDP 是如何被决定的，又是如何随影响因素的变化而发生变化的；三者都遵循凯恩斯的思想，关注短期均衡国民收入的是如何决定和变化的。

三者之间的区别：简单国民收入决定模型主要是说明总需求是如何决定国民收入的，没有考虑价格和利率对国民收入的影响：IS-LM 模型主要说明在产品市场和产品等价物市场处于均衡时，短期的国民收入的决定和变化的，与简单国民收入决定模型相比，考虑了利率的变化对均衡国民收入的影响：AD-AS 模型综合了总需求、利率和价格变化的影响，来说明总的价格水平和短期均衡国民收入之间的变动关系。

（6）**答：**降低工资会使总供给曲线向右移动，因为工资较低时，对于任一给定的价格水平，厂商愿意供给更多的产品，产品价格既定，工资低即成本低从而利润高。但降低工资就是减少人们的收入进而降低消费需求，从而会使总需求曲线左移。

产品价格下降会使劳动需求曲线向左移动（劳动的需求由劳动的边际产品价值决定，边际产品价值 $VMP_L=MP_L \cdot P_X$。因而产品价格 P 下降时，VMP_L 下降，劳动需求下降），这导致工资下降，工资下降又可能使总供给曲线向右下方移动，总需求曲线左移，结果可能产生一个价格水平降低而产出相对不变的新均衡。

（7）**答：**总供给曲线垂直的含义是价格变动不影响总供给，总供给经常处于充分就业水平。其原因在于工资的充分弹性或劳动市场的充分竞争性。劳动市场的充分竞争性保证了劳动市场经常处于均衡位置即充分就业。

（8）**答：**不矛盾。原因在于两个模型所依据的假设不同，两条曲线的变量不同、坐标系不同。在简单的凯恩斯模型中，假设价格水平不变，总需求曲线随产出增加而向上倾斜。如果自发性支出增加，则总需求曲线向上移动。在 AS-AD 模型中，假设自发性支出不变，则总需求随着价格水平的下降而增加，所以总需求曲线向右下方倾斜。如果自发性支出增加，总需求曲线向右移动。

（9）**答：**有以下三种情况。第一，若总产出达到充分就业水平，则下期总供给曲线不变，这意味着总产出不会对下期价格产生额外的压力。这是因为总产出达到充分就业水平表明总供给与总需求是均衡的，这样价格保持不变。第二，若总产出大于充分就业水平，则下期总供给曲线上移。这意味着下期价格大于单纯由下期总产出决定的量。因为总产出大于充分就业表明总需求大于总供给，这样价格将提高：由于契约等因素的影响，价格的提高是不充分的，在下期将进一步提高。第三，若总产出小于充分就业水平，则下期总供给曲线下移。这意味着下期价格小于单纯由总产出决定的量。这是因为总产出小于充分就业表明总需求小于总供给，这样价格将下降：由于契约等因素的影响，价格的下降是不充分的，在下期将进一步下降。

（10）**答：**短期总供给曲线向右上方倾斜是因为投入品价格不变。当投入品价格不变而产品价格上升时，以利润最大化为目的的企业所做出的合理反应就是增加产量。每个企业都会这样做。所以，在投入品价格不变而物价水平上升时，总供给就会增加，这样短期总供给曲线就向右上方倾斜，表明随着价格水平上升，总供给增加。

5. 计算题

（1）**解：**

令 $AD=AS$，即：$2\,300+400P=2\,000+4\,500/P$。

解得均衡收入和均衡价格分别为：

$P=3$，$Y=3\,500$。

（2）**解：**

解 IS、LM 的联立方程组：

IS：$r=0.415-0.000\,018\,5Y+0.000\,05G$；

LM：$r=0.000\,162\,5Y-0.000\,1M/P$；

消去 r，易得总需求曲线方程为（保留两位小数）：

$Y=11\,942.45+1.44G+2.88M/P$

容易看出，名义货币量增加，总需求曲线将向右移动，反之则向左移动。政府支出增加，将使总需求曲线向右上方移动，反之则向左下方移动。

（3）**解：**

①联立方程组：

$$\begin{cases} Y_S = 500 \\ Y_D = 500 - 50P \end{cases}$$

解得，$P=2$，$Y=500$

如图：

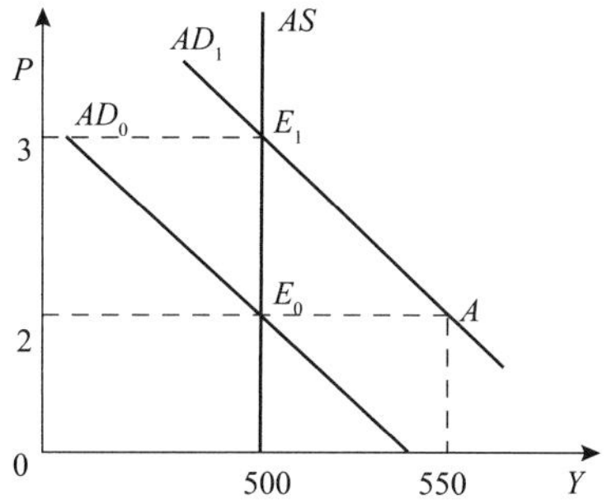

②总需求水平上升了10%，即新的总需求水平为550单位。易知点A（2，550）是新的总需求曲线AD_1上的一点。设AD_1的方程为$Y=a-50P$，将A点坐标代入，易得AD_1的方程为$Y_D=650-50P$

结合总供给曲线$Y_S=500$易得为$P=3$，$Y=500$。

（4）**解：**

①将消费和投资数代入$Y=C+I$并整理，易得IS曲线的方程$Y=9\,900-9\,000r$

将货币供给和货币需求函数代入货币市场的均衡条件$M/P=L$，易得LM曲线的方$y=1\,000+1\,000r$

解IS曲线和LM曲线的联立方程组，可得均衡利率和均衡收入分别为$r=0.89$，$Y=1\,890$；

②LM方程亦可表示为如下形式

$Y=M/0.9+1\,000r$；

解其与IS方程的联立方程组，可得$r=099-M/9\,000V=990+M$；

容易看出，如果M增加，$M>900$，则r减少，$r<089$；Y增加，$Y>1\,890$。

③由M/P=L，可得LM曲线方程$Y=1\,000/P+1\,000r$；

解其与IS曲线方程的联立方程组，并消去利率r，可得总需求方程$Y=990+900/P$。

（5）**解：**

①依题意，IS曲线方程为：$Y=AD=100+0.8Y+150-6r$，即：

$Y=1\,250-30r$；

LM曲线方程为：

$750/P=Y-20r$；

根据IS曲线方程和LM曲线方程，有总需求函数为：

$Y=450/P+500$。

②若总供给函数为$AS=800+150P$，则当经济体实现均衡时，有：

$$\begin{cases} Y = 800 + 150P; \\ Y = 450 / P + 500; \end{cases}$$

联立求解得到均衡点为：

$P=1$，$Y=950$。

5. 分析题

（1）**答：**

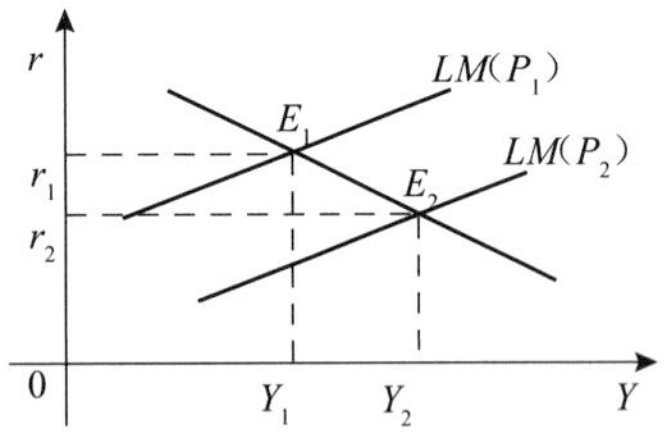

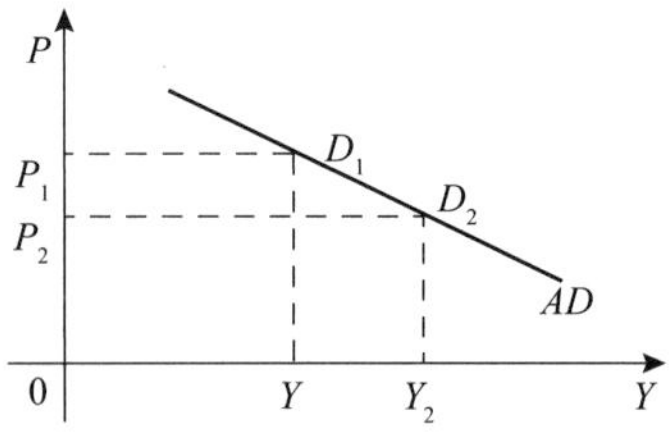

总需求是经济社会对产品和劳务的需求总量，这一需求总量通常以产出水平来表示。一个经济社会的总需求包括消费需求、投资需求、政府购买和国外需求。总需求量受多种因素的影响，其中价格水平是一个重要的因素。在宏观经济学中，为了说明价格对总需求量的影响，引入了总需求曲线的概念，即总需求量与价格水平之间关系的几何表示。在凯恩斯主义的总需求理论中，总需求曲线的理论来源主要由产品市场均衡理论和货币市场均衡理论来反映。

在IS-LM模型中，一般价格水平被假定为一个常数（参数）。在价格水平固定不变且货币供给为已知的情况下，*IS*曲线和*LM*曲线的交点决定均衡的收入水平。现用图来说明怎样根据IS-LM模型图形推导总需求曲线。图分上下两部。上图为IS-LM模型图。下图表示价格水平和需求总量之间的关系，即总需求曲线。当价格P的数值为P_1时，此时的LM曲线与IS曲线相交于点E_1，E_1点所表示的国民收入和利率顺次为Y_1和r_1。将P和Y_1标在下图中便得到总需求曲线上的一点D_1。现在假设P由P_1下降到P_2，由于P的下降，LM曲线移动到$LM(P_2)$的位置，它与S曲线的交点为E_2点。E_2点所表示的国民收入和利率顺次为Y_2和r_2对应于上图的点E_2，又可在下图中找到D_2按照同样的程序，随着P的变化，LM曲线和IS曲线可以有许多交点，每一个交点都代表着一个特定的Y和P于是有许多P与的组合，从而构成了下图中一系列的点。把这些点连在一起所得到的曲线AD便是总需求曲线。

从以上关于总需求曲线的推导中看到，总需求曲线表示社会中的需求总量和价格水平之间的相反方向的关系。即总需求曲线是向下方倾斜的。向右下方倾斜的总需求曲线表示，价格水平越高，需求总量越小；价格水平越低，需求总量越大。

（2）**答：**在长期中，技术进步使长期总供给曲线从$LRSA_1$向右移动至$LRAS_3$，货币供给增加使总需求曲线AD_1向右移动至AD_3，结果产量：Y_1增长Y_3和物价从P_1上涨到P_3。

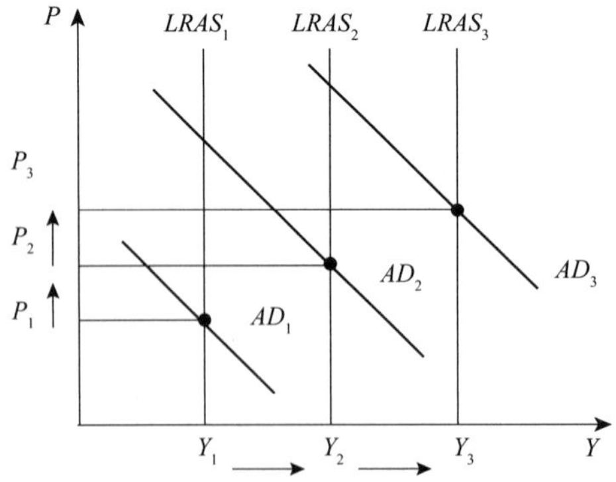

（3）**答：**

①总需求是经济社会对产品和劳务的需求总量，这一需求总量通常以产出水平来表示。总需求由消费需求、投资需求、政府需求和国外需求构成。在不考虑国外需求的情况下，经济社会的总需求是指价格、收入和其他经济变量在既定条件下，家户部门、企业部门和政府将要支出的数量，因此总需求衡量的是经济中各种行为主体的总支出。总需求包括消费需求、投资需求、政府需求和国外需求，其表达式可以表示为

$Y=C+I+G+X-M$

②减税政策会导致总需求增加。原因在于消费是可支配收入的函数,可支配收入越高,居民的消费需求就越大,可支配收入越低,人们的消费需求越小。人们的可支配收入等于国民收入减去税收,再加上政府转移。在其他经济变量不变的情况下,减税政策会导致居民的可支配收入增加,从而消费需求增加,继而导致总需求增加。

③政府在公开市场上买进债券并不会直接影响总需求,但会间接导致总需求增加。政府在公开市场买进债券,实际上是扩大货币供应量,在货币需求不变的情况下,货币供应量的增加会降低利率水平。投资是利率的函数,投资的大小取决于借款的预期收益和成本的比较,在投资的预期收益不变的情况下,利率降低就降低了投资的成本,因此利率降低会刺激投资需求,投资需求增加也就导致了总需求增加。

(4)**答:**短期总供给曲线是在假设工资等固定不变的条件下得出的。但在长期中,随着价格水平的变动,工资以及其他生产要素的价格必然会相应地进行调整。如果价格总水平与工资按相同的比率发生变动,那么厂商出售产品的价格和生产成本相对没有发生变化。从而厂商就不会改变其生产数量,生产过程中投入的劳动数量也就不会发生变动。因此,长期总供给函数曲线是一条垂直的直线。

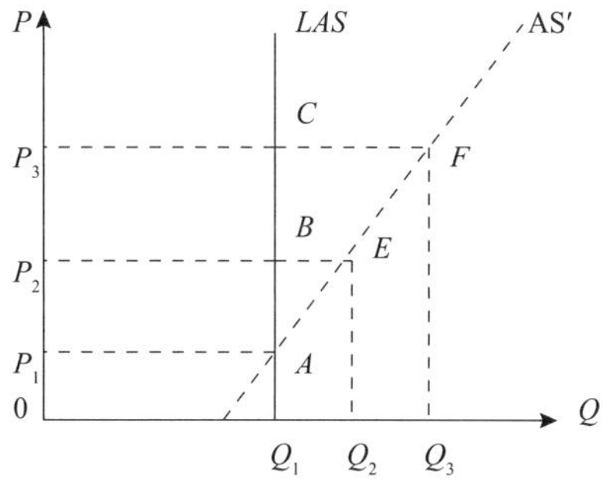

如上图,如果是在短期内,由于工资固定不变,产品的生产成本也不变,那么一般价格水平 P 的变化影响社会总供给量。当一般价格水平为 P_1 时,社会总供给量为 Q_1,形成组合点 A;当一般价格水平上升为 P_2 时,社会总供给量将为 Q_2,形成组合点 E;当一般价格水平为 P_3 时,社会总供给量为 Q_3,组合点为 F;点 A、E、F 形成短期供给曲线 AS'。

但是,由于在长期内,工资水平是可以随着一般价格水平的变化而变化的。如果价格总水平 P 与工资按相同的比率发生变动,那么厂商出售产品的价格和生产成本相对没有发生变化。从而厂商就不会改变其生产数量,生产过程中投入的劳动数量也就不会发生变动。如,当一般价格水平为 P_1 时,厂商的供给量为 Q_1,生产点为 A;当一般价格水平上升为 P_2 时,本来厂商的供给量会增加到 Q_2,但由于工资水平也上升了,厂商的生产成本提高了,厂商增加产量却不会使利润增加,所以厂商不愿增加产量,社会总供给量仍然为 Q_1;当一般价格水平为 P_2 时,本来厂商会增加产量到 Q_2。但工资也和一般价格水平一样上升了,生产成本提高了,厂商增加产量不会使利润增加,所以厂商的产量将仍然为 Q_1;同理,当一般价格水平上升为 P_3 时,厂商的产量仍然为 Q_1。结果,随着一般价格水平的不断上升,社会的总供给量一直为 Q_1。这样,长期总供给函数曲线为一条垂直于横轴的直线。

(5)**答:**

根据凯恩斯总需求决定理论,已有的收入、消费倾向、货币需求、货币供给、预期收益和资本品价格是影响总需求从而影响国民收入量的素。

在社会经济条件既定的情况下,可将已有的收入、货币供给数量以及资本的供给价格视为常量,因而国民收入主要取决于人们的消费倾向、对货币的流动偏好以及投资者对投资未来收益的预期。

对于发生在 20 世纪 30 年代的大萧条,凯恩斯理论给出的理由如下:①边际消费倾向递减,决定了消费不足;②资本边际效率下降,即在萧条时期投资者对未来收益预期偏低决定了投资不足;③流动偏好。当人们处于流动偏好陷阱时,经济中的货币需求趋于无穷大,无论货币供给多少,利息率都居高不下,从而也导致了投资不足。

消费不足和投资不足的共同作用，使得总需求不足，最终决定均衡国民收入处于较低水平，从而使得经济出现萧条。

（6）**答**：降低工资会使总供给曲线向右移动，因为工资较低时，对于任一给定的价格水平，厂商愿意供给更多的产品（产品价格既定，工资低即成本低从而利润高）。但降低工资就是减少人们的收入进而降低消费需求，从而会使总需求曲线左移。

产品价格下降会使劳动需求曲线向左移动（劳动的需求由劳动的边际产品价值决定，边际产品价值 $VMP_L=MP_L \cdot P_X$。因而产品价格 P_X 下降时，VMP_L 下降，劳动需求下降），这导致工资下降，工资下降又可能使总供给曲线向右下方移动，总需求曲线左移，结果可能产生一个价格水平降低而产出相对不变的新均衡。

（7）**答**：①在宏观经济中，总需求曲线中的价格是各种商品的综合价格指数，不是市场上一个实际的价格；而微观中的价格是每一种商品的价格。

②总量需求曲线中的总量只能用国民收入表示，不能表示实物的数量；而微观中的需求曲线中的数量是某种产品的实际数量。

③总量需求曲线的价格和国民收入反方向变化，在微观经济中单个商品需求曲线的价格与需求量也是反方向变化，但其经济含义完全不同；单个商品的需求曲线自左向右下倾斜，是因为商品的边际效用随商品数量的增加而递减；在宏观的经济总量分析中，*AD* 曲线描述的 *P* 与 *Y* 之间呈现反方向变化的关系，它所表达的内容乃是以货币计量的名义总供给（*PY*）恰好等于以货币计量的名义总需求（*MV*）的均衡等式：$MV=PY$，其中 M= 货币供给量，$V=1/K$= 货币流通速度。

（8）**解**：*AS* 曲线即总供给曲线是表明一个经济的价格水平与总产量（国民收入）之间关系的曲线。它描述了与每一既定的价格水平相对应，所有厂商愿意供给的产量的总和。总供给曲线有三种情况：凯恩斯主义总供给曲线（水平），短期总供给曲线（向上斜）和古典总供给曲线或长期总供给曲线（垂直）。

①在凯恩斯极端（超短期）情况下，*AS* 曲线是水平的，表示凯恩斯区域内一般价格水平不变，而国民收入可以变动；这是由于在严重的失业情况下，经济社会存在大量的闲置资源，总产量水平很低，产量增加不会形成资源供给不足而造成一般物价水平上升，同时。价格下降又有刚性，导致工资和物价不下降，按凯恩斯主义理论宏观经济政策是有效的。

②短期总供给曲线。当考虑名义工资的黏性时，即当物价上升时，工资上升速度慢于物价上升速度，厂商的实际利润增加，厂商扩大生产，总供给增加。此时供给曲线是向上倾斜，产量和一般物价水平同方向变化。

③古典主义的供给曲线是一条垂直线。因为工资和物价可以自由变化，就业量的决定完全独立于价格的变化。当物价上升时，名义工资水平就会同比例地上升就业量不随物价水平变动，总产出也不随物价水平变动，即总供给曲线是一条垂线。此时政府宏观经济政策无效，需求管理无法影响经济的供给方面。

（9）**答**：

货币工资率上升减少了短期总供给，并使短期总供给曲线向左移动，原因在于货币工资改变了企业的成本。货币工资越高，企业的成本越高，企业在每种物价水平上愿意供给的产量也越少。货币工资率的变动并不影响短期总供给是因为在长期总供给曲线上，与货币工资率变动相伴的是物价水平的同百分比变动。在相对价格没有变化时，企业没有改变生产的激励，实际 GDP 就仍为潜在 GDP。所以，如果货币工资率上升而潜在 GDP 保持不变，总供给会发生移动，是短期总供给发生移动。

（10）**答**：

市场供给曲线是一个行业中所有单个厂商供给曲线的总和，市场供给曲线是通过将每一价格水平上每个厂商愿意供给的产量加总形成的。经济中的总产出是所有不同行业产出的总和。因此，总供给曲线是把不同行业的市场供给曲线水平加总而形成的。由于每个厂商必须在一定价格水平之上才开始生产（供给产品），低于此价格，厂商不会生产。在该价格水平上，有一个最小规模的产量。当价格超过这一起码价格水平时,价格越高,厂商生产会越多,因此,供给曲线会表现为向上倾斜,直到生产能力饱和为止。超过饱和生产能力后,价格再提高,也不能增加产出。这时候,总供给曲线为一垂直线。因为有这些特点,因此总供给曲线的形状有如下特征:在低产出水平上,相对平缓;在高产出水平上,相对陡峭。

第十三章　同步自测题答案

1. 单选题

(1)D　(2)C　(3)A　(4)B　(5)C　(6)C　(7)B　(8)A　(9)C　(10)D　(11)C　(12)C　(13)B　(14)B　(15)B　(16)A　(17)C　(18)C　(19)D　(20)C　(21)D　(22)B　(23)C　(24)C　(25)B　(26)D　(27)A　(28)B　(29)B　(30)A

2. 多选题

(1)ABE　(2)ABCD　(3)ABC　(4)ABCDE

3. 判断题

(1)√　(2)×　(3)√　(4)√　(5)√　(6)√　(7)×　(8)×　(9)√　(10)√　(11)×　(12)√　(13)×　(14)√　(15)×　(16)×　(17)×　(18)√　(19)√　(20)×　(21)×　(22)√　(23)√　(24)√　(25)×　(26)×　(27)×　(28)√　(29)×　(30)√

4. 问答题

(1)**答:**西方经济学家对失业的原因做出了不同的解释,主要有以下几方面。

①古典经济学失业理论以“萨伊定律”为核心,认为供给能够创造需求,不会出现生产过剩,且每一个商品生产者都是理性的,都会尽力扩大生产、销售,这样社会的生产、销售就能达到最高水平,从而实现充分就业。

②凯恩斯提出了“非自愿失业”理论,认为有效需求是由消费需求与投资需求构成的,它是决定社会总就业量的关键性因素。当“有效需求”不足时充分就业就无法实现。凯恩斯提出边际消费倾向递减、资本边际效率递减和流动性偏好三个基本心理规律,使得经济中消费需求和投资需求不足,从而导致非自愿失业。

③新凯恩斯主义经济学以不完全竞争和不完全信息为前提,通过论证工资和价格黏性进而解释非自愿失业存在的原因,认为工资在短期内具有黏性,失业率并不会随劳动需求的变动做出充分调整。对存在工资黏性的解释主要有劳动工资合同论、隐含合同论、“局内人-局外人”理论和效率工资理论。

④现代货币主义的失业理论可以简单归结为“自然失业率”假说,其否认菲利普斯曲线,认为,如果政府用增加货币量来刺激就业,而雇员没有预见到实际收入下降时,就愿意增加劳动供给。但从长期看,不仅失业没有减少反而物价会持续上涨。

失业对经济和社会的影响主要有:给个人和家庭带来物质和精神的负面影响;影响社会稳定;增加经济运行成本,带来产出损失以及影响社会经济的信心从而加重整个经济的不景气,对经济运行产生不利影响。

(2)**答:**摩擦性失业是指由于人们在不同的地区、职业或生命周期的不同阶段不停地变动而引起的失业。结构性失业是指由于生产技术的发展、市场需求的永久性变化以及国防优先次序的变动引起总体经济结构发生变化,使有的工作岗位消失或原工作岗位的数量大大减少而造成的失业。摩擦性失业是由信息不完全和不对称导致的;结构性失业在性质上是长期性的,通常起源与劳动力的需求方,而摩擦性失业在性质上是过渡性或短期性的,通常起源于劳动力的供给方一般来说,结构性失业比摩擦性失业更严重。摩擦性失业和结构性失业这两种失业在经济学里面都被归结为自然失业,也就是说是不可避免的。

(3)**答:**菲利普斯曲线最初是菲利普斯根据现实统计资料所给出的反映货币工资变动率与失业率之间相互关系的曲线,后被发展为表述通货膨胀率与失业率之间相互关系的曲线。短期菲利普斯曲线与长期菲利普斯曲线的区别主要体现在以下两个方面。

①形状不同。短期菲利普斯曲线是表明在预期通货膨胀率低于实际通货膨胀率的短期中,失业率与通

货膨胀率之间存在交替关系的曲线。所以，短期菲利普斯曲线是向右下方倾斜的。关于短期内失业率和通货膨胀率之间会存在交替关系的原因，货币主义者认为，如果工资契约是在不存在通货膨胀预期的情况下订立的，那么，物价上涨会导致实际工资下降，因而厂商愿意扩大产量，增加就业。当工人们发现实际工资下降时，他们会要求增加货币工资，但货币工资的增长总是滞后于物价上涨。

长期菲利普斯曲线是一条位于"自然失业率"水平的垂直线，表明失业率与通货膨胀率之间不存在交替关系。一旦形成了通货膨胀预期，短期菲利普斯曲线就会上移，工人会要求足以补偿物价上涨的更高的名义工资，而雇主则不愿再在这个工资水平上提供原来不存在通货膨胀预期时所增加的就业，最终，失业率又恢复到"自然失业率"水平。无论政府如何继续采取膨胀政策，工人预期的调整必然带来短期菲利普斯曲线的进一步上移，长期内失业率都只会保持在"自然失业率"水平，结果长期内通货膨胀率与失业率不再存在稳定的替代关系。弗里德曼称长期的均衡失业率为"自然失业率"，它可以和任何通货膨胀水平相对应，且不受其影响。

②政策含义不同。短期菲利普斯曲线说明，在短期中引起通货膨胀率上升的扩张性财政政策和货币政策是可以起到减少失业的作用的，这就是宏观经济政策的短期有效性。在长期中，经济中能实现充分就业，失业率总是固定在自然失业率，因此，垂直的长期菲利普斯曲线表明，以引起通货膨胀为代价的扩张性财政政策与货币政策并不能减少失业，这就是宏观经济政策的长期无效性。

(4)**答：**不同的经济学家提出不同的经济周期理论。按照经济周期的时间长短，可以分为短周期，中周期，中长周期以及长周期等不同的类型。

①长周期，即康德拉基耶夫周期。认为在资本主义经济中存在着50~60年的周期。平均时间为50-60年为一个周期的长期波动。

②中周期，即朱格拉周期。认为资本主义经济周期的长度一般为9~10年。这个周期的波动是经济自动发生的现象，与消费者的行为、储蓄习惯以及他们对可利用的资本与信用的运用方式有直接联系。

③短周期，即基钦周期。一般长度为40个月，3~4年。认为经济周期与库存周期有着密切的联系。在复苏阶段，库存低于正常库存量，需求增加，价格上升。过热阶段，产品价格继续上升，产能供给逐步增加。滞胀阶段，库存超过行业正常周转库存量并继续上升，价格继续下跌。衰退阶段，生产者库存从最高位持续下降，产品价格急速下跌。这在一定程度上是生产者心理预期所导致的周期。熊彼特把这种短周期作为分析资本主义经济循环的一种方法，并用存货投资的周期变动和创新的起伏变化，特别是能很快生产出来的设备的变化来说明基钦周期。

(5)**答：**通货膨胀的经济效应主要包括再分配效应和产出效应。

通货膨胀的再分配效应表现如下。其一，通货膨胀不利于靠固定的货币收入维持生活的人。对于固定收入阶层来说，其收入是固定的货币数额，落后于上升的物价水平。其实际收入因通货膨胀而减少，他们持有的每一单位收入的购买力将随价格水平的上升而下降。相反，那些靠变动收入维持生活的人则会从通货膨胀中得益。例如，那些从利润中得到收入的企业主能从通货膨胀中获利，如果其产品价格比资源价格上升得快，则企业的收益将比它的产品的成本增加得快。其二，通货膨胀可以在债务人和债权人之间发生收入再分配作用。一般地，通货膨胀靠牺牲债权人的利益而使债务人获利。

通货膨胀对经济产出的影响可以通过各种情况来说明，这里只说明两种主要的情况。

第一种情况是随着通货膨胀的出现，产出增加。这就是需求拉动的通货膨胀的刺激促进了产出水平的提高。许多经济学家长期以来坚持这样的看法，即认为温和的或爬行的需求拉动通货膨胀对产出和就业将有扩大的效应。假设总需求增加，经济复苏，造成了一定程度的需求拉动的通货膨胀。在这种条件下，产品的价格会跑到工资和其他资源的价格的前面，由此扩大了企业的利润。利润的增加就会刺激企业扩大生产，从而产生减少失业、增加国民产出的效果。这种情况意味着通货膨胀的再分配后果会被因更多的就业、产出的增加而获得的收益所抵消。例如，对于一个失业工人来说，如果它唯有在通货膨胀条件之下才能得到就业机会，那么显然，它受益于通货膨胀。

第二种情况是成本推动通货膨胀引致失业。这里讲的是由通货膨胀引起的产出和就业的下降。假定在原总需求水平下,经济实现了充分就业和物价稳定。如果发生成本推动通货膨胀,则原来的总需求所能购买到的实际产品的数量将会减少。也就是说,当成本推动的压力抬高物价水平时,既定的总需求只能在市场上支持一个较小的实际产出。所以,实际产出会下降,失业会上升。

(6)**答:**总供给曲线揭示的是总产出和价格水平之间的关系。菲利普斯曲线揭示的是通货膨胀率与失业率之间的替换关系。菲利普斯曲线和总供给曲线虽然表面上所揭示的关系不同,但在本质上都表示同样的宏观经济思想,仅仅是同一枚硬币的两面。在一定的条件下,可以从总供给曲线推导出菲利普斯曲线,也可以从菲利普斯曲线推导出总供给曲线。

(7)**答:**短期菲利普斯曲线表示在预期的通货膨胀率保持不变时失业率和通货膨胀率之间存在的替换关系。其政策含义是在短期中引起通货膨胀率上升的扩张性财政与货币政策是可以起到减少失业的作用的,换句话说,调节总需求的宏观经济政策在短期是有效的。

长期菲利普斯曲线是指从长期来看,工人将根据实际发生的情况不断调整自己对价格水平的预期,使工人预期的通货膨胀率与实际的通货膨胀率一致,这时工人会要求改变名义工资,以使实际工资不变,导致失业率与通货膨胀率不再存在替代关系。在长期看,经济社会能够实现充分就业,经济社会的失业率将处在自然失业率的水平,长期菲利普斯曲线为垂直于潜在国民收入的一条垂线。其政策含义是政府应用扩张性政策不但不能降低失业率,还会使通货膨胀率不断上升。

长期的菲利普斯曲线是由短期的菲利普斯曲线不断运动形成的,其原因是货币主义者认为,在工资谈判中,工人们关心的是实际工资而不是货币工资。当通货膨胀率不太高,工人还没有形成新的通货膨胀预期的时候,失业与通货膨胀之间存在的替代关系就被称为短期的菲利普斯曲线。随着时间的推移,工人们发觉他们的实际工资随着物价的上涨而下降,就会要求雇主相应地增加货币工资,以补偿通货膨胀给自己造成的损失。由于工人不断地形成新的通货膨胀预期,使换取一定失业率的通货膨胀率越来越高,菲利普斯曲线不断向右上方移动,最终演变成垂直的菲利普斯曲线,这就是长期的菲利普斯曲线。

5. 计算题

(1)**解:**①由该国的预期为适应性预期,带入菲利普斯曲线,得即央行引起的失业率为 6%。

②次年带入菲利普斯曲线,即央行引起的失业率为 5%。

(2)**解:**(1)自然失业率是实际通货膨胀率等于预期通货膨胀率时的失业率。当 μ=30% 时,令 $\pi t=\pi t_e$,可以得到 ut=4.15%,即改变前的自然失业率是 4.15%。当 μ=10% 时,令 $\pi t=\pi t_e$,可以得到 ut=4.05%,即改变后的自然失业率是 4.05%。2)当 θ=0 时,意味着没有预期通胀,$\pi t=0.08+0.01\times30\%-2ut$,因为官方决定长期目标失业率为 2%,所以 ut=2%,代入上式可得:πt=4.3%。此时因为没有预期通胀,所以 $\pi t=\pi t+1=\pi t+2=\pi t+5=4.3\%$。(3)因为 θ 从 0 增长到 1,所以现在有 $\pi t_e=\pi t-1$,代入菲利普斯曲线可得:$\pi t=\pi t-1+0.08+0.01\times30\%-2ut$。所以 $\pi t+6=\pi t+5+0.08+0.01\times30\%-2\times2\%=8.6\%$,$\pi t+7=\pi t+6+0.08+0.01\times30\%-2\times2\%=12.9\%$。

(3)**解:**①劳动力人数 = 就业人数 + 失业人数 =1.2+0.1=1.3(亿)。

②劳动参与率 = 劳动力人数 ÷ 总人数 ×100%=1.3 ÷ 1.9 × 100%=68.4%。

③失业率 = 失业人数 ÷ 劳动力人数 ×100%=0.1 ÷ 1.3 × 100%=7.69%。

(4)**解:**①由所给的菲利普斯曲线可知,当 $u-0.06=0$,即失业率为 6% 时,经济达到充分就业状态,即经济的自然失业率为 6%。

②由所给的菲利普斯曲线,得 $\pi-\pi_{-1}=-0.5(u-0.06)$;使通货膨胀率减少 5 个百分点,即在上式中,令 $\pi-\pi_{-1}=-5\%=-0.05$,则上式变为 $-0.05=-0.5\times(u-0.06)$,则 $u-0.06=10\%$。所以,为使通货膨胀率减少 5%,必须有 10% 的周期性失业。

6. 分析题

(1)**答:**经济周期一般是指经济活动沿着经济发展的总体趋势所经历的有规律的扩张和收缩。一个经济周期可以分为繁荣、衰退、萧条、复苏四个阶段。其中繁荣、萧条是经济周期的两个主要阶段,衰退和复苏是两个过渡阶段。从宏观经济变量看,可以分顺周期性、逆周期性和无周期性三类。顺周期变量是指那些在经济扩张时上升,在经济收缩时下降的变量;逆周期变量是指在衰退时上升、在扩张时下降的变量;无周期的变量的变动与经济周期无关。

经济周期是市场经济中经济运行所不可避免的波动。西方经济学家提出过各种各样的经济周期理论,试图来解释为什么会发生经济周期。他们的理论解释主要有以下几个论特征。

一是在方法上忽视根本制度,它们一般把资本主义理解为一种自然永恒的制度,排除危机同资本主义所有制关系的内在联系,对危机的成因忽视资本主义根本制度的研究。

二是从市场经济一般关系出发或者从分配、交换和消费出发,认为经济周期是市场经济的必然产物和基本特征之一。

三是重视经验分析和统计资料的分析,从经济周期运行过程的分析出发,认为经济周期是总体经济的波动。其核心是实际国民生产总值的波动,并由此引起就业、物价水平、利率和对外贸易等的波动。

四是比较重视反危机政策和措施的研究。他们研究经济周期的目的是探索其运动规律以提出有效的治理措施。因此,西方经济周期理论各学派的理论观点和政策主张无论如何对立,但他们的最终目的在性质上是完全一致的。总体看,西方经济学对经济周期的各种解释没有揭示经济周期形成的真正原因。

美国次贷危机(Subprime Crisis)又称次债危机。它是指一场发生在美国,因次级抵押贷款机构破产、投资基金被迫关闭、股市剧烈震荡引起的金融风暴。它致使全球主要金融市场出现流动性不足危机。美国次贷危机的根源在于金融创新的无节制、金融监管过于宽松和金融资本的贪婪等三个方面。美国次贷危机的主要教训是宏观政策要注重审慎平衡。次贷危机虽然发生在金融领域,但包括财政政策、货币政策、住房政策等在内的宏观政策失调是引发危机的首要原因。另一个教训是金融机构要加强风险管理。市场过大的融资杠杆比例和过长的金融衍生品链条,过于复杂的衍生产品使监管变得非常困难,在监管不力的情况下很容易演变成金融危机。

第十四章　同步自测题答案

1. 单选题

(1)A (2)B (3)C (4)D (5)D (6)C (7)A (8)A (9)D (10)B (11)C (12)B (13)A (14)B (15)A (16)B (17)C (18)D (19)D (20)B (21)D (22)A (23)B (24)B (25)A (26)C (27)B (28)B (29)D (30)D

2. 多选题

(1)ABD (2)ABD (3)ABC (4)BC (5)AD (6)BD (7)ABD (8)ABC (9)BD (10)AD

3. 判断题

(1)× (2)√ (3)× (4)√ (5)× (6)× (7)× (8)√ (9)× (10)× (11)√ (12)× (13)× (14)√ (15)√ (16)× (17)√ (18)√ (19)√ (20)×

4. 问答题

(1)答:是指在社会经济生活中被直接公布、使用的表示两国货币之间比价关系的汇率。名义汇率是又称"市场汇率"。

(2)答:

①汇率又称汇价,是一个国家的货币折算成另一个国家货币的比率,汇率表示的是两个国家货币之间的互换关系。

②汇率主要有两种标价法:一种被称为直接标价法,它是用一单位的外国货币作为标准,折算为一定数额的本国货币来表示的汇率;另一种被称为间接标价法,它是用一单位的本国货币作为标准,折算为一定数

额的外国货币来表示的汇率。

（3）**答**：固定汇率制是指一国货币同他国货币的汇率基本固定，其波动限于在一定的幅度之内，浮动汇率制是指一国中央银行不规定本国货币与他国货币的官方汇率，听任汇率由外汇市场的供求关系自发地决定，浮动汇率制又分为自由浮动与管理浮动，前者指中央银行对外汇市场不采取任何干预措施，汇率完全由外汇市场的供求力量自发地决定，后者指实行浮动汇军制的国际，对外汇市场进行各种形式的干预活动，主要是根据外汇市场的供求情况售出取购入外汇，通过对外汇供求关系的影响来控制汇率。

（4）**答**：国际收支平衡表可分为三个基本账户：经常项目、资本项目和平衡项目。经常项目账户是其最重要的，它反映了一个国家或地区与其他国家或地区之间"实际"资源的转移，是一个国家或地区对外经济交往的基础，影响和制约其他方面的变化。资本项目账户反映一个国家或地区之间金融资产的交易，主要表现对外债权与债务的变化。经常项目与资本项目的全部交易通常被称作自主性交易，当自主性交易的借贷方总额不一致时就需要平衡项目来轧平国际收支的差额，平衡项目账户就是为此设计的。它的编制原则：一是本国居民与外国居民的划分；二是国际收支平衡表应是复式会计报表。

（5）**答**：*IS* 曲线向右下方倾斜，表明在产品市场实现均衡时，利率与均衡国民收入成反向变动关系，即利率高则均衡国民收入低，反之亦然。在产品市场上，利率与均衡国民收入成反向变动的原因是：首先，投资是投资的边际效率和利率的函数。在投资的边际效率不变的情况下，投资与利率成反向变动关系，即利率下降使投资成本下降，这必将刺激投资水平的提高。其次，投资是总支出的一个组成部分，投资增加使总支出增加，在没有供给限制的情况下，总支出的提高通过乘数效应导致均衡国民收入成倍提高；反之亦然。

（6）**答**：*LM* 曲线向右上方倾斜，表明在货币市场实现均衡时，国民收入与均衡利率呈同方向变动关系，即国民收入增加，则均衡利率也增加；反之亦然。在货币市场上，国民收入与均衡利率呈同向变动的原因是：首先，货币市场的均衡条件为：$M=KY-HR$。其次，在实际货币供给既定的条件下，利率上升将导致投机需求下降，交易需求上升，国民收入增加。反之亦然。

（7）**答**：IS-LM 模型是描述产品市场和货币市场之间相互联系的理论结构。在产品市场上，国民收入取决于居民的消费支出、企业的投资支出、政府购买和净出口加合起来的总支出或总需求，而总需求尤其是投资需求要受到利率的影响，利率则由货币市场的供求状况所决定，换句话说，货币市场的供求状况会影响到产品市场。从另一方面看，产品市场上所决定的国民收入会影响到货币需求，尤其是交易需求和预防需求，从而影响到利率，使产品市场影响到货币市场。由此可见，产品市场和货币市场相互联系和相互作用，而收入和利率也只有在这种相互联系和相互作用中才能决定。

（8）**答**：在 IS-LM 模型中，保证产品市场和货币市场可以自动维持均衡的经济机制是：①产品市场存在存货调整机制。当产品市场处于非均衡状态时，非计划存货投资将不为零，这说明企业当前的生产决策与社会需求不协调，从而造成企业利润的损失。为了实现利润最大化，企业必将调整当前的生产决策，使产品市场处于均衡状态。②货币市场存在金融资产的选择机制。当货币市场处于非均衡状态时，意味着居民当前的金融资产结构未能实现利益最大化。这种情况迫使居民调整当前的金融资产结构，以求利益最大化。因此，居民追求利益最大化的金融资产结构选择的行为后果是货币市场处于均衡状态。由此可见，产品市场和货币市场的一般均衡是微观经济主体追求自身利益的结果。

（9）**答**：外汇汇率又称外汇牌价（或外汇汇价、外汇行市），是两国货币之间的汇兑比率。简单地说，它是两国货币之间的相对比价。是一国货币用另一国货币表示的价格。其标价方法主要有：①直接标价法，也称价格标价法，是指用 1 单位的外国货币作为标准，折算为一定数额的本国货币来表示的汇率；②间接标价法，又称数量标价法，是指以外国货币表示本国货币的价格，就是说，用 1 单位的本国货币作为标准，折算为一定数量的外国货币来表示的汇率。

直接标价法下，汇率下跌表示本国货币升值，也就是 1 单位外国货币只能换取更少的本国货币；汇率上升则表示本国货币贬值，也就是 1 单位外国货币能够换取更多的本国货币。而在间接标价法下，汇率的下跌表示本国货币贬值；汇率上升则表示本国货币升值。

（10）**答：**利率平价理论又称远期汇率理论，是由英国经济学家凯恩斯于1923年在其《货币改革论》一书中首先提出，后经西方一些经济学家发展而成。

利率平价理论认为，由于各国间的利率存在着差异，投资者为获取较高的收益，就将其资本从利率低的国家和地区，转移到利率高的国家和地区。其获利目的能否达到，关键是两地货币汇率是否变动。如果汇率变动对其不利，有时不仅不能赚钱，还会遭到损失。为避免此种情况，投资者会在外汇期货市场，按远期汇率将其投资于利率高的国家的货币收益，兑换为利率低的国家的货币，并将此收益同投资于利率低的国家的收益进行对比。对比的结果，便是投资者选定投资方向的依据。两国投资收益差驱使资本在国际间流动，直到通过利率调整，两国投资收益相等，国际间的资本流动才会停止。

4. 计算题

（1）**解：**

①直接标价法：1单位外币的本币价格，8.5元人民币/欧元；

间接标价法：1单位本币的外币价格，1/8.5=0.117 65欧元/元。

② 425/8.5=50，一双425元人民币的皮鞋的欧元价格是50欧元。

③ 1 000×8.5=8 500，一台1 000欧元的电脑的人民币价格是8 500元人民币。

（2）**解：**

① $AD=C+I+G+X-M=140+0.8(Y-T+TR)+50+50+50-100-0.14Y$

$=190+0.8(Y-60-0.2Y+10)-0.14Y$

$=150+0.5Y$

$AD=Y$；

$Y=150+0.5Y$；

$Y=300$；

该国均衡的国民收入为30 000亿美元；

② $Y=300$；

$M=100+0.14Y=142$；

$X=50$；

$NX=X-M=50-142=-92$；

该国处于均衡国民收入时的对外贸易余额为-9 200亿美元，即贸易逆差为9 200亿美元。

（3）**解：**

① $AD=C+I+G=300+0.8(Y-T+TR)+I+G$

$=300+0.8(Y-50-0.25Y+10)+100+32$

$=400+0.6Y$

$AD=Y$

$Y=1\ 000$。

封闭经济条件下投资乘数：$\dfrac{1}{1-C(1-T)}=\dfrac{1}{1-0.8(1-0.25)}=2.5$；

该国在封闭经济条件下均衡的国民收入为100 000亿美元，投资乘数为2.5。

② $AD=C+I+G+X-M=300+0.8(Y-T+TR)+I+G+X-M$

$=300+0.8(Y-50-0.25Y+10)+100+32+200-20-0.1Y$

$=580+0.5Y$

$AD=Y$；

$Y=1\ 160$；

开放经济条件下的投资乘数：$\dfrac{1}{1-C(1-T)+M}=\dfrac{1}{1-0.8(1-0.25)+0.1}=2$；

该国在开放经济条件下均衡的国民收入为 116 000 亿美元，投资乘数为 2。

（4）解：

① $AD=C+I+G+X-M=800+0.8(Y-T+TR)+I+G+X-M$

$=800+0.8(Y-50-0.25Y+10)+900-50r+32+200-100-0.1Y$

$=1\,800+0.5Y-50r$

$AD=Y$;

$Y=3\,600-100r$。

该国在开放经济条件下的 *IS* 曲线方程为：$Y=3\,600-100r$;

$M/P=500$;

$L=0.25Y-100r$;

$M/P=L$;

$Y=2\,000+400r$;

该国在开放经济条件下的 LM 曲线为：$Y=2\,000+400r$。

② *IS* 曲线方程为：$Y=3\,600-100r$;

LM 曲线方程为：$Y=2\,000+400r$;

产品市场与货币市场同时均衡时，$Y=3\,280$，$r=3.2$。

该国在开放经济条件下均衡的国民收入为 328 000 亿美元；

$X=200$;

$M=100+0.1Y=428$;

$NX=X-M=200-428=-228$;

该国对外贸易余额为 −22 800 亿美元，即贸易逆差为 22 800 亿美元。

（5）解：

① $NX=X-M=400-100-0.1Y=300-0.1Y$;

$F=50-100r$;

$NX=F$;

$Y=2\,500+1\,000r$;

该国的 *BP* 曲线方程为：$Y=2\,500+1\,000r$。

② $AD=C+I+G+X-M=900+0.8(Y-T+TR)+I+G+X-M$

$=900+0.8(Y-100-0.25Y+10)+1\,000-50r+72+400-100-0.1Y$

$=2\,200+0.5Y-50r$;

$AD=Y$;

$Y=4\,400-100r$;

$M/P=500$;

$L=0.25Y-100r$;

$M/P=L$;

$Y=2\,000+400r$;

产品市场与货币市场同时均衡时，$Y=3\,920$，$r=4.8$。

$NX=X-M=400-100-0.1Y=-92$;

$F=50-100r=-430$;

该国的国际收支为：$NX-F=-92+430=338$;

该国在开放经济条件下产品市场与货币市场同时均衡的国民收入为 392 000 亿美元，国际收支盈余为 33 800 亿美元。

（5）**解：**

此题可以看作是对IS-LM模型的扩展。

①总需求函数描述的是总需求水平（或均衡国民收入）与价格水平之间的对应关系。因此，为了得到总需求函数，我们首先要求得*IS*曲线和*LM*曲线。根据已知条件和*IS*曲线与*LM*曲线的性质，得到：

*IS*曲线的函数式：$Y=1\ 250-30r$

*LM*曲线的函数式：$150=0.2Y-4r$

其次，通过求解*IS*曲线和*LM*曲线的联立方程，得到均衡国民收入（或总需求水平）与价格水平之间的对应关系（即总需求函数）为：

$Y=500+450$

②把$P=1$代入*LM*曲线，经整理，*LM*曲线可进一步表示为：$Y=750+20r$

通过求解*IS*曲线和*LM*曲线的联立方程，得到两个市场同时实现均衡时的利率与收入分别为：$r=10$，$Y=950$

6. 分析题

（1）**答：**在纸币制度下，当一国发生国际收支逆差时，若本国要维持汇率不变，在不增加货币供给的情况下，该国货币当局抛售外币，购回本币，从而使国内货币供给量自动减少。根据货币数量论，国内物价会随之降低，本国商品价格相对于外国商品价格降低，从而使出口增加，进口减少，国际收支改善。

（2）**答：**国际收支账户是指根据一定原则用会计方法编制出来的反映国际支状况的报表。原本收支并不见得是为零，但是在国际收支平衡表上最后是净误差和遗漏项目，在合理的范围内，如果不平就用这个项目来平衡。

一个国家的国际收支平衡表从形式上看总是平衡的，而国际收支则经常出现不平衡的情况。根据国际收支平衡表的记账原则，资产与资金的变动情况总是从借贷两方面加以记录，其数额相等，方向相反。根据国际收支平衡表的内容，除了实际发生的、自主性的收支业务的流量要在相应的经常收户及资本账户中记录，另有一个平衡项目专门记录、调整经常账户、资本账户借贷余额不等的情况。此外，如果由于统计资料来源的不统一，或计价的不准确而造成的表中余额不等，还可以通过平衡账户中的“错差和遗漏”项目加以扎平，使之始终保持平衡。在经常账户中，当净出口大于资本净流入时出现国际收支顺差：而当净出口小于资本净流入时出现国际收支逆差。存在国际收支的顺差或逆差，都属于国际收支不平衡的情况，这种不平衡的情况是经常和必然的，比较而言，平衡的情况则是较偶然的。不平衡的情况可以通过调节性的业务来弥补其差额，并在平衡账户上得到相应的反映。比如当一国发生国际收支顺差，就可以通过增加官方黄金、外汇储备，减少该国对外国的负债等方法来平衡：当发生了国际收支逆差时，又可以通过减少官方储备，或增加对外国的负债等方法来平衡。

（3）**答：**①当国际收支平衡时，$BP=0$，$BP=NX(Y)-F(r)=0$，即$NX(Y)=F(r)$，这一公式表示当国际收支平衡时，国民收入Y和国内利率r的相互关系，宏观经济学称之为国际收支均衡函数，简称国际收支函数。在以利率为纵坐标，收入为横坐标的直角坐标系内，国际收支函数的几何表示即为国际收支曲线或称*BP*曲线。

②当本国产品和劳务价格相对提高，或外国产品和劳务价格相对下降时，本国产品和劳务在国际市场上的竞争力就会下降，而外国产品和劳务的竞争力则会提高，从而本国产品和劳务的出口就会减少，外国产品和劳务的进口就会增加。此时，在同样的国民产出水平上，只能有较小的净出口额，即净出口曲线会向左移动。如果资本净出口函数不变，则国际收支曲线就会相应地向左移动。

③当本国产品和劳务价格相对下降，或外国产品和劳务价格相对上升时，本国产品和劳务在国际市场上的竞争力就会提高，从而会增加本国产品和劳务的出口，减少进口。此时，在同样的国民产出水平上，只能有较大的净出口额，这意味着净出口曲线会向右移动。如果资本净出口函数不变，则国际收支曲线就会相应地向右移动。

④在本国利率水平不变的情况下，当外国的利率水平提高时，实际上就意味着本国利率水平的相对下降。此时，外国对资本的吸引力会相对加强，而本国对资本的吸引力会相对减弱，从而在允许资本自由流动的情况下，会使资本流出增加，资本流入减少。在本国利率相同时，会有较大的资本净流出，这意味着资本净流出曲线向左移动。如果此时净出口函数不变，则国际收支曲线就会相应地向左移动。

⑤在本国利率水平不变的情况下，如果外国的利率水平降低了，则会使本国的资本流出减少，资本流入增加。从而使资本净流出曲线和国际收支曲线相应地向右移动。

⑥此外，不但本国利率水平的变化会通过影响资本净流出，使国际收支曲线发生移动。本国和外国相对价格水平的变化也会间接地影响资本净流出。在其他条件不变的情况下，当本国价格总水平上涨时，虽然本国的名义利率不变，但实际利率却会有所降低。从而会引起资本净流出曲线向左移动，进而使国际收支曲线向左移动。反之，本国价格总水平的下降，会在名义利率不变的情况下，使本国的实际利率提高。从而会通过使资本净流出曲线向右移动，使国际收支曲线向右移动。

（4）答：

①浮动汇率制下财政政策对汇率的效果是不明确的。政府购买支出增加使利率上升，使资本净流出减少，外汇市场上的本国货币供给减少，这有助于汇率上升，即本国货币升值。但是，政府购买支出也使收入增加，进口增加，外汇市场上本国货币供给增加，这有助于汇率下降，即本国货币贬值。因此，财政政策对汇率水平影响决定于这两种效果的相对大小。

②如果 *BP* 曲线比 *LM* 曲线陡直，扩张性的财政政策会使新的内部均衡点位于 *BP* 曲线的下方，引起国际收支赤字。在这种情况下，只有汇率下降即本国货币贬值才能引起 *BP* 曲线向下移动，恢复外部均衡。换言之，如果 *BP* 曲线比 *LM* 曲线更陡直，扩张性的财政政策将会引起汇率的下降。而紧缩性的财政政策将会引起汇率的上升。

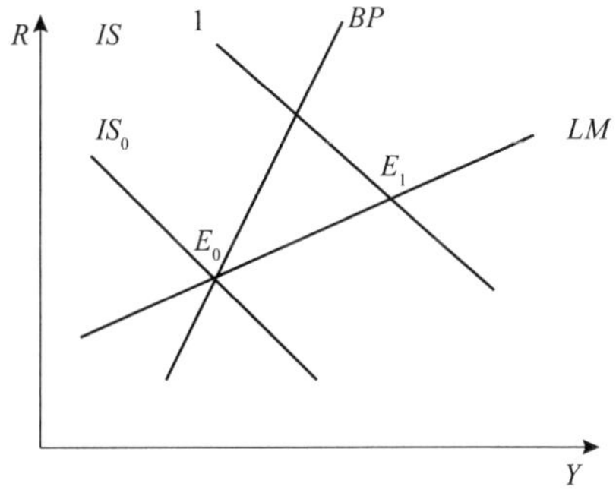

浮动汇率制度下财政政策对汇率的影响 1

3）如果 *BP* 曲线比 *LM* 曲线平坦，扩张性的财政政策会使新的内部均衡点位于 *BP* 曲线的上方，引起国际收支盈余。在这种情况下，只有汇率上升即本国货币升值才能引起 *BP* 曲线向上移动，恢复外部均衡。换言之，如果 *BP* 曲线比 *LM* 曲线更平坦，扩张性的财政政策将会引起汇率的上升，而紧缩性的财政政策将会引起汇率的下降。

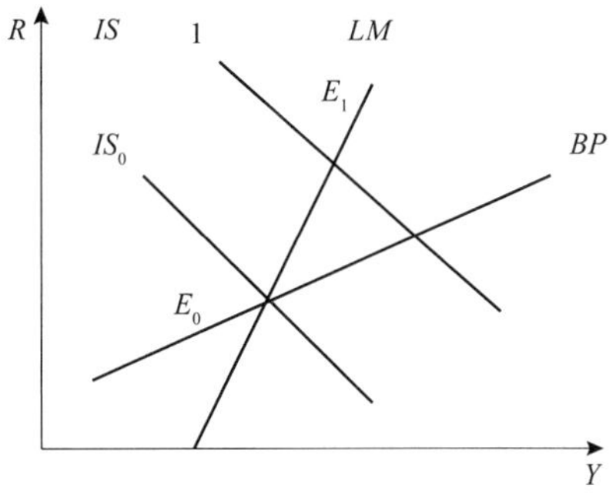

浮动汇率制度下财政政策对汇率的影响 2

(5)**答:**固定汇率制是指一国货币同他国货币的汇率基本固定,其波动限于在一定的幅度之内。浮动汇率制是指一国中央银行不规定本国货币与他国货币的官方汇率,听任汇率由外汇市场的供求关系自发地决定。浮动汇率制又分为自由浮动与管理浮动,前者指中央银行对外汇市场不采取任何干预措施,汇率完全由外汇市场的供求力量自发地决定,后者指实行浮动汇率制的国家,对外汇市场进行各种形式的干预活动,主要是根据外汇市场的供求情况售出或购入外汇,通过对外汇供求关系的影响来控制汇率。

(6)**答:**在市场经济中,当一国国际收支失衡时,主要是通过价格、收入、汇率等的变化,使国际收支自动得到调节,趋向平衡。历史上在金本位制度下,如果一国发生了国际收支逆差,外汇供不应求,汇率就要上升,这时该国就要输出黄金,于是货币发行量及存款都要收缩,物价就会下降,这样出口增加,进口减少,国际收支应得到改善。反之,则会发生相反的过程。这样,国际收支的不平衡就会通过黄金流通机制自动得到调节。金本位制被纸币本位制取代后,这种经济中的自动调节作用是通过影响国民收入、物价水平及资本流动等各方面的变化,使国际收支自动得到调节的。例如,一国发生国际收支顺差时,国内金融机构持有的国外资产增加,使银行信用扩张,银根松弛,利率下降,由此使:①国内消费和投资都增加,国民收入水平提高,进口增加,缩小原来的国际收支顺差;②国内总需求增加,物价上涨,从而削弱本国商品在国际市场上的竞争能力,出口下降,进口增加,缩小原来的国际收支顺差;③资本外流,外国资本流入受阻,也缩小了贸易顺差;④对外汇的供给大于需求,汇率下降,本国货币升值,使出口减少,进口增加,减少了贸易顺差。反之,如果出现国际收支逆差,则能通过相反的调节过程,使国际收支状况自动得到改善。总之,在市场经济中,国际收支推移会影响利率、收入、汇率水平在市场作用下发生相应变化,从而自动调节国际收支状况。这种自动调节机制尤其为古典所强调。

(7)**答:**在国际金本位制度下,只要世界各国相互保持自由贸易关系,则一国的对外贸易的货币收支差额有余或不足将自动调节,使各国的贵金属出现均衡分配。

英国古典政治经济学的代表人物大卫·休谟在其1752年出版的著作《政治论丛》中,首次将货币数量学说应用于国际收支方面,系统地表述了在国际金本位制下,各国的国际收支具有自发进行调节的机制,即著名的“价格－铸币流动机制”。

在货币供应量因黄金流出流入而减少或增加的假定前提下,休谟的国际贵金属移动的价格调节机制可以概括为以下主要内容:①外汇汇率是根据各国货币的含金量确定;②国际收支逆差或顺差将引起汇率变动,汇率变动超过黄金输入、输出点时,将会引起黄金流动;③黄金流动增加输入国的银行准备金,减少输出国的银行准备金;④银行准备金变动将引起货币数量的变动,从而造成的贸易双方物价和收入变动,这样就会纠正国际收支不平衡,使得黄金流动停止。这种国际收支自发调节过程可以简单地描述为以下过程:国际收支逆差→就黄金外流→货币供应量减少→国内对商品需求下降→物价下降→出口成本下降使出口增加→黄金流入→国际收支恢复平衡;国际收支顺差→黄金流入→货币供应量增加→国内对商品需求上升→物价上升→出口成本上升使出口减少→黄金流出→国际收支恢复平衡。

19世纪末,新古典学派对自发调节机制作了进一步补充,它强调国际短期资本流动对国际收支平衡的作用。新古典学派认为,当一国国际收支发生逆差时,将会引起国际短期资本的流入。首先,国际收支逆差造成汇率下降,外汇投机商预测在金本位制下,汇率只能在黄金输送点之间波动,汇率下跌只是短期现象,因而会将投机资金投向逆差国。其次,贸易商亦会同样预测逆差国汇率不久会回升,因而外汇需求者推迟购买外汇,外汇供给者提前售汇,引起国外短期资金流向逆差国。再次,国际收支逆差,黄金外流,货币与信用紧缩,因而利率上升,这又会引起“套利”的资金流入逆差国。以上几种因素作用的最终结果是加速国际收支自动调节机制的调节能力。

(8)**答:**开放经济是指多个国家之间的商品、劳务和资本等要素可自由流动的经济体系。在一价定律下,开放经济体现为国际市场中不同的国家货币种类不同,外汇市场风险存在,套利活动存在关税及非关税壁垒等障碍。一价定律是19世纪末20世纪初,由英国金块主义者J·威得利首次提出的概念,它反映了国际商品的套利条件。

①一价定律的基本内容。一价定律是关于在自由贸易条件下国际商品价格决定规律的一种理论。在开放经济条件下,若不考虑交易成本等因素,一价定律成立,表现为以同一货币衡量的不同国家的某种可贸易商品的价格应是一致的,即 $P_i=e\cdot P$(e 为直接标价法下的汇率)。

②一价定律的成立的条件。一是国际市场处地自由贸易状态。即商品劳务等要素可在各国市场之间自由流动。这为国际商品和劳务市场上的套利活动打下基础。二是假定外汇市场上只存在经常账户的交易,不考虑资本流动问题。即只考虑商品和劳务的国际间交换对国际货币市场的资金流动的影响。三是假定不同地区的商品是同质的,这也同样是商品劳务能在国际市场上自由流动的条件之一。四是假定市场处于完全竞争或垄断竞争状态,即价格能随供求的变化灵活地进行调整。不存在任何价格上的粘性。价格的灵活调整为套利者在不同国家采取套利策略奠定了基础。

(9)**答:**

①如果储蓄增多:在浮动汇率下, *IS* 曲线向下移动,而 *LM* 曲线不改变,导致均衡汇率上升,贸易余额增加,总收入不变。而在固定汇率下,*IS* 曲线下移,为了维持汇率不变,*LM* 曲线向左移动,导致总收入下降,汇率不变,贸易余额不变。

②由题目意思,如果进口数量增加,导致任一汇率水平下,净出口下降,从而导致 *IS* 曲线向下移动。在浮动汇率下, *LM* 曲线不会改变,因此,利率有下降的趋势,从而均衡汇率上升。但是,如果我们考察 $CA=S-I$,会发现 S 和 I 都没有改变,则净出口也没有改变,均衡产出不变。在固定汇率下,*LM* 曲线左移以维持汇率水平不变,则均衡产出将减少,均衡汇率不变,但是净出口下降。

③按题目意思,减少了对货币的需求,根据费雪方程式 $MV=PY$ 在 M 和 P 不改变的情况下,货币流通速度 V 增大。该等式左右两边不相等,而为了实现相等,只有 Y 变大,因此此时 *LM* 曲线将向右移动。因此,在浮动汇率下,均衡产出上升,均衡汇率水平上升,净出口增加。但是,在固定汇率下,如果 *LM* 曲线右移,将给汇率造成一个上升的压力,为了维持汇率固定,中央银行必定买进本国货币,因此,*LM* 曲线将回到原来位置,以维持汇率不变。此时,产出水平、汇率和贸易余额都没有变化。

(10)**答:**

①对于一个州而言,它是一个小型开放经济,而且是美国的一个州,尽管其可以印发美元,但是它不能改变美元汇率。因此,事实上,这个情况类似于一个固定汇率、资金完全流动的小国开放经济。我们知道,在固定汇率下,货币政策无效,因此应该从财政政策着手。政府通过增加支出的扩张性财政政策,将会引起利率的上升,而利率的微小的上升,都会吸引货币流入,使 *LM* 曲线右移直至利率恢复期初水平。也就是说,在 *IS* 曲线右移过程中,始终伴随着 *LM* 曲线的右移,以维持利率水平不变。在财政扩张结束后,货币供给也相应地扩张了,经济同时处于长期平衡状态。此时,收入增加了,失业率也下降了。

②由于这个禁令是禁止从另一个州进口,因此,在短期内,进口数量减少,而出口不变,则 *NX* 变大,*IS* 曲线右移。这将给加利福尼亚州汇率带来下降压力,为了保持汇率不变,加利福尼亚州要发行货币,从而 *LM* 曲线右移。达到新均衡点时,均衡收入上升,贸易余额变大。

第十五章 同步自测题答案

1. 单选题

(1)D (2)B (3)C (4)A (5)B (6)A (7)D (8)A (9)C (10)D (11)B (12)D
(13)B (14)B (15)C (16)C (17)B (18)D (19)B (20)B (21)C

2. 多选题

(1)ABCD (2)CD (3)AB (4)CD (5)BCD (6)BCD (7)ABD (8)AC (9)ABC
(10)BD (11)ABD (12)AE (13)BDE

3. 判断题

(1)√ (2)√ (3)× (4)√ (5)× (6)× (7)√ (8)√ (9)× (10)√ (11)× (12)√ (13)× (14)√ (15)× (16)× (17)× (18)× (19)× (20)× (21)√ (22)× (23)√ (24)× (25)√ (26)× (27)√ (28)× (29)× (30)√

4. 问答题

(1)**答:**假定经济处于中间区域,政府减税使 *IS* 曲线右移,利率上升,收入增加。若政府在减税的同时增加一定的货币供给量,使得利率不变, *LM* 曲线便右移,使收入进一步增加。可见前者增加的收入比前者多,因为它克服了扩张性财政政策的“挤出效应”。

(2)**答:**内部时滞相对外在时滞而言,是指从经济发生变动认识到有采取政策措施的必要性到决策者制定出适当的经济政策并付诸实施之间的时间间隔。可以分为三个组成部分:认识时滞、决策时滞和行动时滞。不同的经济政策具有不同的内在时滞。货币政策由于以决策到执行所需的环节较少,其内在时滞较短;财政政策的制定和执行需通过立法机构讨论和表决,再由中央和地方政府执行,因而其内在时滞较长。内在时滞受一系列客观因素的制约,其变动比较困难。

(3)**答:**其现实标准主要有以下几点。

①对目标的有效性。即政策工具能否达到预想的目标,如货币政策对产出的有效性低于财政政策;②影响的广泛性。即政策工具是否影响社会经济的大多数主体,如减税的影响范围大于调整贷款利率;③灵活性。即是否容易进行适应调整,如调整税率的刚性大于调整利率;④中间变量差异性。即政策工具运用过程中不同机制的差异,如调整政府财政收支与刺激民间投资的长期影响是不同的。⑤效果的确定性。即政策工具发挥作用的可预见程度,如悲观的心理预期使政策效果打折扣甚至出现负面结果等。

(4)**答:**充分就业的预算盈余是指既定的政府预算在充分就业的国民收入水平即潜在的国民收入水平上所产生的政府盈余。如果这种盈余为负值,就是充分就业预算赤字,它不同于实际的预算盈余。实际的预算盈余是以实际的国民收入水平来衡量预算状况的,二者差别在于充分就业的国民收入与实际的国民收入水平的差额。充分就业预算盈余概念对于经济政策的制定有重要意义。具体表现:把收入水平固定在充分就业的水平上,消除经济中收入水平周期性波动对预算状况的影响,从而能更准确地把握财政政策预算状况的变动;使政策制定者注重充分就业问题,以充分就业为目标确定预算规模,从而提高财政政策的社会经济效果。

(5)**答:**国家财政有政府收入和政府支出两个方面构成,其中政府支出包括政府购买和政府转移支付,而政府收入则包含税收和攻占两个方面。

①政府购买是指政府对商品和劳务的购买,是一种实质性支出,有着商品和劳务的实际交易,因而直接形成社会需求和购买力,是国民收入的一个组成部分,其规模直接关系到社会总需求的增减。因此,变动政府购买支出水平是政府财政政策的主要手段。②政府转移支付是指政府在社会福利保险、贫困救济和补助等方面的支出。虽然它所作的仅仅是通过政府将收入在不同社会成员之间进行转移和重新分配,但它是政府支出的重要组成部分,对总需求有很大的调节作用,因此政府转移支付也是一项重要的财政政策手段。③税收是政府收入中最主要部分,它是国家为了实现其职能按照法律预先规定的标准,枪支的、无偿性、固定性三个基本特征,正因为如此,税收也是政府财政政策的有力手段之一。④公债是政府对公众的债务或公众对政府的债券。政府公债的发行,一方面能增加财政收入,影响财政收支,属于财政政策;另一方面又能对包括货币市场和资本市场在内的金融市场的扩张和紧缩其重要作用,影响货币的供给,从而调节社会的总需求。因此,公债也是政府的重要财政政策。

(6)**答:**自动稳定器亦称内在稳定器,是指经济系统本身存在的一种减少各种干扰对国民收入冲击的机制,能够在经济繁荣时期自动抑制膨胀,在经济衰退时期自动减轻萧条,无须政府采取任何行动。

在混合经济中投资变动所引起的国民收入变动比私人部门的变动小,原因是当总需求由于意愿投资增加而增加时,会导致国民收入和可支配收入的增加,但可支配收入增加小与国民收入的增加,因为国民收入增加时,税收也增加,增加的数量等于边际税率乘以国民收入,结果,混合经济中消费支出增加额要比私人经济中小,从而通过乘数作用是国民收入累计增加也小一些,同样,总需求下降时,混合经济中收入下降也比私人部门经济中要小一些。这说明税收制度是一种对国民收入波动的自动稳定器,混合经济中支出乘数数值与私人经济支出数值的差额决定了税收制度的自动稳定程度,其差额越大,自动稳定作用越大。这是因为,在边际消费倾向一定的条件下,混合经济中支出乘数越小,说明边际税率越高,从而自动控制稳定量越大。

(7)**答:**中央银行是代表政府已控制一个国家的货币和银行体系为其主要职能的公共机构。国家的主要货币政策都是靠中央银行来实施的,具有非常重要的作用。具体的货币政策实施如下。

①公开市场业务又称公开市场活动,是指中央银行在金融市场上买进或卖出政府债券,以增加或减少银行准备金的一种政策手段。实施方法:在经济萧条时期,中央银行买进政府债券,把货币投放市场。这样,一方面出卖债券权的企业和家庭得到货币,把它存入商业银行,增加银行存款,通过货币创造乘数作用是存款货币成倍增加,引起利息率降低;另一方面,中央银行买进政府债券,还会导致债券价格提高,引起利息率下降。利息率下降会引起投资增加,从而又引起收入、价格和就业的上升。反之,在通货膨胀时期,采取相反做法会抑制与消除通货膨胀。②调整贴现率:再贴现率是指中央银行对商业银行以其他存款机构的贷款利率。具体做法是在经济衰退时,中央银行采用降低贴现率措施,可促使商业银行向中央银行贴现,鼓励商业银行扩大贷款,刺激投资需求。反之,在通货膨胀时,中央银行要提高贴现率,限制或收缩给商业银行借款,使商业银行减少贷款,于是货币供给减少,利息率提高,抑制投资以及总需求,消除通货膨胀。③调整法定准备率:法定准备金率是由法律规定的商业银行准备金对存款的比例。具体做法:在经济衰退时期,降低法定准备率使银行可以创造更多的货币,增加货币供给量,降低利息率,刺激总需求的扩大。收入、就业和价格都提高。在通货膨胀时期,提高法定准备金率,使银行减少可创造的货币,减少货币供给量,提高利息率,压缩总需求,使得收入、就业和价格都降低。

(8)**答:**①紧缩财政和货币政策。紧缩财政和货币几乎是所有国家用来反通货膨胀的传统方法。紧缩性的财政政策包括减少政府支出和增加税收,其直接效果是降低总需求。紧缩性的货币政策包括减少货币供应量,提高贴现率或法定储备金率;其直接效果是利率的提高,进而抑制投资和消费,从而导致总需求的减少。在西方国家,有时也采用扩张性财政政策与紧缩性货币政策相结合来抑制通货膨胀。这样做是为了防止用来抑制通货膨胀的"双紧"政策可能会带来的经济衰退和失业。货币主义者认为,要控制通货膨胀,实现经济的稳定增长,最根本的措施就在于控制货币供应量的增长。他们主张实行"单一规则"的货币政策,即以货币供给量作为货币政策的唯一控制指标,并且货币供给量按固定的比例增长。

②收入政策。收入政策是试图直接的方法来降低工资和价格的增长速度的政策。这里直接的方式包括法律的方式(工资—价格控制)或者说服的方式。成功的收入政策能够使短期的总供给曲线下降。收入政策很少成功的原因之一是缺乏适当的总需求政策与之相结合。收入政策(工资—价格控制)的目的是通过使总供给曲线下移而达到降低通货膨胀的目的。只要总需求的曲线同时下移,通货膨胀率就会下降并能保持在较低的水平上。但如果没有总需求曲线的下移相伴随,工资和价格控制将只是增加通货膨胀的压力,而且这种压力终将爆发出来。

(9)**答:**①改变政府购买水平。在经济衰退时,政府应扩大对商品和劳务的需求,提高购买水平,如举办公共工程,刺激经济回升;反之,通货膨胀时,政府应缩小对商品和劳务的需求,降低购买水平,抑制经济膨胀。②改变转移支付水平。在经济衰退时,政府要增加福利费用,提高转移支付水平,刺激经济上升;反之,通货屏障是,政府要减少社会福利费用,降低转移支付水平,以抑制经济膨胀。③改变税率。在财政收入种主要是税收,所得税占税收比重最大,改变税率主要是改变所得税税率。衰退时减税,可增加总支出,是反经济衰退的办法。通货膨胀时增税,可减少总开支,是反通货膨胀的办法。④公债的发行。在经济衰退时,政府发行公债,来增加财政赤字,增加政府财政支出,通过政府支出来拉动衰退的总需求,以刺激经济回升;在经济过热,发生通货膨胀时,政府发行公债,使银行和其他存款机构的准备金减少,从而减少货币供给,以抑制通货膨胀，这也是货币政策中通过公开市场业务来调节货币供给以影响经济的一种操作形式。

（10）**答：**挤出效应是指政府支出增加所引起的私人消费或投资降低的经济效应。在 IS-LM 模型中，若 *LM* 曲线不变，向右移动 *IS* 曲线，两种市场同时均衡时会引起利率的上升和国民收入的增加。但是，这一增加的国民收入小于不考虑货币市场的均衡（即 *LM* 曲线）或利率不变条件下的国民收入的增量，这两种情况下的国民收入增量之差，就是利率上升而引起的“挤出效应”。“挤出效应”的大小取决于支出乘数的大小、货币需求对利率变动的敏感程度、投资需求对利率变动的敏感程度等。其中，货币的利率敏感程度和投资的利率敏感程度是“挤出效应”大小的决定性因素。“挤出效应”与货币的利率敏感程度负相关；与投资的利率敏感性正相关。

5. 计算题

（1）**解：**

①假定两部门经济中消费函数 $C=100+0.7Y$，投资函数 $I=200-3r$，假定货币供给 $M=100$，货币的交易性需求 $L_1=0.2Y$，货币的投机性需求为 $L_2=-2r$

$I=S, S=Y-C=900-10r-0.7Y \quad 900-10r-0.7Y=200-3r \quad IS=Y=1\,000-10r$

$LM=L_1+L_2=100=0.2Y-4Y \quad Y=500+10r$

② $\begin{cases} Y=1\,000-10r \\ Y=500+10r \end{cases}$ 可得均衡收入 $Y=750$，均衡利率 $r=25$。

③ $\begin{cases} Y=1\,000-10r \\ Y=750+20r \end{cases}$ 可得均衡利率 $r=25/3$，均衡收入 $Y=2\,750/3$。

（2）**解：**

①货币创造乘数 =（1+ 现金存款比率）/（现金存款比率 + 法定准备金率 + 超额准备金率）=1.38/（0.38+0.18）=2.46。

②增加基础货币 100 亿元，货币供给增加 $\Delta M=246$ 亿元。

5. 分析题

（1）**答：**现代宏观经济政策主要包括需求管理、供给管理以及收入政策。实际上，任何单一的政策措施很难达到一定的经济目标，政策之间往往具有互补性。宏观经济政策相互配合，可以抵消各自的负面影响，有助于政策的效果。在本例中，积极的财政政策本身是为了促进经济增长，但是，单纯的财政政策的效果是有限的。具体表现在：经济疲软时期，人们收入水平偏低，对未来的预期悲观。社会边际消费倾向低，乘数小。政府支出对经济的带动和刺激效果不显著的；政府支出将产生挤出效应。特别是衰退时期，产能过剩，投资空间相对狭窄，民间投资会被排挤；政府债务负担加剧，在长期中影响企业和公众的税收预期，会削弱投资和消费。这一时期的恢复增长受到了其他方面的积极影响，比如产业结构调整，扩宽了投资领域，有助于财政支出的乘数效应；非公有制经济获得宽松的发展条件，民间投资活跃；收入政策的调整，提高工薪阶层的收入水平，刺激了消费等。

（2）**答：**所谓财政政策手段是指政府当局为实现既定的经济目标所选择的政策操作工具。这些手段主要是改变政府支出水平和政府税收水平。

财政政策发生作用的过程可以用符号表示如下：

$G\uparrow \Rightarrow AD\uparrow \Rightarrow Y\uparrow \Rightarrow L\uparrow \Rightarrow r\uparrow \Rightarrow AD(I)\downarrow$。

在初始的均衡点，如果利率水平不变，政府支出的增加提高了总需求水平。为满足增加了的产品需求，产出必须上升，*IS* 曲线右移。

然而，收入水平的提高使得货币需求增加，在原来的利率水平上，存在着货币的过度需求。在保持实际货币供给量不变的情况下，利率必然上升。

随着利率的上升，厂商的计划投资支出下降，总需求相应降低。

这个过程持续到两个市场都处于均衡状态为止，两个市场同时实现了新的均衡，此时，均衡收入增加，利率水平上升。

第十六章 同步自测题答案

1. 单选题

（1）C （2）C （3）A （4）B （5）C （6）A （7）B （8）A （9）C （10）B （11）A （12）A （13）A （14）D （15）D （16）B （17）B （18）A （19）C （20）C

2. 多选题

（1）ABC （2）ACD （3）ABC （4）ABC （5）BD （6）BCD （7）ABD （8）ACD （9）ABD （10）BCD

3. 判断题

（1）× （2）√ （3）× （4）× （5）√ （6）√ （7）× （8）× （9）× （10）× （11）√ （12）√ （13）× （14）× （15）√ （16）× （17）× （18）√ （19）√ （20）√

4. 问答题

（1）**答：**索洛增长模型是表明储蓄、人口增长和技术进步如何影响一个经济的产出水平及其随着时间推移而实现增长的一种经济增长模型。

它的基本假定有：①社会储蓄函数为 $S=sY$，式中，s 是作为参数的储蓄率。②劳动力按照一个不变的比例增长；③生产的规模报酬不变。其主要思想是：人均投资用于资本扩展化和资本深化，当人均投资大于资本扩展化时，人均产出就会增长；当人均投资等于资本扩展化时，经济达到稳定状态，人均产出不再增长，但总出会继续增长，增长率等于人口增长率。

（2）**答：**①鼓励技术进步 。新古典经济增长理论表明，人均收入的持续增长来源于技术进步，内生增长理论更是强调了技术进步对经济增长的强大作用。因此，理性的政府就必须为促进经济的长期稳定增长而不断地鼓励技术进步。②鼓励资本形成。 根据经济增长的核算方程式，资本存量的上升会促进经济增长。从直观的角度看，由于资本是被生产出来的生产要素，因此，一个社会可以改变它所拥有的资本量。③增加劳动供给增长核算方程表明，增加劳动供给会引起经济增长。这种劳动供给可以从质和量两个方面加以理解。从劳动供给的量来看，就是要增加人们工作的积极性，尽可能少地减少闲暇时间。从劳动供给的质来看，就要尽可能地提高劳动者的知识和技术技能。

（3）**答：**经济发展的基本要素有人力资源、自然资源、资本形成和积累以及技术创新。

（4）**答：**经济增长的源泉要说明哪些因素导致经济增长，经济学家对于经济增长的源泉有不同的说法，但最终经济增长的源泉被归结为劳动和资本的增长以及技术的进步。

①劳动和资本的增加是生产要素的增加。劳动的增加包括劳动数量的增加和劳动质量的提高。资本的增加不仅包括有形资本的增加，还包括人力资本的增加。

②技术进步包括发现、发明和应用新技术，生产新的产品，降到产品的生产成本。技术进步会使生产要素的配置和利用更为有效，推动经济的增长。

（5）**答：**库兹涅茨对经济增长因素的分析如下。

①知识存量的增加。库兹涅茨认为，随着社会的发展和进步，人类社会迅速增加技术知识和社会知识的存量，当这种存量被利用的时候，这就成为现代经济高比率的总量增长和迅速的结构变化的源泉。而在一些中介因素作用下，经过一系列知识的转化过程，知识最终变为现实的生产力。

②劳动生产率的提高。库兹涅茨认为，现代经济增长的特征是人均产值的高增长率。为了弄清什么是导致人均产值高增长率的主要因素，库兹涅茨对劳动投入和资本投入对经济增长的贡献进行了长期分析。得出的结论是，以人均产值高增长率为特征的现代经济增长的主要原因是劳动生产率的提高。

③结构方面的变化。库兹涅茨认为，发达的资本主义国家在它们增长的历史过程中经济结构转变迅

速。库兹涅茨把知识力量因素和生产因素与结构因素联系起来，以强调结构因素对经济增长的重要影响，这是他与丹尼森分析的不同之处，同时也是一个重要贡献。

（6）**答**：经济增长是指一个国家生产的商品和劳务总量的增加，它主要研究哪些因素决定了增长，什么样的增长是理想的，怎样才能实现这种合乎理想的经济增长。而经济发展规定由不发达状态进入发达状态，它不仅包括经济增长，还包括适应这种增长的社会制度、经济结构、经济环境等因素的变化。

（7）**答**：哈罗德 - 多马模型的中心思想是把产量（或收入）增长率提高到它所引起的投资恰好能顺收本期的全部储蓄的程度，这是实现经济均衡增长的基本条件，也是凯恩斯的投资等于储蓄的观点在长期分析中的体现。

（8）**答**：劳动人口增长和技术进步的条件所能够达到的最大增长率，也是社会最适宜的增长率。

（9）**答**：这两者的区别主要表现在后者具有两个假定，新古典增长模型认为，生产中使用资本与劳动两种要素，而这两种要素是能够互相替代的，即资本与劳动的配合比例以及资本 - 产出比率都是可以改变的，而在哈罗德 - 多马模型中，资本与劳动是不能互相替代的，即资本与劳动的配合比例以及资本 - 产出比率是固定的。新古典增长模型还假定，在任何时候，劳动和资本这两种要素都可以得到充分利用。这是由于劳动和资本是能互相替代的，因此在完全竞争的市场条件下，投入生产的一切要素都可以得到充分利用，而在哈罗德 - 多马模型中，则不包括这样的假定。

5. 计算题

（1）解：

劳动的国民收入份额为：$b=1-\alpha=0.75$。

资本和劳动对经济增长的贡献为：$0.25\times2\%+0.75\times0.8\%=1.1\%$。

所以技术进步对经济增长的贡献为：$3.1\%-1.1\%=2\%$。

（2）解：

已知 $S=0.4$，$C=3$，实际增长率：$G=S/C=0.4/3=13.3\%$。

（3）解：

最适宜的储蓄率 $S=Gn\cdot G=8\%\times4=32\%$。

（4）解：

稳定状态时，$\Delta k=sf(k)-(\delta+n+G)k=0$，则 $(\delta+n+G)k=sf(k)$，

$0.28\cdot Y=(4\%+1\%+2\%)k$，得出：稳态时 $k=16$，稳态产出 $Y=4$。

（5）解：

消费函数 $C_t=0.8Y_{t-1}+200$，$Y_t=C_t+I_t$，

所以：$Y_t=0.8Y_{t-1}+200+I_t$

而 $I_t=K_t-K_{t-1}$，$K_t=2.5C_t$

整理得 $Y_t=2.8Y_{t-1}-2Y_{t-2}+200$，此为乘数加速数模型。再由 $Y_t=Y_{t-1}=Y_{t-2}=$ 算得：$\bar{y}=1000$，此为均衡收入。

（6）解：

人均产出 $Y=k^{0.5}=\sqrt{4}=2$，人均消费 $C=Y-sY=2-0.1\times2=1.8$

6. 分析题

（1）**解**：经济增长和经济发展是两个既相互联系又相互区别的概念。

①经济增长一般指更多的产出，它通常用人均国民生产总值（人均 GNP）或人均国内生产总值（人均 GDP）的增长速度表示。它是一个相对纯粹的经济学概念，是一个偏重于数量的概念，主要指由投入变化导致产出数量的增加，侧重反映财富与产出量的增加以及由此所引发的有关经济方面关系的发展问题。

②经济发展的内涵比经济增长更广泛、深刻，它强调经济系统由小到大、由简单到复杂、由低级到高级的变化，是一个量变和质变相统一的概念，不仅包含生产要素投入变化，而且包括发展的动力、结构、质量、效率、生态和环境等因素，涵盖生产力和生产关系、经济基础与上层建筑各个方面。经济发展不仅重视经济

规模扩大和效率提高，更强调经济系统的协调性、经济发展的可持续性和发展成果的共享性。

③经济发展离不开经济增长。经济发展是经济持续增长的结果。经济增长是促进经济发展的手段。经济增长决定着经济发展的基本动力，是经济发展的必要的、首要的物质条件，没有增长，发展将成为无源之水。经济发展必须建立在持续、健康、和谐的经济增长基础之上，一个国家或地区经济结构和社会结构持续高级化的创新过程或变化过程。经济发展所强调的政治、经济、文化、社会的协调发展也必须以经济增长为基础。

④ 经济增长构成了经济发展的必要条件，但不是充分条件。

经济发展包含经济增长，但经济增长不一定包含经济发展：GDP 增长意味着经济增长但并不意味着经济的发展。单纯追求经济增长，相伴随的环境污染、社会贫富分化等社会问题不断涌现，导致出现“无发展的增长”，经济发展要比经济增长有着更广的外延。尽管经济增长是社会经济发展的一个非常重要的方面，部分不能代替整体，它不可能完全包容和取代整个社会经济发展的丰富内容。

⑤因此，强调经济发展必须重视经济增长的基础地位和重要作用，从中国国情出发我国具有保持较高的经济增长，才能保持社会治安，保持社会的稳定和快速发展。但是不能单纯片面地强调经济增长，只有在促进人的全面发展这一根本目标指引下。经济增长才能走上健康基础的发展之路，才能改变目前我国现实生活中存在的经济增长与社会经济发展“一条腿长，一条腿短”的状况，才能使经济增长与社会的发展的协调一致，才能使经济增长最大限度地促进经济发展。

（2）略

（3）**答：**①可持续发展是人类社会的一种长期发展战略，是人类和自然关系的一种协调，其核心思想是，健康的经济发展应建立在生态持续、社会公正和人民积极参与自身发展决策的基础上。

②中国作为一个发展中国家，经过几十年的发展，尤其是实行改革开放 20 年的发展，经济建设和社会进步都取得重大成就，但中国仍是一个人口众多、自然资源相对短缺、经济基础和技术能力还很薄弱的国家，实行可持续发展对中国有着十分重要的意义。

（4）**答：**①稳定状态是新增投资正好与折旧相同的点，及新增资本 $\Delta K=0$ 的状态。②人口的增长或劳动力数量的增长会导致人均资本的下降，此时，人均资本变化为 $\Delta K\text{-}I\text{-}(\bar{o}+n)K$，及 新增投资会增加人均资本，折旧和人口增长则使人均资本降低。③技术进步的影响，考虑技术进步因素，人均资本应换为每劳动力效率单位资本，人均产出应改变为每劳动力效率单位产出。此时，$\Delta K=\delta f(K)-(\delta+N+G)K$，其中新增技术进步速率 G 是为了补偿技术进步引起的劳动效率单位的增加。④由于提高储蓄率只能实现在到达稳态之前的定期增长，人口增加对人均意义上的增长没有意义，只有技术进步是一个经济长期持续增长的源泉，能够推动产出和生活水平的不断上升。

（5）解释投资，折旧与稳态并阐明其关系。

答：投资是资本的源泉也是经济增长的主要因素，投资来源于储蓄，若储蓄半为 s，则投资 $i\text{-}sy$，折旧是资本存量随者使用和时间的变化受到的损耗和减少，若折旧为 δ，资本存量为 k，则折旧 $=\delta k$. 新增投资减去折旧为资本存量的净增额，当储蓄率和折旧率一定，且生产存在边际产出递减的性质时，一要存在新增投资正好等于折旧的点，及 $\Delta k=0$，称为资本存量的稳定状态（简作稳态）。在稳态点的左方，新增资本大于折旧，会使资本存量增加：在稳态点的右方，新增资本小于折旧，会使资本有量减少，只有在稳态点上，新增资本等于折旧，使本有最保持不变。

（6）导致总供给曲线移动的主要因素有哪些？

答：①自然的和人为的灾祸。总供给曲线最急剧的变动产生于天灾人祸，它会极大地减少经济的总供给，即使得总供给曲线向左上方移动。②技术变动。技术变动通常是正向，即技术水平倾向提高，所以技术变动的影响一般使得总供给曲线向右移动。③工资率等要素价格的变动。当工资下降时，对于任一给定的价格总水平，厂商愿意供给更多的产品，因而降低工资将使总供给曲线向右下方移动；反之，工资上升，总供给曲线向左上方移动。

（7）略

宏观经济学期末模拟题（一）答案

一、单选题（每题1分，共15题，合计15分。）

1. C　2. D　3. A　4. D　5. D　6. C　7. A　8. B　9. D　10. D　11. A　12. B　13. C　14. D　15. C

二、多选题（每题2分，共10题，合计20分，漏选给1分，错选不给分。）

1. ABCD　2. ABCD　3. CD　4. ABCD　5. ABC　6.ABCD　7. ABC　8. ABCD　9. ABC　10. ABCD

三、判断题（每题1分，共10题，合计10分，正确的选√，错误的选 ×。）

1. ×　2. √　3. ×　4. ×　5. √　6. √　7. ×　8. √　9. √　10. ×

三、简答题（共2题，合计14分）

1. **答：**（1）总支出的某一增量能带来总产出或者说总收入的倍数放大效应成为乘数效应。（2分）

（2）产生乘数效应的原因是因为总支出和总收入之间存在互动关系，总支出决定总产出，产出的产品或劳务销售以后形成了收入。这收入中的一部分又将形成消费支出，构成新一轮总支出的一部分，进而带来总产出或总收入的又一轮增长，如此循环往复，总产出得到多次增长，指导总支出被经济体完全吸收。（5分）（也可举例说明）

2. **答：**（1）货币需求是指一定时期内，社会各阶层愿以货币形式持有财产的需要，或社会各阶层对执行流通手段、支付手段和价值储藏手段的货币的需求（2分）。

（2）人们持有货币的动机有交易动机，预防动机和投机动机（3分），前面两个动机的货币需求受到收入的影响，投机动机的货币需求受到利率的影响（2分）。

四、计算分析题（共2题，合计20分）

1. **解：**（1）用收入法计算 GDP：

GDP = 工资收入 + 利息收入 + 租金收入 + 利润（公式2分）

=100+10+30+30（带入数据1分）

=170（亿美元）（答案1分，没带单位扣0.5分）

用支出法计算 GDP

$GDP = C + I + G + NX$（公式2分）

$= 90 + 60 + 30 + (60-70)$（带入数据1分）

= 170（亿美元）（答案1分，没带单位扣0.5分）。

2. **解：**（1）可支配收入 $Y_D = Y - T + TR = Y - 250 + 62.5 = Y-187.5$（1分）。

$Y=C+I+G=100+0.8(Y-187.5)+50+200=0.8Y+200$（1分）。

均衡收入 $Y=200/0.2=1\ 000$（亿元）（答案2分，没带单位扣0.5分）。

（2）投资乘数 $K_I=1/(1-b)=1/0.2=5$（2分）；

政府购买乘数 $K_G=1/(1-b)=1/0.2=5$（2分）；

乘数 $K_T=-b/(1-b)=-0.8/0.2=-4$（2分）；

转移支付乘数 $K_{TR}=b/(1-b)=0.8/0.2=4$（2分）。

五、作图分析题（共2题合计21分）

1. 分析：紧缩性的财政政策使 IS_1 向右移动到 IS_2，这时均衡点就从 E_1 变到 E_3，国民收入 Y^* 减低到了 Y_3，这时应当使用扩张性的货币政策，使 LM_1 向下平移到 LM_2，使 y_3 回复到 Y^* 的水平。（作图5分，说明6分）

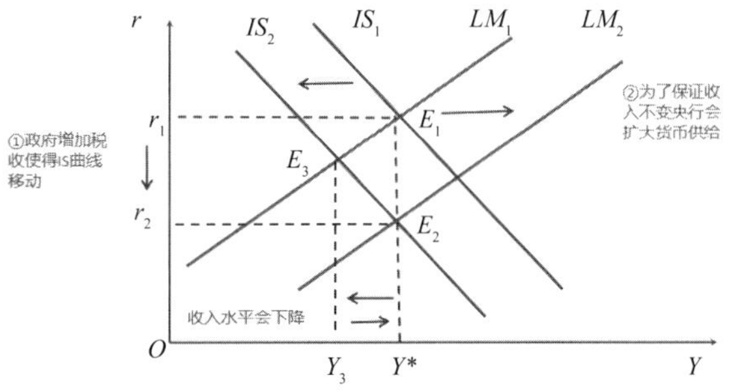

2. 分析：在长期中，技术进步使长期总供给曲线从 $LRSA_1$ 向右移动至 $LRAS_3$，货币供给增加使总需求曲线 AD_1 向右移动至 AD_3，结果：产量 Y_1 增长 Y_3 和物价从 P_1 上涨到 P_3（作图 5 分，说明 5 分）

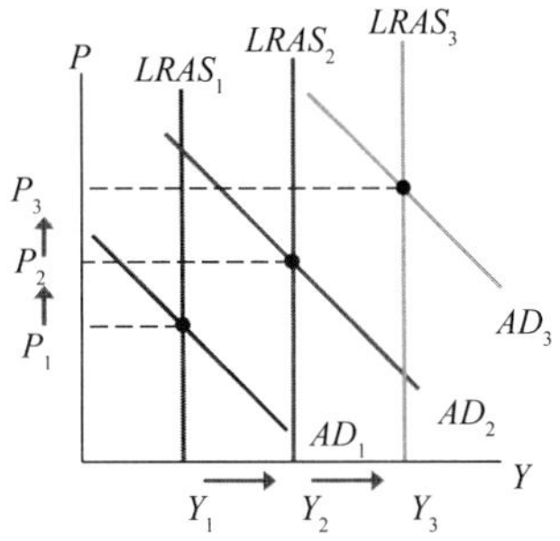

宏观经济学期末模拟题（二）答案

一、单选题（每题 1 分，共 15 题，合计 15 分。）

1. C　2. A　3. C　4. A　5. D　6. D　7. B　8. A　9. B　10. C　11. A　12. A　13. D　14. A　15. C

二、多选题（每题 3 分，共 10 题，合计 30 分，漏选给 1.5 分，错选不给分。）

1. ABCD　2. BCD　3. ABCD　4. ABC　5. ABCD　6. AD　7. BC　8. ABCD　9. ABCD　10. ABCD

三、判断题（每题 1 分，共 10 题，合计 10 分，正确的选√，错误的选 ×。）

1. √　2. √　3. ×　4. √　5. √　6. ×　7. ×　8. √　9. √　10. ×

四、简答题（共 2 题，合计 14 分）

1. **答**：（1）*LM* 曲线上的三个区域分别是凯恩斯区域、古典区域和中间区域（3 分），在古典区域财政政策无效（1 分）这个区域利率上升到很高水平的时候，货币的投机需求 =0，这是人们除了为完成交易还必须持有一部分货币外，不会为投机而持有货币。*LM* 曲线呈垂直状态的这一区域就叫作“古典区域”所以这一区域货币政策有效，财政政策因挤出效应而无效。因为扩张性的财政政策不会带来收入的增加（3 分）

2. **答**：（1）财务效应、利率效应、汇率效应（3 分）（2）财富效应影响消费，利率效应影响投资、汇率效应影响净出口，这些都会影响总支出，进而进行总需求的反向变化。（4 分）

四、计算分析题（共 2 题，合计 20 分）

1. **解**：（1）A 的价值增加为 5 000−3 000=2 000（0.5 分）；

B 的价值增加为 500−200=300（0.5 分）；

C 的价值增加为 6 000−2 000=4 000（0.5 分）；

合计价值增加为 2 000+300+4 000=6 300（1.5 分）。

注：如果没有分步计算整题 3 分。

（2）最终产品价值为 2 800+500+300=6 300（3 分）。

（3）国民收入为 6 300−500=5 800（3 分）。

2. **解：**$Y=C+I+G$　$C=100+0.6Y_D$　$Y_D=Y-T$　$T=T_0+0.2Y$（因为 $T_0=0$）$=0.2Y$。

（1）以上四式解得均衡收入水平：

$Y=(a+I+G)/[1-b(1-t)]$（1 分）

$=(100+200+150)/[1-0.6(1-0.2)]$（1 分）

$=865.38$（亿元）（1 分）。

（2）投资乘数 $K_I=1/[1-b(1-t)]=1/[1-0.6(1-0.2)]=1.92$（2 分）。

政府购买乘数 $K_G=1.92$（2 分）。

税收乘数 $=K_T=-b/[1-b(1-t)]=-0.6/[1-0.6(1-0.2)]=1.15$（2 分）。

（3）$Y^*=(a+I+G^*)/[1-b(1-t)]=(100+200+300)/[1-0.6(1-0.2)]$（1 分）

$=1\ 153.85$（亿元）（1 分）。

五、作图分析题（共 2 题合计 21 分）

1. 分析：扩张性的财政政策使 IS_1 向右移动到 IS_2，这时均衡点就从 E_1 变到 E_3，国民收入由于乘数效应会从 Y_1 增长到 Y_3，但由于 E_3 点产品市场虽然实现均衡，货币市场上却有 $L>M$ 的关系存在，所以会使利率上升到 r_2，直至 E_2 位置，此时产出到达 Y_2 水平，重新达到均衡状态。（作图 5 分，说明 5 分）

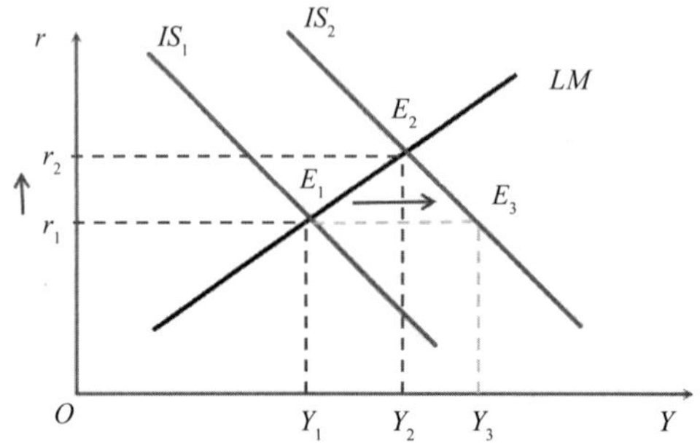

2. 分析：（1）影响消费，*AD* 曲线；

（2）消费减少，所以 *AD* 曲线向左移动；

（3）短期在 *B* 点达到均衡物价水平与产出都下降，失业增加；

（4）在长期中，*PE* 下降 *SRAS* 曲线一直向右移动，直到达到长期均衡点 *C*。产出与失业回到起始水平。（作图 5 分，说明 6 分）

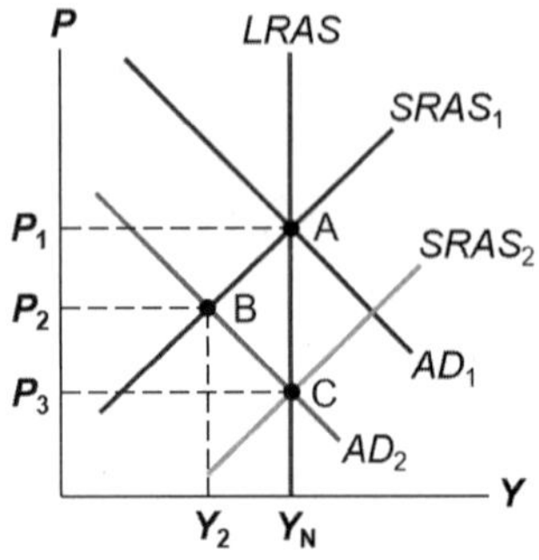

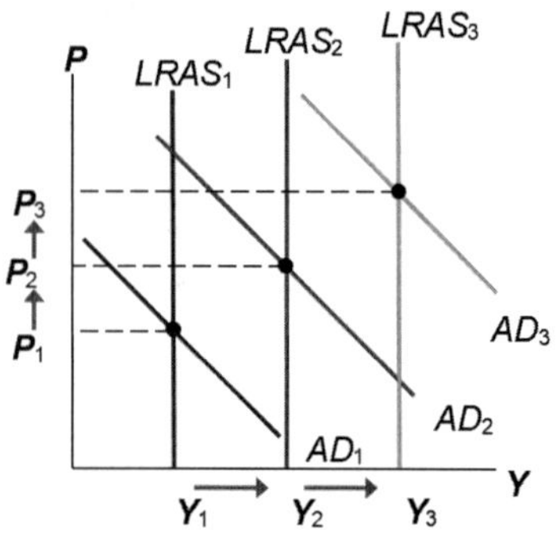

宏观经济学期末模拟题(三)答案

一、名词解释(本题型共5题,每题2分,共10分)

1. 国民生产总值:经济社会(即一国或一地区)在一定时期内运用生产要素所生产的全部最终产品(物品和劳务)的市场价值。

2. 菲利普斯曲线:是用来表示失业与通货膨胀之间替代取舍关系的曲线。

3. 自动稳定器:自动稳定器是经济系统本身存在的一种减少对国民冲击和干扰的机制。能够在经济过热时抑制通货膨胀,在经济衰退时减轻萧条。

4. 自然失业率:指为经济社会在正常情况下的失业率,它是劳动市场处于供求稳定状态时的失业率,这里稳定状态被认为是:既不会造成通货膨胀也不会造成通货紧缩的状态。

5. 消费者物价指数:反映不同时期消费者为购买日常生活所必需的消费品而付出的价格变动情况。

二、单选题(共10小题,每小题1分,共10分。)

1. C　2. A　3. B　4. C　5. A　6. D　7. B　8. C　9. D　10. D

三、判断题(共10小题,每小题1分,共10分。)

1. √　2. ×　3. √　4. ×　5. √　6. ×　7. √　8. √　9. √　10. ×

四、计算题(本大题共4小题,每小题10分,共40分)

1. **解:**

(1)2019年名义 *GDP* 为:$1\ 000 \times 20+400 \times 100=60\ 000$(元)。(2分)

(2)2020年名义 *GDP* 为:$1\ 200 \times 15+500 \times 120=78\ 000$(元)。(2分)

(3)以2019年为基期,2015年实际 *GDP* 为60 000元;(2分)

2020年实际 *GDP* 为:$20 \times 1\ 200+500 \times 100=74\ 000$(元);(2分)

两年间实际 *GDP* 增加的百分比为:$(740\ 00-60\ 000) \div 60\ 000 \approx 0.233 =23.3\%$。(2分)

2. **解:**

(1)根据提议有:$I=S, S=Y-C=900-10r-0.7Y$,得到:$900-10r-0.7Y=200-3r$　$IS=Y=1\ 000-10r$。(2分)

$LM=L_1+L_2=100=0.2Y-2r$,得到:$LM= Y=500+10r$。(2分)

(2)令 $Y=1000-10r$

$Y=500+10r$

可得均衡收入 $Y=750$,均衡利率 $r=25$。(3分)

(3)$\begin{cases} Y=1\ 000-10r \\ Y=750+20r \end{cases}$

可得均衡利率 $r=25/3$,均衡收入 $Y=2750/3$。(3分)

3. **解:**

(1)$\begin{cases} Y=2\ 000+P \\ Y=2\ 400-P \end{cases}$

可得 $Y=2\ 200, P=200$。(4分)

(2)$\begin{cases} Y=2\ 000+P \\ Y=2\ 400\times(1-10\%)-P \end{cases}$

可得 $Y=2\ 080, P=80$。(3分)

(3)$\begin{cases} Y=2\ 000(1-10\%)+P \\ Y=2\ 400-P \end{cases}$

可得 Y=2 100，P=300。(3 分)

4. 解：

(1)根据实际利率 = 名义利率 - 通货膨胀率，得：名义利率 = 实际利率 + 通货膨胀率

每年的名义利率分别为 14%(2 分)、6%(2 分)、19%。(2 分)，三年平均的名义利率为 13%。(2 分)

(2)根据实际利率 = 名义利率 - 通货膨胀率，得：名义利率 - 实际利率 = 通货膨胀率

所以预期的通货膨胀率 =5%。(2 分)

五、简答题(本大题共 5 小题，每小题 6 分，共 30 分)

1. 答：第一种情况是，AD 是总需求曲线，AS 是短期总供给曲线，总需求曲线和短期总供给曲线的交点 E 决定的产量或收入为 Y，价格水平为 P，二者都处于很低的水平，表示经济处于萧条状态。(2 分)第二种情况是，当总需求增加，总需求曲线从 AD 向右移动到 AD' 时，短期总供给曲线 AS 和新的总需求曲线 AD' 的交点 E' 决定的产量或收入为 Y'，价格水平为 P'，二者处于很高的水平，表示经济处于高涨阶段。(2 分)第三种情况现在假定短期总供给曲线由于供给冲击(如石油价格和工资提高)而向左移动，但总需求曲线不发生变化。短期总供给曲线向左移动到 AS'，总需求曲线和新的短期总供给曲线的交点 E' 决定的产量或收入为 Y'，价格水平为 P'，这个产量低于原来的产量，而价格水平却高于原来的价格水平，表示经济处于滞胀阶段，即经济停滞和通货膨胀结合一起的状态。(2 分)

2. 答：(1)保持经济稳定增长。保持经济稳定增长，是扩大就减少失业的根本途径。(2 分)

(2)控制人口增长。(1 分)

(3)人力投资。(1 分)

(4)加强就业服务。(1 分)

(5)反对就业歧视。(1 分)

3. 答：(1)投资(储蓄)变动。投资需求增加，导致总需求增加，使得 IS 曲线往右移。(2 分)

(2)政府购买支出和转移支出变动。政府购买支出增加导致总需求增加，国民收入随之增加使得 IS 曲线往右移。转移支出增加并不能直接增加总需求，但是由于政府祝阿姨支付多向弱势群体的单方面无偿支付，改善其生活使得消费增加，最终导致总需求增加也会使得 is 曲线往右移动。(2 分)

(3)税收变动。增税使得 IS 曲线往左移，减税往右移。(2 分)

4. 答：公开市场业务。指中央银行在金融市场上买进或者卖出政府债券，从而改变货币供给量的一种政策工具。例如：萧条时期买进，一方面企业和家庭得到货币，存入商业银行后作为存款可以通过货币创造乘数增加货币供给量，从而使得利率降低；另一方面，央行买进政府债券，还会导致债券价格的上升，使利率降低。利率的下降刺激投资，从而引致收入和就业的增加。(3 分)

优势：主动性强、灵活性高、调控效果和缓、震动性小以及影响范围广等。(3 分)

5. 答：(1)增加劳动力的数量和质量，例如生育政策、移民政策等。增加劳动力数量的方法包括提高人口出生率、鼓励移民入境等；提高劳动力质量的方法有增加人力资本投资。通过劳动力来拉动经济增长。(2 分)

(2)资本积累，例如积极的货币政策、税收政策等。资本的积累主要来源于储蓄，可以通过减少税收，提高利率等途径来鼓励人们储蓄。(2 分)

(3)技术进步，例如各种技术扶持政策。技术进步在现代经济增长中起着越来越重要的作用。因此，促进技术进步成为各国经济政策的重点。(2 分)

宏观经济学期末模拟题(四)答案

一、名词解释(共 5 小题，每小题 2 分，满分 10 分)

1. 国民生产总值是指经济社会(即一国或一地区)在一定时期内运用生产要素所生产的全部最终产品

(物品和劳务)的市场价值。

2. 边际消费倾向是指每增加的 1 单位收入中用于增加消费的部分所占的比率,也就是增加的消费额与增加的收入额之比。

3. 通货膨胀是指经济体在一定时期内价格水平普遍、持续地上升。

4. 货币幻觉是指人们不是对实际价值作出反应,而是对用货币来表示的价值作出反应。

5. 周期性失业是指经济周期中的衰退或萧条时因需求下降而造成的失业。

二、单选题(共 10 小题,每小题 1 分,满分 10 分)

1. B　2. C　3. D　4. B　5. B　6. B　7. D　8. A　9. C　10. A

三、判断题(共 10 小题,每小题 1 分,满分 10 分)

1. ×　2. ×　3. ×　4. ×　5. ×　6. ×　7. ×　8. ×　9. ×　10. √

四、计算题(本大题共 4 小题,每小题 10 分,共 40 分写出计算过程,分步计分。)

1. **解:**(1)2005 年名义 *GDP* 为:1 000 × 10 + 2 000 × 2 + 5 000 × 1 =19 000(元)(2 分)。

(2)2006 年名义 *GDP* 为:1 200 × 10 + 2 500 × 3+ 7 500 × 2 =34 500(元)(2 分)。

(3)以 2005 年为基期,2005 年实际 *GDP* 为 19 000 元;(2 分)。

2006 年实际 *GDP* 为:1 200 × 10 +2 500 × 2 + 7 500 × 1=24 500(元)(2 分)。

(4)两年间实际 *GDP* 增加的百分比为:(24 500−19 000)÷ 19 000 ≈0.289 × 100%=28.9%(2 分)。

2. **解:**(1)$Y=C+I+G$　$Y_d=Y-T$

$Y=100+0.9(Y-T)+I+G=560+0.72Y$

$Y=2\ 000$(3 分)

(2)$\beta=0.9$　$T=0.2$　$K_G=1/(1-\beta)(1-T)=1/0.72\approx3.573$(分)

(3)$Y=C+I+G=100+0.9(Y-T)+300+300$　$Y=2\ 500$

或者 $\Delta G=300-160=140$　$\Delta Y=\Delta G*K_G=3.57*140\approx500$

$Y=2\ 000+500=2\ 500$。(4 分)

3. **解:**(1)此为四部门经济模型。由 $Y=C+I+G+NX$,得:

$Y=100+0.9(1-T)Y+200-500r+200+100-0.12Y-500r=600-0.6Y-1\ 000r$,

整理简化得 *IS* 曲线为 $Y=1\ 500-2\ 500r$(2 分)。

(2)由名义货币供给为 800,及价格水平 $P=1$,可知实际货币供给为 800,由货币供给与货币供给相等,得 *LM* 曲线为 $800=0.8Y-2\ 000r$,化简得 $Y=1\ 000+2\ 500r$(2 分)

(3)由 *IS* 和 *LM* 曲线联立得,$1\ 500-2\ 500r=1\ 000+2\ 500r$,可得 $r=0.1$,$Y=1\ 250$,

即为产品市场和货币市场同时均衡时的均衡利率和均衡收入。(3 分)

将以上均衡利率和均衡收入分别带入消费,投资及净出口函数,

可分别求得 $C=1\ 000$(1 分),$I=150$(1 分),$NX=-100$(1 分)。

4. **解:**(1)由题意可知:$Y_d=120+(200/P)$—— ①;$Y_s=10P$ —— ②;

解方程组①②得:$P=13.5$,$Y=135$;

即在此经济水平下,经济达到均衡状态的充分就业水平时,总产出为 135,价格为 13.5。(4 分)

(2)由题意可知:$Y_d=120+(200/P)$—— ③;$Y_s=8P$ —— ④;

解方程组③④得:$P=16.5$,$Y=132$,即在此经济水平下,经济均衡状态时的总产出为 132,价格为 16.5。(4 分)

可见,在此经济水平下,工资提高导致价格提高 3.0 个单位,总产出减少了 3 个单位。(2 分)

五、简答题(本大题共 5 小题,每小题 6 分,共 30 分)

1. **答:**奥肯定律是美国经济学家奥肯提出来的。该经验定律认为,在美国,如果失业率每高于自然失业率 1 个百分点,实际产出将会低于潜在产出的 3%。(2 分)

奥肯定律的公式表达：

$$\frac{Y-Y_F}{Y_F}=-\alpha\left(u-u^*\right)$$

其中 Y 为实际产出，Y_f 为潜在产出，u 为失业率，u^* 为自然失业率，α 为大于零的参数。（2 分）

奥肯定律的结论：在 GDP 没有达到充分就业水平时，实际 GDP 必须保持与潜在 GDP 同样快的增长速度，以防止失业率的上升。如果政府想让失业率下降，那么，该经济社会的实际 GDP 的增长必须快于潜在 GDP 的增长速度。（2 分）

2. **答：**固定汇率制是指一国货币同他国货币的汇率基本固定，其波动限于在一定的幅度之内。浮动汇率制是指一国中央银行不规定本国货币与他国货币的官方汇率，听任汇率由外汇市场的供求关系自发地决定。（3 分）

浮动汇率制又分为自由浮动与管理浮动，前者指中央银行对外汇市场不采取任何干预措施，汇率完全由外汇市场的供求力量自发地决定，后者指实行浮动汇率制的国家，对外汇市场进行各种形式的干预活动，主要是根据外汇市场的供求情况售出或购入外汇，通过对外汇供求关系的影响来控制汇率。（3 分）

3. **答：**（1）消费函数和储蓄函数互补，消费和储蓄只和等于收入。（2 分）

（2）*APC* 和 *MPC* 都随着收入增加而递减，但 *APC*>*MPC*；*APS* 和 *MPS* 都随着收入增加而递增，但 *APS*<*MPS*。（2 分）

（3）*APC* 和 *APS* 只和恒等于 1，*MPC* 和 *MPS* 也恒等于 1。（2 分）

4. **答：**财政政策是指政府变动税收和支出以便影响总需求进而影响就业和国民收入的政策。（2 分）其主要工具包括政府购买、转移支付、税收和公债。增加政府购买、转移支付和公债，减少税收能够提高总需求，增加国民收入；反之，则降低总需求，减少国民收入。（4 分）

5. **答：**宏观经济政策目标主要有四个：充分就业、价格稳定、经济增长和国际收支平衡。

①充分就业：是指包括劳动在内的一切生产要素都能以愿意接受的价格，参与生产活动的状态，即消除了周期性失业的情况（1.5 分）

②价格稳定：是指价格指数相对稳定，不出现严重的通货膨胀；（1.5 分）

③经济增长：是指一定时期内经济的持续均衡增长；（1.5 分）

④国际收支平衡：是指一国净出口与净资本流出相等而形成的平衡。（1.5 分）

宏观经济学期末模拟题（五）答案

一、单选题（每小题 2 分，共 30 分）

1. C　2. B　3. C　4. D　5. B　6. D　7. C　8. B　9. A　10. B　11. A　12. A　13. A　14. B　15. D

二、多选题（每小题 3 分，共 15 分）

1. ABC　2. ABCD　3. AD　4. ABC　5. BC

三、判断题（正确的打√，错误的打 ×；每小题 1 分，共 10 分）

1. ×　2. ×　3. √　4. ×　5. ×　6. √　7. ×　8. √　9. √　10. ×

四、计算题（1 题 12 分，2 题 14 分，共 26 分）

1. **解：**（1）国内生产净值 = 国内生产总值 − 折旧，而折旧等于总投资减去净投资后的余额，即 800−300=500（亿美元）。（2 分），因此，国内生产净值 =4 800−500=4 300（亿美元）（2 分）

（2）从 $GDP=C+I+G+NX$，可知 $NX=GDP-C-I-G$，因此，净出口：

NX=4 800−3 000−800−960=40 亿美元。（2 分）

（3）用 BS 代表政府预算盈余，T 代表经税收，即政府税收减去政府转移支付的余额，则有 $BS=T-g$，从而有 $T=BS+g$=30+960=990 亿美元。（2 分）

（4）个人可支配收入本来是个人所得税后的余额，本题没有说明间接税、公司利润，社会保险税等因素，因此可从国民生产净值中直接得到个人可支配收入，即：$Y_D=NNP-T$=4 300−990=3 310 亿美元。（2 分）

（5）个人储蓄：$S=Y_D-C$=3 310−3 000=310 亿美元。（2 分）

2. **解**：（1）由产品市场均衡条件 $Y=C+I+G$，求得 IS 方程：Y=6 000−250r。（1 分）

由货币市场均衡条件 $L=M$，求得 LM 方程：Y=2 000+250r。（1 分）

（2）联立 IS 方程与 LM 方程，求得均衡收入 Y=4 000（1 分），r=8。（1 分）

（3）货币乘数 dy/dm=1/（1−0.8）125/50+0.5=1（2 分），若充分就业 ΔY=5 000−4 000=1 000（1 分），由于 P=1，则 $\Delta M=\Delta m$=1 000。（1 分）

（4）联立产品市场均衡条件 Y_1=6 000−250r（1 分）及货币市场均衡条件 250+0.5Y_1−125r=1 250/P_1（1 分），可得总需求函数：Y_1=2 750+1 250/P_1。（2 分）

（5）总需求函数与总供给函数联立，求得均衡价格 P_1=5（1 分），均衡收入 Y_1=3 000。（1 分）

五、问答题（1 题 7 分，2 题 12 分，共 19 分）

1. **答**：正确（1 分）

现代经济中，总需求一般小于总供给。按照凯恩斯的观点，高收入者的边际消费倾向低而低收入者的边际消费倾向高。（3 分）

因此，对高收入者征税补贴给低收入者能够提高社会的边际消费倾向，从而刺激消费需求，导致国民收入的倍数增加。（3 分）

2. **答**：所谓财政政策手段是指政府当局为实现既定的经济目标所选择的政策操作工具。这些手段主要是改变政府支出水平和政府税收水平（2 分）

财政政策发生作用的过程可以用符号表示如下：

$G\uparrow\Rightarrow AD\uparrow\Rightarrow Y\uparrow\Rightarrow L\uparrow\Rightarrow r\uparrow\Rightarrow AD(I)\downarrow$。（2 分）

在初始的均衡点，如果利率水平不变，政府支出的增加提高了总需求水平。为满足增加了的产品需求，产出必须上升，IS 曲线右移。（2 分）

然而，收入水平的提高使得货币需求增加，在原来的利率水平上，存在着货币的过度需求。在保持实际货币供给量不变的情况下，利率必然上升。（2 分）

随着利率的上升，厂商的计划投资支出下降，总需求相应降低（2 分）。

这个过程持续到两个市场都处于均衡状态为止，两个市场同时实现了新的均衡，此时，均衡收入增加，利率水平上升。（2 分）

宏观经济学期末模拟题（六）答案

一、单选题（每小题 2 分，共 30 分）

1. B　2. A　3. C　4. D　5. C　6. B　7. C　8. A　9. D　10. A　11. B　12. A　13. D　14. A　15. D

二、多选题（每小题 3 分，共 15 分）

1. ABD　2. ABD　3. ABD　4. AB　5. ABCD

三、判断题（正确的打√，错误的打 ×；每小题 1 分，共 10 分）

1. √　2. √　3. ×　4. ×　5. √　6. ×　7. ×　8. ×　9. √　10. ×

四、计算题（1 题 16 分，2 题 14 分，共 26 分）

1. **解**：（1）收入法，GDP= 工资 + 租金 + 利息 + 利润 + 间接税 =80+20+30+30+10=170（亿元）。（4 分）

（2）支出法，$GDP=C+I+G+NX$=100+50+30+（50−60）=170（亿元）。（4 分）

（3）用 BS 代表政府预算盈余，BS= 政府支出 − 政府税收 =30+5−（10+30）=−5。（4 分）

（4）由 GDP= 消费 + 储蓄 + 政府总税收 − 政府转移支付，得：

储蓄 =*GDP*− 消费 −（间接税 + 所得税）+ 政府转移支付 =170−100−（10+30）+5=35。（4 分）

2. **解**：（1）$C=800+0.8(Y-0.25Y)=800+0.6Y$

$Y=C+I+G=800+0.6Y+200-50r+200=1\ 200+0.6Y-50r$

得 *IS* 方程：$Y=3\ 000-125r$。（2 分）

（2）$L=M$ $0.4Y-100r=900/2$ 得 *LM*：$Y=1\ 125+250r$。（2 分）

（3）联立 *IS* 和 *LM* 方程，得 $Y=2\ 375$（1 分） $r=5$。（1 分）

（4）联立 *IS* 和 *LM* 方程（$0.4Y-100r=900/P$），*AD*：$Y=2\ 000+750/P$。（2 分）

（5）联立 *AD* 和 *AS*，得 $P=1$，$Y=2\ 750$。（2 分）

（6）均衡国民收入小于充分就业得国民收入 2 850，所以经济未实现充分就业（1 分），政府应采取扩张性财政政策（1 分）或扩张性货币政策刺激总需求（1 分），使经济实现充分就业。

五、问答题（1 题 7 分，2 题 12 分，共 19 分）

1. **答**：正确。（1 分）

现代经济中，总需求一般小于总供给。按照凯恩斯的观点，高收入者的边际消费倾向低而低收入者的边际消费倾向高。（3 分）

因此，对高收入者征税补贴给低收入者能够提高社会的边际消费倾向，从而刺激消费需求，导致国民收入的倍数增加。（3 分）

2. **答**：中央银行通过调整货币供给量以影响利息率，进而影响总需求，刺激经济的政策。（3 分）

货币乘数 $K=1/rd$，调低法定准备金，可以使货币乘数增加（2 分），从而使货币供应量增加，利率下降，引起投资增加（2 分），投资是总需求的重要组成部分，总需求增加，国民收入增加，刺激经济发展。（2 分）

参考文献

[1] 西方经济学编写组. 西方经济学(下册)[M].2 版. 北京:高等教育出版社,2019.
[2] 高鸿业. 西方经济学 [M].7 版. 北京:中国人民大学出版社,2018.
[3] 吴易风. 当代西方经济学流派与思潮 [M]. 北京:首都经济贸易大学出版社,2005.
[4] 宋承先,许强. 现代西方经济学(宏观经济学)[M].3 版. 上海:复旦大学出版社,2004.
[5] 杨长江,石鸿波. 宏观经济学 [M]. 上海:复旦大学出版社,2004.
[6] 王秋石. 宏观经济学原理 [M]. 北京:经济管理出版社,2004.
[7] 圣才考研网. 高鸿业《西方经济学(宏观部分)》(第 7 版)笔记和课后习题(含考研真题)详解 [M]. 北京:中国石化出版社,2021.
[8] 陈琳. 西方经济学(宏观部分第 7 版)同步辅导及习题全解 [M]. 北京:中国水利水电出版社,2018.
[9] 吴汉洪,等. 马克思主义理论研究和建设工程重点教材辅导《西方经济学》习题与解答 [M].2 版. 北京:高等教育出版社,2020.
[10] 尹伯成. 西方经济学学习指导与精粹题解 [M].2 版. 北京:清华大学出版社,2017.
[11] 张顺. 宏观经济学习题集 [M].3 版. 北京:中国人民大学出版社,2021.
[12] 叶德磊. 西方经济学解答 [M]. 北京:高等教育出版社,2012.
[13] 张杰. 西方经济学学习手册 [M]. 北京:北京大学出版社,2016.